U0876771

21世纪高职高专规划教材·电子商务系列

电子商务美工技术教程

主　编　顾　桢

中国人民大学出版社
·北京·

图书在版编目（CIP）数据

电子商务美工技术教程/顾桢主编. —北京：中国人民大学出版社，2016.1
21世纪高职高专规划教材. 电子商务系列
ISBN 978-7-300-22211-0

Ⅰ.①电… Ⅱ.①顾… Ⅲ.①电子商务-网页制作工具-高等职业教育-教材 Ⅳ.①F713.36 ②TP393.092

中国版本图书馆CIP数据核字（2015）第281867号

21世纪高职高专规划教材·电子商务系列
电子商务美工技术教程
主　编　顾　桢
Dianzi Shangwu Meigong Jishu Jiaocheng

出版发行	中国人民大学出版社		
社　　址	北京中关村大街31号	**邮政编码**	100080
电　　话	010－62511242（总编室）		010－62511770（质管部）
	010－82501766（邮购部）		010－62514148（门市部）
	010－62515195（发行公司）		010－62515275（盗版举报）
网　　址	http://www.crup.com.cn		
	http://www.ttrnet.com（人大教研网）		
经　　销	新华书店		
印　　刷	北京昌联印刷有限公司		
规　　格	185 mm×260 mm　16开本	**版　　次**	2016年1月第1版
印　　张	14.25	**印　　次**	2018年1月第4次印刷
字　　数	318 000	**定　　价**	48.00元

前　言

随着互联网发展的不断深入，结合图、文、声、像技术的网络媒体已经深深渗透到我们生产和生活的方方面面。为了适应社会技术进步和生产方式变革，强化技术教育和技术创新在高职教育中的分量和作用，本教材以多个社会服务项目为原创载体（其中部分作品被“千图网”收录），按照工作主线设计符合高职教育特色和人才培养规格的能力目标，构建阶梯式知识模块，不断挖掘教材知识结构与学生原有知识、技能和经验等之间的联系，充分发挥学生的特长、潜能和创造力，帮助学生对当前学习内容所反映的对象的性质、规律以及该事物与其他对象之间的内在联系达到较深刻的理解，贯彻落实现代学徒制的精神。

本教材的特色与创新之处在于：

（1）教材内容与职业标准相对接，体现职业教育的专业性。教材内容结合我国电子商务技能大赛中对美工岗位的能力考核标准进行编写，注重模块之间的内容横向连贯，同时与相关课程的内容保持纵向衔接。

（2）模块任务与项目运行相匹配，突出职业技能的综合性。从整体优化和以应用为目的的角度出发，经过专业调查与职业岗位分析、职业能力的分析与分解、教材内容的设置等一系列过程，确定模块任务的操作技能和要点，确定理论知识学习的深度和广度，培养岗位能力的综合性。

（3）教材内容与课程资源相配套，满足职业教学的现代性。依据本教材内容开发的系列微课，便于学生通过 Moodle 平台共享，促进翻转课堂教学模式的发展。教材根据学生为主、教师为辅的教学需要，配备多媒体电子资料，还将配套网络教学平台支持，为学生学习和老师教学提供更多便利。

本教材由无锡商业职业技术学院的顾桢担任主编。本教材在编写过程中，得到了无锡歌迪服饰有限公司、无锡贝贝帕克文化创意发展有限公司、上海泊溪儿童用品有限公司等单位领导和专家的大力支持，也特别感谢章萍、凌守兴、乔巍、戴梅萍、张芸潇、徐杨、成森、沈雪龙提供的帮助。

由于作者水平有限，书中难免存在不足或遗漏之处，恳请广大读者批评指正。

编　者

目　录

模块一　Photoshop 基础知识与基本工具——设计制作个性电子台历

任务参考效果图

能力目标

（1）能掌握各种工具的基本用途。

（2）能设计制作个性台历。

知识目标

（1）掌握 Photoshop CS6 的基础操作。

（2）掌握位图与矢量图的区别。

模拟制作任务

任务名称：个性电子台历的设计与制作

任务背景

某广告公司需要设计师以顾客提供的照片为素材设计一款个性台历。

任务要求

画面简洁大方，有立体感。台历尺寸：17 厘米×14.3 厘米。

任务分析

运用“矩形选框工具”、“椭圆选框工具”、“自由变换”、“描边”等命令设计版面。

任务难点

（1）使用“自由变换”命令。

（2）使用“椭圆选框工具”制作圆孔和圆环。

（3）使用“保存”命令。

操作步骤详解

步骤 1： 执行“文件”＞“新建”命令（快捷命令“Ctrl＋N”），如图 1—1 所示，在弹出的“新建”对话框中设置“名称”为“个性台历”，“宽度”和“高度”分别为“17 厘米”、“14.3 厘米”，“分辨率”为“300 像素”，“颜色模式”为“CMYK 颜色”，设置完成后单击“确定”按钮，创建新文件。按“Alt”键双击“背景图层”，背景图层转化为普通图层，如图 1—2 所示。

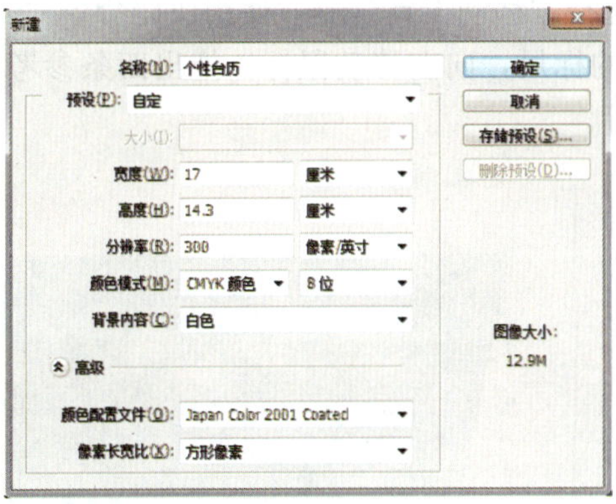

图 1—1

图 1—2

知识点 1

背景图层不能设置任何图形属性，也不能添加任何效果，如果要对背景图层添加属性或效果，必须将其转化成普通图层。因此使用 Photoshop 设计图片时，习惯性地将背景图层转换成普通图层。另一种转换方法是双击背景图层，在弹出的“新建图层”对话框中输入新建图层的名字，单击“确认”按钮后，背景图层转化为普通图层。

步骤 2： 在图层面板选择“创建新图层”按钮，得到“图层 1”。选择矩形选框工具，在图层 1 空白处建立矩形选区，形成流动的蚂蚁线。点击前景色设置按钮，弹出拾色器（前景色）对话框，如图 1—3 所示。设置为 C：63 ，M：0，Y：24，K：0，点击“确定”按钮。执行快捷命令“Alt＋Delete”用前景色填充矩形选区，如图 1—4 所示。

知识点 2

使用快捷键能够提高绘图速度。

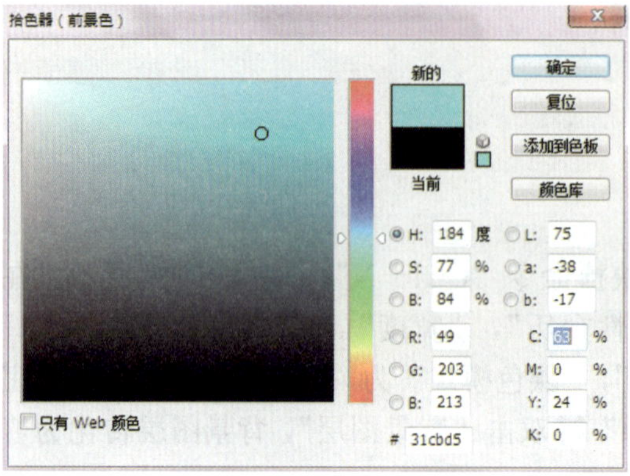

图 1—3

图 1—4

步骤 3： 执行快捷命令“Ctrl＋T”，则矩形选区出现自由变换定界框，右击弹出的对话框中选择“斜切”命令，如图 1—5 所示。选择“移动工具”，使用快捷命令“Ctrl＋R”调出标尺，将鼠标移至视图左侧垂直方向的标尺，向右移动鼠标，拖出四条参考线如图 1—6 所示，保证左、右两边斜切的角度相等。

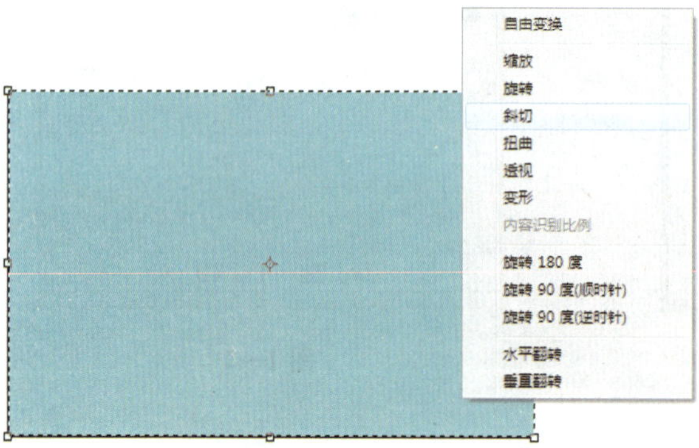

图 1—5

图 1—6

知识点 3

标尺和参考线的配合使用可以精确制图。选择移动工具，拖动参考线至左侧垂直方向的标尺处，即可清除参考线。

步骤 4： 执行命令“Ctrl＋D”，取消选区。新建“图层 2”，方法如步骤 2 所述。拖出一条水平方向的参考线至矩形底部，选择钢笔工具，在钢笔的属性栏中设置钢笔的类型为“路径”，创建定位点，形成三角形闭合路径，右击选择“填充路径”，弹出“填充路径”对话框，在“内容”选项中“使用”下拉框中选择“颜色”，C：0，M：62，Y：81，K：0，如图 1—7 所示。点击“确定”按钮。

步骤 5： 选择“路径”选项，出现路径面板，如图 1—8 所示。点击“将路径作为选区载入”按钮，则图层 2 中的路径转换为选区，如图 1—9 所示。

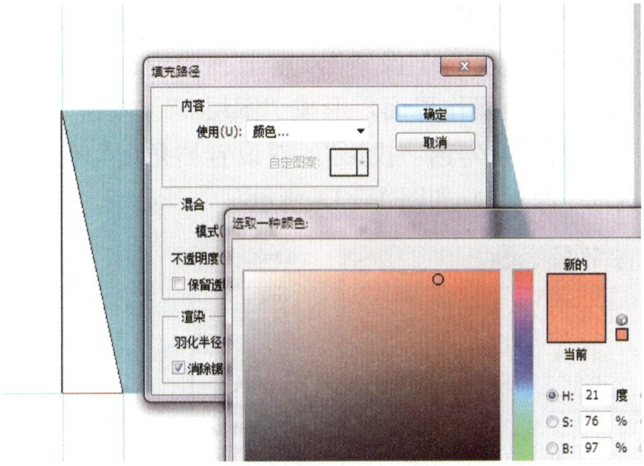

图 1—7

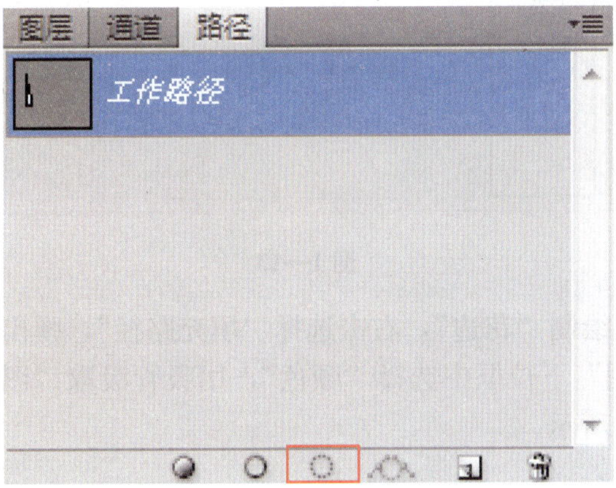

图 1—8

图 1—9

步骤 6：选择“图层”选项，回到“图层面板”。建立“图层 3”，填充颜色为白色，如图 1—10 所示。执行“文件”＞“打开”命令，在弹出的对话框中，选中“模块一\任务 1　素材\台历日期.jpg”文件，单击“打开”按钮，将图像打开。单击“移动工具”，拖动鼠标至“个性台历”文档合适位置，在“图层”面板形成“图层 4”。执行命令“Ctrl+T”，右击分别使用“缩放”、“斜切”命令，效果如图 1—11 所示。

图 1—10

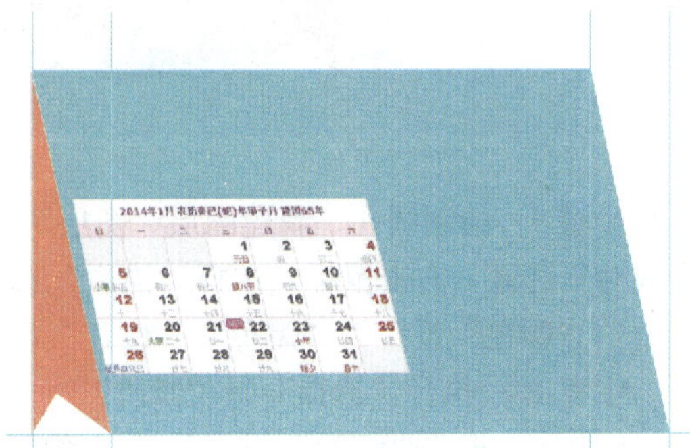

图 1—11

步骤 7： 双击“图层 4”，打开“图层样式”对话框，如图 1—12 所示，勾选“外发光”选项，设置“图素大小”为“21 像素”，点击“确定”按钮。拖动素材图片“模块一\任务 1　素材\马 .jpg”至操作界面，形成“图层 5”。双击“图层 5”，打开“图层样式”对话框，如图 1—13 所示，勾选“投影”，对设置“角度”为“－24 度”，“距离”为“21 像素”，“大小”为“4 像素”，如图 1—13 所示。

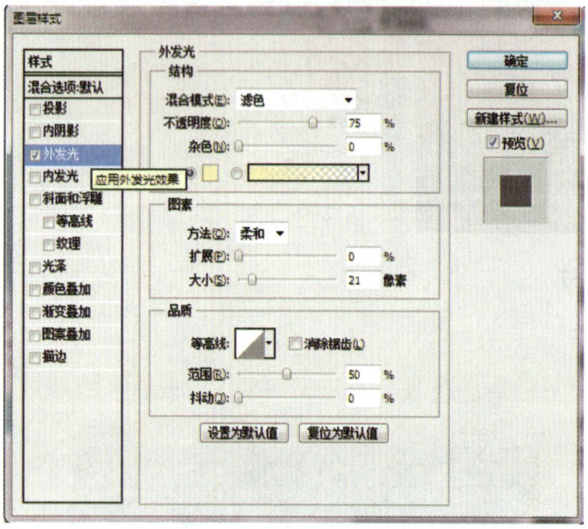

图 1—12

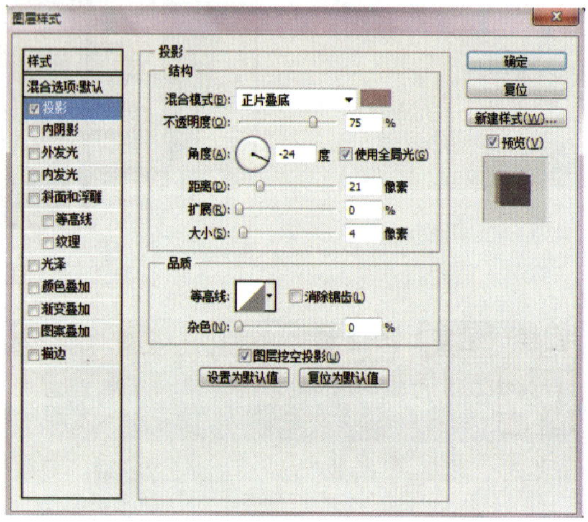

图 1—13

步骤 8： 新建“图层 6”，选择钢笔工具绘制“花边”，右击选择“填充路径”，弹出“填充路径”对话框，在“内容”选项中“使用”下拉框中选择“颜色”，用吸管吸取“图层 2”的颜色，点击“确定”。效果如图 1—14 所示。

图 1—14

步骤 9： 绘制圆孔。新建图层“图层 7”，选择“椭圆工具”，在合适位置拖动鼠标形成椭圆选区，右击鼠标，选择“描边”选项，打开“描边”对话框，将“宽度”设置为“3px”，“颜色”设置为“黑色”，“位置”设置为“居中”，如图 1—15 所示。

步骤 10： 执行“选择”＞“修改”＞“收缩”命令，打开“收缩选区”对话框，如图 1—16 所示，将“收缩量”设置为“10 像素”，单击“确定”按钮，形成内环选区，执行“Alt＋Delete”命令，用前景色（黑色）填充矩形选区。

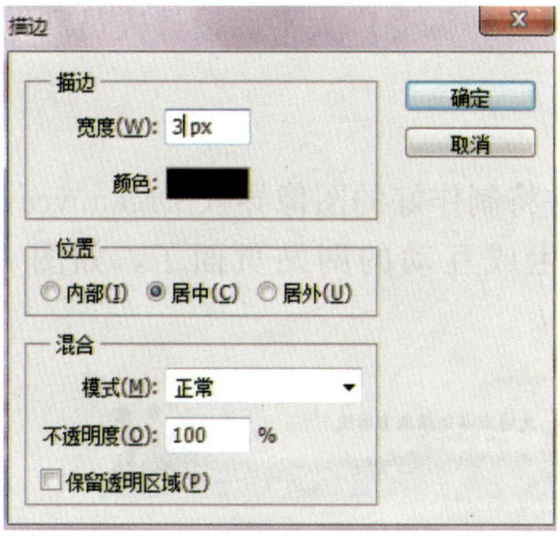

图 1—15

图 1—16

步骤 11：绘制圆环。新建图层“图层 8”，选择“橡皮擦工具”，擦除多余部分。使用“Ctrl”键，同时选择“图层 7”和“图层 8”，执行“Ctrl+E”命令合并图层。

步骤 12：选择“移动工具”，按“Alt”键在圆孔和圆环处移动鼠标，即可复制。复制 6 个移动至适当位置，执行“Ctrl+;”取消参考线，最终效果如图 1—17 所示。

步骤 13：执行“Ctrl+Shift+S”命令，弹出“存储为”对话框，默认情况下格式为 psd，如图 1—18 所示，选择“保存”按钮。在“格式”下拉框中选择 jpg，则弹出“JPEG 选项”对话框，保存为 jpg 图片。

图 1—17

图 1—18

知识点解析

一、Photoshop CS6 概述

Photoshop CS6 是由 Adobe 公司开发的图像处理软件之一，它集图像的编辑修改、图

像制作、广告设计、图像扫描、图像输入与输出于一体，深受广大平面设计人员和电脑美术爱好者的喜爱。

（一）Photoshop CS6 在网页设计中的应用

Photoshop CS6 可以用于设计制作网页页面，并将制作好的图像导入 Dreamweaver 中处理，再用 Flash 为网页添加动画内容，便可以生成互动的网站页面了，如图 1—19 所示。

(1)　　　　(2)

图 1—19

（二）Photoshop CS6 在 UI 界面设计中的应用

UI（User Interface）界面设计是一个新兴的领域，是指对软件的人机交互、操作逻辑、界面美观的整体设计。优秀的 UI 设计不仅让软件变得有个性、有品味，还让软件的操作变得舒适、简单、自由，充分体现软件的定位和特点，如图 1—20 所示。为了使设计满足可用性要求，全面地了解用户特征及多元化要求是十分必要的。

图 1—20

（三）Photoshop CS6 在平面设计中的应用

Photoshop CS6 在平面设计中被广泛应用，无论是人们正在浏览的网页还是正在翻阅的图书封面，或是在大街上看到的招贴画、海报、POP 广告（售卖场所广告），这些具有丰富画面效果的平面印刷品，基本上都需要 Photoshop CS6 软件对其进行处理，如图 1—21 所示。

图 1—21

提示：Photoshop CS6 常常与 Illustrator、InDesign 配合使用。用 Photoshop 处理图像，将处理好的图像存储输出成 PSD/TIF/JPG 等格式，置入 InDesign 中进行图文排版，然后输出印刷；用 Illustrator 完成的图形也存储输出成 AI/EPS 等格式，置入或复制到 InDesign 中进行图文排版，然后输出印刷。

（四）Photoshop CS6 在数码摄影后期处理中的应用

Photoshop CS6 的强大之处体现在对图像的编辑处理功能上，它不仅可以对其色调进行调整、校正、修复与润饰，还可以修改并合成图像等，如图 1—22 所示。

图 1—22

（五）Photoshop CS6 在插画设计中的应用

作为IT时代加强视觉效果的手段之一，电脑艺术插画是新兴起的艺术表达方式。Photoshop CS6 具有良好的绘画与调色功能，插画设计者可以使用铅笔绘制草稿、用 Photoshop 填色的方法绘制插画，这些插画被广泛应用与网络、广告、产品包装等中，如图 1—23 所示。

(1)　　(2)

图 1—23

（六）Photoshop CS6 在动画与 CG 设计中的应用

随着以计算机为主要工具进行视觉设计和生产的一系列相关产业的形成，国际上习惯将利用计算机技术进行视觉设计和生产的领域通称为 CG（Computer Graphics）设计，即电脑图形设计。动画的发展离不开计算机硬件技术的发展，3ds Max、Maya 等三维软件可以制作出动态效果，但其中模型的贴图和人物皮肤以及各种材质的逼真效果大部分都可以通过 Photoshop CS6 来完成，如图 1—24 所示。

图 1—24

（七）Photoshop CS6 在效果图及后期制作中的应用

使用 Maya、3ds Max 等三维软件设计建筑效果图时，渲染出的图片效果通常会放在 Photoshop CS6 中进行处理和调整，为其添加一些装饰物，如盆栽、人物、草坪等，可以在节省电脑空间、渲染图片的同时，也能增加图片的美感，如图 1—25 所示。

图 1—25

二、Photoshop CS6 的工作界面

Photoshop CS6 的工作界面中包含菜单栏、选项卡、窗口、工具箱、工具选项栏、状态栏以及面板的组件，如图 1—26 所示。

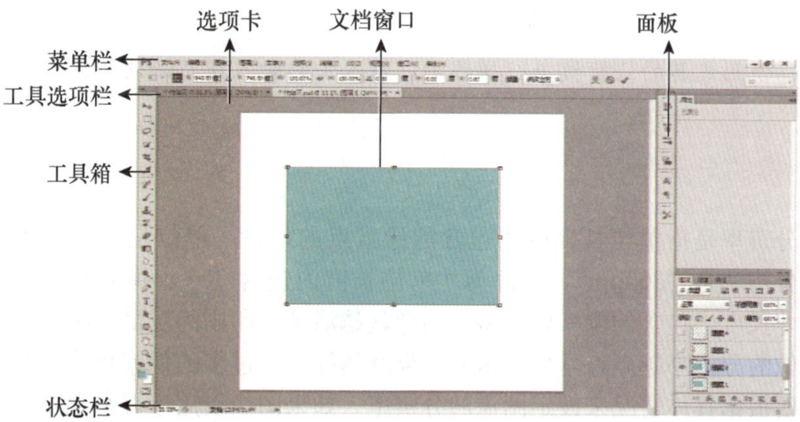

图 1—26

工作界面上的各元素的具体作用如下：

(1)“菜单栏”菜单中包含“文件”、“编辑”、“图像”、“图层”、“选择”、“滤镜”、“分析”、“3D”、“视图”、“窗口”、“帮助”11 个菜单项，用户可以通过选择菜单项下的命令来完成各种操作和设置。

(2)“选项卡”用于快速选中某个图像。当打开多个图像时，它们可以最小化到选项卡中，如需选中某个图像，只需单击选项卡中的该图像。

(3)“工具箱”包含了各种工具，如创建选区、移动图像、绘画、绘图等。

(4)“工具选项栏”用来设置工具的各种属性。

(5)“面板”可以辅助编辑图像，用来设置编辑内容或设置颜色属性。

(6)“状态栏”显示文档大小、文档尺寸、当前工具和窗口缩放比例等信息。

（7）“文档窗口”用于显示和编辑图像的区域。

在“预设工作区”中，用户可以按照自己的喜好设置工作界面，以提高工作效率。执行“窗口”＞“工作区”命令，在“工作区”子菜单中选择要使用的工作区，设置符合自己工作习惯的命令，如图1—27所示。

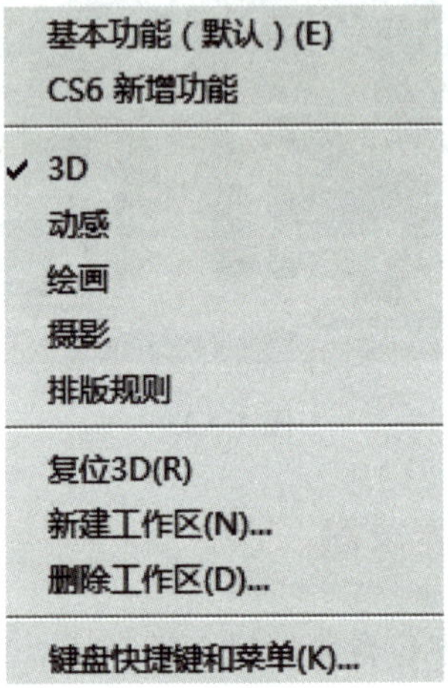

图1—27

提示：使用工具的快捷键进行操作时，输入法的输入状态必须是英文半角。

三、图像的分辨率

图像的分辨率是指单位长度内所包含的像素点的数量，单位是“像素/英寸（ppi）”。假如图像的分辨率是“300ppi”，则每英寸单位长度内包含300个像素点。图像的分辨率越高，每英寸长度内包含的像素就越多，图像就越清晰，印刷的质量就越好。

虽然图像的分辨率越高，呈现出来的效果就越好，但过多的像素也会增加占用的存储空间。因此要根据具体情况来设定图像的分辨率。如果图像仅用于屏幕显示，则可以将其分辨率设置为“72像素/英寸”，这样既减少了文件占用的空间也提高了传输速度；如果是用于喷墨打印机打印，可以将其分辨率设置为“100～150像素/英寸”；如果需要用于印刷，分辨率就应该设置为“300像素/英寸”。具体参照如下：

（1）普通画册图片分辨率通常是300～350像素/英寸。

（2）高档画册的图片分辨率通常可达到400像素/英寸。

（3）彩色杂志的图片分辨率通常是300像素/英寸。

（4）时尚类杂志对图片的要求相对较高，通常是350像素/英寸。

（5）报纸的图片分辨率通常是80～150像素/英寸。

（6）喷绘写真的图片分辨率通常是72～120像素/英寸。

（7）网络传播的图片分辨率通常是72像素/英寸。

四、位图图像与矢量图形

电脑显示的图片可分为两类，一类是位图图像，另一类是矢量图形。位图图像由像素组成，因此也被称为像素图或点阵图，当位图放大到一定程度时，可以看到位图是由一个个的小方格组成的，这些小方格就是像素。如图 1—28 所示。像素是位图图像中最小的组成元素，位图的大小和质量由像素的多少决定，像素越多，图像越清晰，颜色之间的过渡也越平滑。Photoshop 是典型的位图软件，但它也包含矢量功能，可以创建矢量图形和路径。

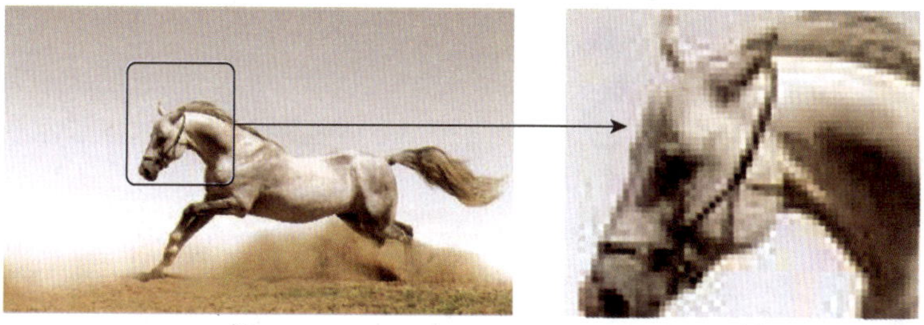

(1) (2)

图 1—28

位图图像的特点是可以表现色彩的变化和颜色的细微过渡，从而产生逼真的效果，并且可以很容易地在不同软件之间转换使用。但是由于受到分辨率的制约，位图图像包含固定的像素数量，在对其进行旋转或者缩放时，很容易产生锯齿。另外，在保存图像时，需要记录每一个像素的位置和颜色，因此位图占用的存储空间比较大。

矢量图形是由经过精确定义的直线和曲线组成，由 Illustrator、Flash 等一些软件绘制出来，由锚点和路径组成。矢量图形可以任意缩放，但其效果却一样的清晰，如图 1—29 所示。

(1) (2)

图 1—29

矢量图形与分辨率没有直接关系，因此，无论如何缩放和旋转都不会影响图形的清晰度和平滑度，不会产生马赛克。但它不能创建过于复杂的图形，也没有办法像照片等位图图像一样实现丰富的色彩变化和细腻的色调过渡。

五、工具箱

Photoshop CS6 工具箱中一共有四大类工具：选择工具组（基础工具组）、修饰工具组（核心工具组）、矢量工具组和辅助工具组，如图 1—30 所示。

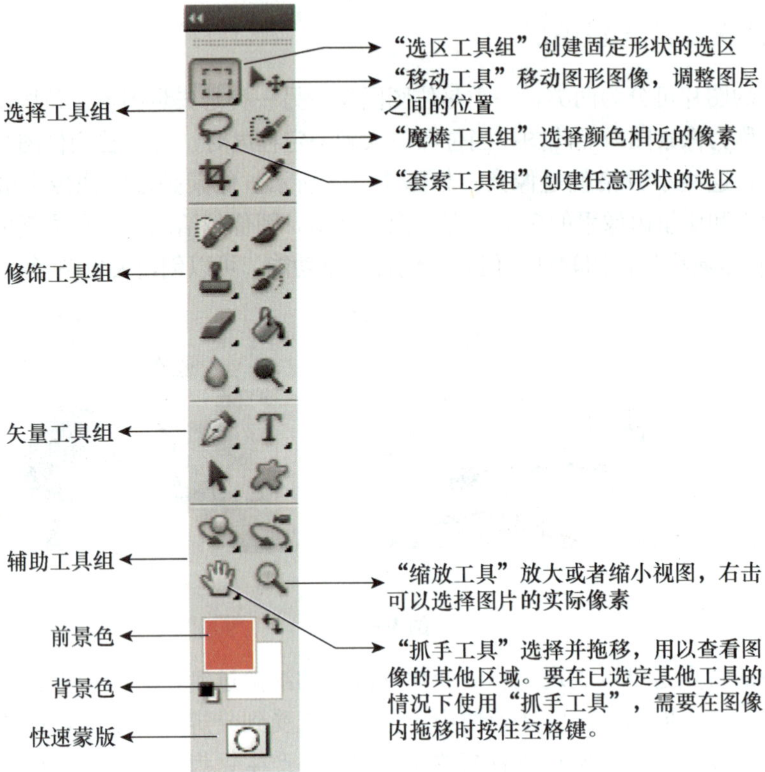

图 1—30

在使用工具时可直接单击工具按钮或者使用快捷键（如"移动工具"的快捷键是 V）即可。有些工具图标的右下角显示有三角图标，表示该工具内有隐藏项目，在该工具上按住鼠标左键，即可弹出工具的下拉菜单，隐藏的项目即可显示出来，将鼠标指针移动到显示出来的工具上，然后释放鼠标就可以选中该工具。有些工具可以使用"Shift＋该组快捷键"，如选择选框工具组，使用快捷键"Shift＋M"可以在"矩形选框工具"与"椭圆选框工具"之间切换，但是无法切换成"单行选框工具"或"单列选框工具"。"椭圆选框工具"的用法与"矩形选框工具"一样，它可以绘制出圆形选区，按住"Alt"键可以绘制出一个以起始点为中心的椭圆形，按住"Shift"键可以绘制出一个正圆形。

提示："移动工具"是一个重要的工具。选择"移动工具"，右击弹出图层选项，可以帮助我们快速寻找到所要图层；此外，在图层面板上链接相关图层后，再选择"移动工具"，可以通过移动工具栏的选项设置图层的对齐方式。

六、矩形选框工具组

矩形选框工具组的快捷键是"Shift＋M"，可通过鼠标拖拽的方式得到固定形状的选区，下属工具有"矩形选框工具"、"椭圆选框工具"、"单行选框工具"和"单列选框工具”。使用“矩形选框工具”创建选区时直接按住鼠标拖拽即可，如图 1—31 所示。按住“Shift”键拖拽鼠标，可以绘制出正方形，如图 1—32 所示。

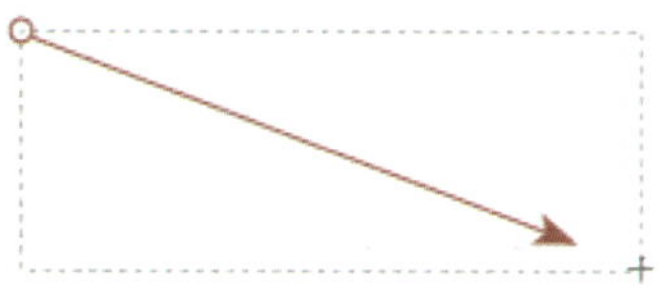

图 1—31

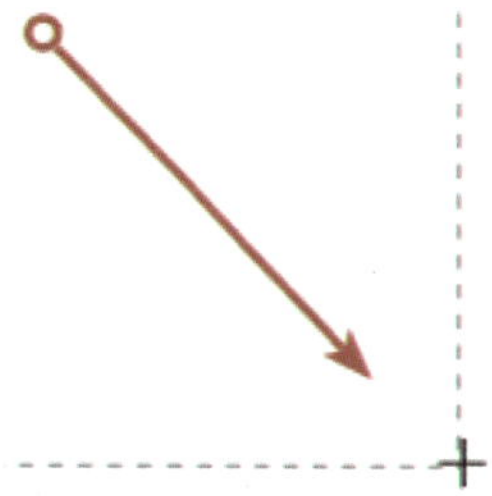

图 1—32

使用“矩形选框工具”，按住“Alt”键拖拽鼠标，可以绘制出以起始点为中心的矩形，如图 1—33 所示。按住“Shift+Alt”组合键，可以绘制出以起始点为中心的正方形，如图 1—34 所示。

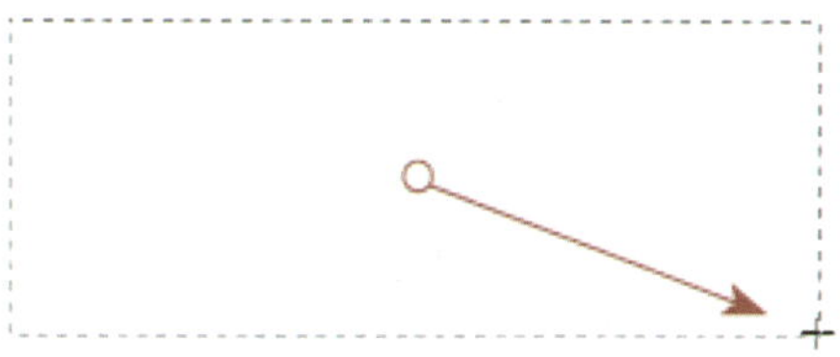

图 1—33

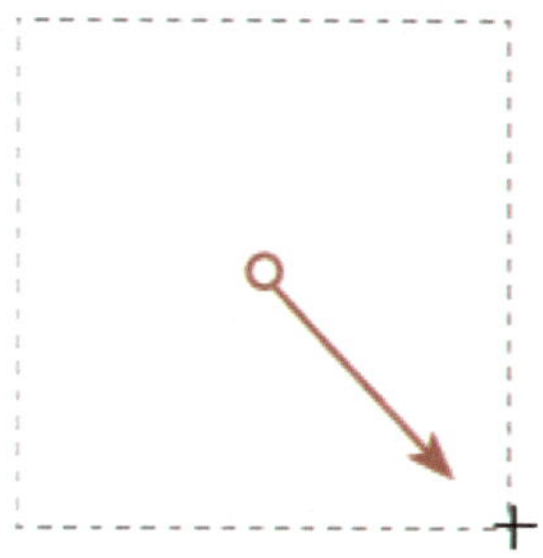

图 1—34

在选择选框工具组后，可以在工具选项栏中选择“新选区”、“添加到选区”、“从选区减去”和“与选区交叉”选项。

“新选区”在使用“选框工具组”绘制选区后，如果再次绘制，原来的选区将消失。在“新选区”状态下可以用鼠标拖曳的方式移动选区。如图 1—35 所示。

(1) (2)

图 1—35

“添加到选区”：在此模式下绘制选区时（或者按住“Shift”键），新的选区会添加到原来的选区上，如图 1—36 所示。

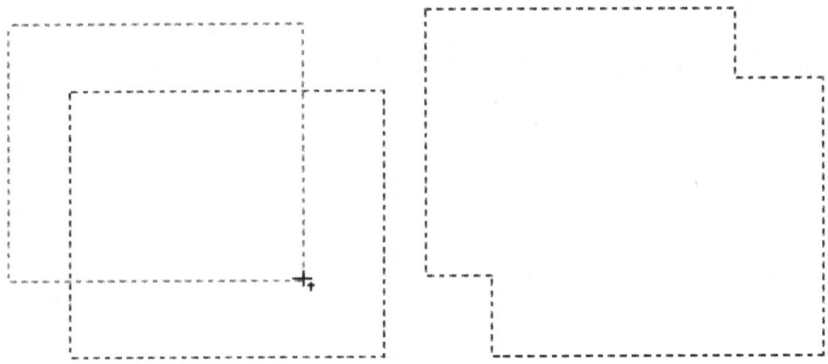

(1) (2)

图 1—36

“从选区减去”：在此模式下绘制选区时（或者按“Alt”键），新的选区与原来的选区相交的部分会被减去，如图 1—37 所示。

“与选区交叉”：在此模式下绘制选区时（或者按“Shift＋Alt”组合键），新的选区与原来选区相交的地方会保留，如图 1—38 所示。

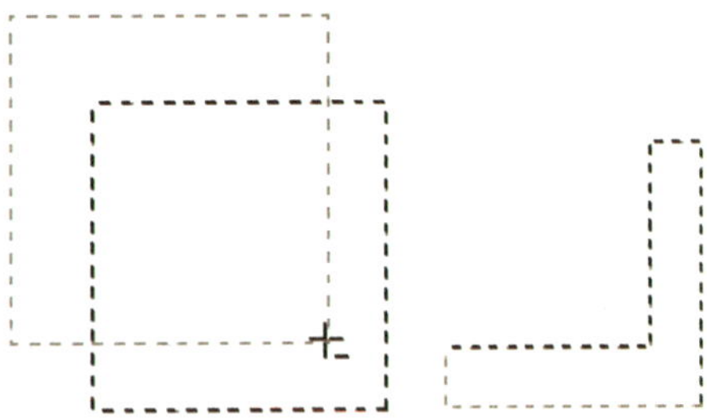

(1) (2)

图 1—37

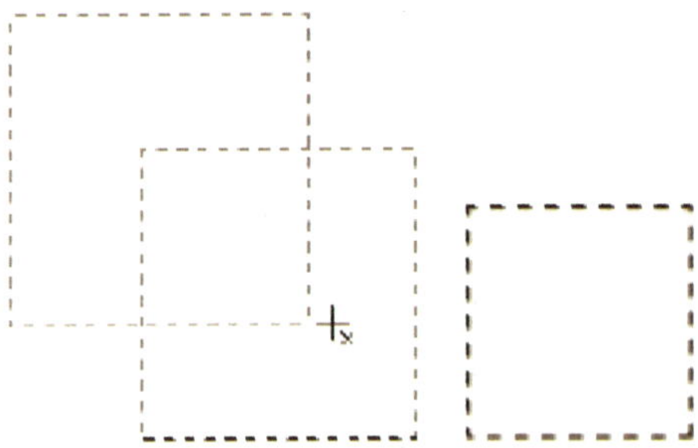

(1) (2)

图 1—38

“单行选框工具”和“单列选框工具”可以绘制或选择部分选区，结合“自由变换”命令可以制作成漂亮的图案。具体操作如下：

(1) 打开“模块一 知识点素材\单行选框工具. jpg”，选择“单行选框工具”，在图像上单击，将出现选区，如图 1—39 所示。

(2) 按“Ctrl＋T”组合键，分别在定界框中间的控制点上按住鼠标左键并拖拽，释放鼠标即可得到所需效果，如图 1—40 所示。

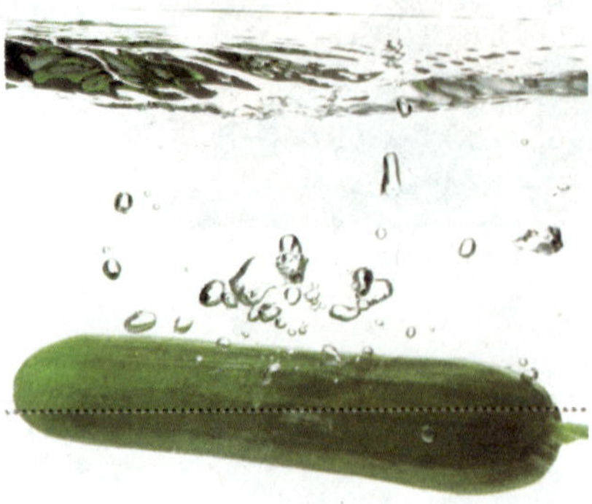

图 1—39

图 1—40

七、套索工具组

套索工具组的快捷键为“Shift＋L”，下属工具有“套索工具”、“多边形套索工具”和“磁性套索工具”。

运用“套索工具”时，按住鼠标拖曳得到一个任意形状的选区，释放鼠标时自动闭合，如图 1—41 所示。

“磁性套索工具”根据图像与背景之间的反差勾选选区，适用于图像与背景反差较大的图像，如图 1—42 所示。

图 1—41

图 1—42

“多边形套索工具”使用鼠标在需要绘制的地方单击，建立第一个确认点，移动鼠标到合适的位置单击则建立第二个确认点，如此反复，直到终点与起点重合，得到一个直边的任意选区，如图 1—43 所示。

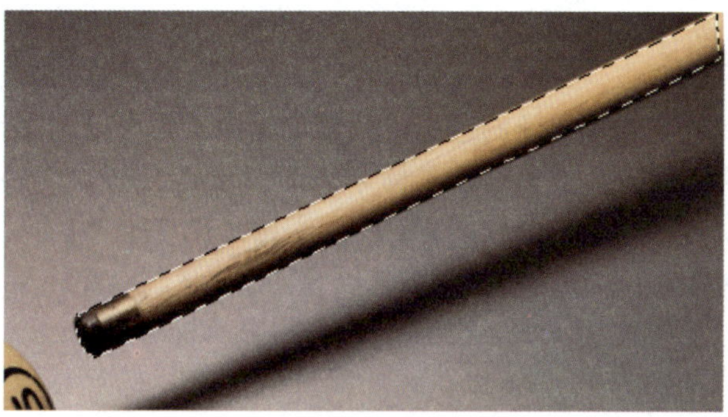

图 1—43

“裁切工具”可裁切需要的图像。

“移动工具”可移动图像至所需位置。

八、魔棒工具组

魔棒工具组的快捷键为“Shift＋W”，下属工具有“魔棒工具”、“快速选择工具”。

“魔棒工具”根据容差值的大小勾选图像的单色选区，容差值越大，选择的范围就越大。容差值默认为“32”，最多可以调节到“255”，最少可以调节到“0”。如图 1—44 所示。

“快速选择工具”利用可设置的圆形画笔笔尖快速绘制选区。在拖曳鼠标时选区会向外扩展并自动查找、跟随图像中定义的边缘。如图 1—45 所示。

图 1—44

图 1—45

使用“魔棒工具”时，按住“Shift”键在图像上单击可添加选区；按住“Alt”键单击可在当前选区中减去选区；按住“Shift＋Alt”组合键单击可得到与当前选区相交的选区。

提示：使用魔棒工具时，经常会发现抠出的图片有白边，在选区属性栏中找到 调整边缘... 按钮，点击得到 输出到(O): 新建带有图层蒙版的图层 ，再根据预览的效果调整其他参数，白边就没有了。

九、辅助工具

使用 Photoshop CS6 处理图像的过程中，利用辅助工具可以精确地绘制图像，常用的辅助工具有标尺、参考线、网格和度量工具等。

（一）标尺

利用标尺可以精确地定位图像中的某一点以及创建参考线。单击菜单栏中的“视图”>“标尺”命令（或按“Ctrl＋R”）即可在图像窗口中显示标尺。

标尺会出现在当前窗口的顶部和左侧，默认情况下，标尺是以“厘米”为单位的，在菜单栏中单击“编辑”>“首选项”>“单位与标尺”命令，或者直接在标尺上双击鼠标左键，在弹出的“首选项”对话框中即可对标尺的单位进行设置。如图 1—46 所示。

标尺原点是水平标尺与垂直标尺的相交点，默认情况下被放置在图像窗口的左上角，用户可以根据测量的需要改变标尺原点的位置。将光标移动到图像窗口左上角的上，按鼠标左键不放，拖动鼠标到图像窗口中标尺新原点的位置，释放鼠标后即可将标尺原点设置到该位置。如图 1—47 所示。

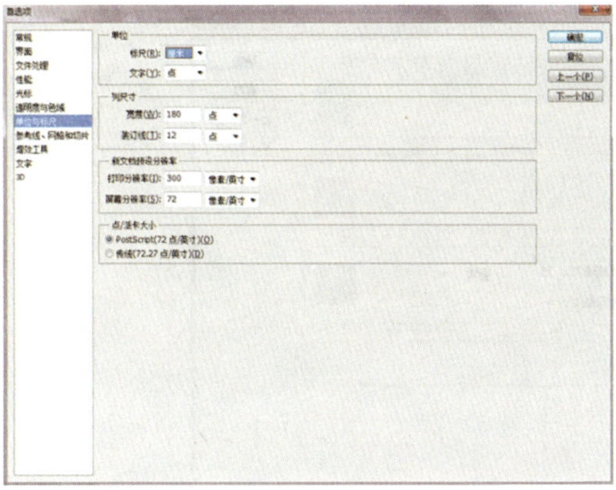

图 1—46

图 1—47

提示：在图像窗口的标尺上单击鼠标右键，即可在弹出的快捷菜单中快速设置标尺的单位。

（二）参考线

参考线是浮在整个图像上但是不打印出来的线条，可以移动或者删除。

选择菜单栏中的“视图”＞“显示”＞“参考线”命令（或按“Ctrl＋;”）即可在图像窗口中显示参考线；单击工具箱中的“移动工具”按钮，将参考线拖动至标尺位置，可以一次删除一条参考线。单击菜单栏中的“视图”＞“参考线”命令，即可一次性清除图像窗口中的所有参考线；选择菜单栏中的“视图”＞“锁定参考线”命令即可锁定参考线。

（三）网格

网格对于对称地布置图像很有用，使用网格可以查看和跟踪图像扭曲的情况。选择菜单栏中的“视图”＞“显示”＞“网格”命令（或按“Ctrl＋’”），如图 1—48 所示。网格在默认的情况下显示为不打印出来的线条，但也可以显示为点，如图 1—49 所示。

图 1—48

图 1—49

选择菜单栏的“编辑”＞“首选项”＞“参考线、网格和切片”命令，在弹出的“首选项”对话框中设定网格的属性，如图 1—50 所示。

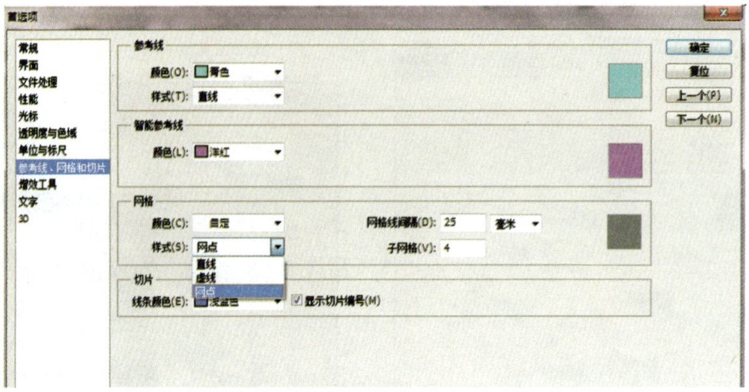

图 1—50

（四）度量工具

度量工具主要用来测量图像两点之间的距离、位置和图像角度，相当于直尺和量角器。单击菜单栏中的“分析”>“标尺”工具命令，工具箱中出现“标尺工具”按钮。在图像中单击一点并进行拖动，这时开始点和鼠标指针之间会产生一条连接线。当鼠标拖动至目标位置后，释放鼠标左键，这时工具属性栏中将显示测量的结果。如图 1—51 所示。

图 1—51

度量工具对应属性栏中，各参考选项的含义如下：

（1）X、Y：表示测量起点的横、纵坐标值。

（2）W、H：表示两点之间的水平距离和垂直距离。

（3）A：表示水平方向和线段之间的夹角。

（4）L1：表示线段起点和终点之间的测量线段。

（5）“清除”按钮：单击该按钮可以清除测量线段。

十、文件的相关操作

（一）新建文件

执行“文件”>“新建”命令或使用“Ctrl+N”组合键，弹出“新建”对话框，设置“名称”、“高度”、“宽度”、“分辨率”等选项后单击“确定”按钮，则可以新建一个空白文件，如图 1—52 所示。

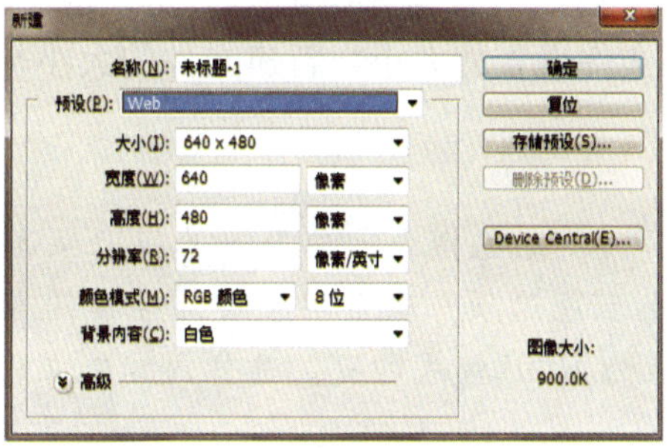

图 1—52

“名称”指新建文件的名称，在文本框中直接输入即可，默认情况下为“未标题－1”。

“预设”指新建文件的大小，单击文本框右侧的下三角按钮则会弹出“预设”下拉列表框，可在其中选择，如：Web、国际标准纸张、照片等选项，如图 1—53 所示。在选择“国际标准纸张”选项后，在“预设”栏会出现“大小”下拉列表框，单击此文本框右侧的下三角按钮，则会列出常用纸张的大小尺寸，如：A3、A4 等。

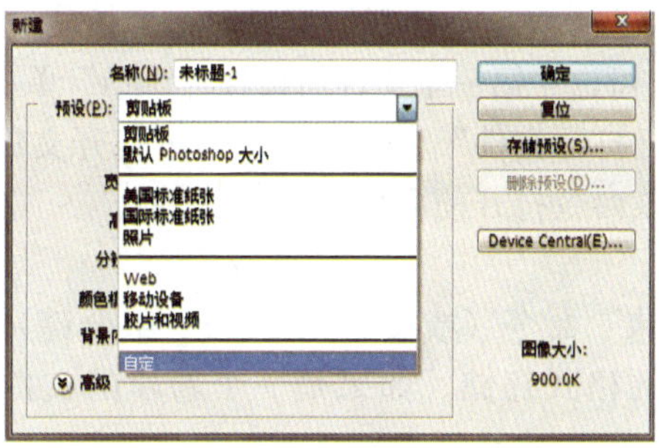

图 1—53

“宽度/高度”指新建文件的宽度和高度，有“像素”、“英寸”、“厘米”、“毫米”、“点”、“派卡”和“列”七种单位以供选择。

“分辨率”指图像的分辨率，有“像素/英寸”和“像素/厘米”两种单位可供选择。

“颜色模式”分为位图、灰度、RGB 颜色、CMYK 颜色、Lab 颜色五种，使用不同的颜色模式做出的效果也不一样，如选择灰度，所绘制的图像将无颜色，只存在黑、白和不同深浅的灰色。

“背景内容”指新建文件的背景，默认为白色，用户也可以将其设置为“透明”或“背景色”。

“高级”：单击左侧的按钮，可以显示出“颜色配置文件”和“像素长宽比”选项。在“颜色配置文件”下拉列表中可以为文件选择一个颜色配置文件；在“像素长宽比”下拉列表中可以选择像素的长宽比。通常情况下像素都为正方形，除非使用视频图像。

“存储预设”：单击该按钮，弹出“新建文档预设”对话框，输入预设的名称并选择相应的各个选项，可以将当前设置的文件大小、分辨率、颜色模式等创建为一个预设选项。

以后创建文件的时候，直接在“预设”下拉列表框中选择该预设即可。

“删除预设”可以将设定好的预设删除掉，但系统自带的预设不能被删除。

“Device Central”：单击该按钮后，会弹出创建特定设备使用的文档。

“图像大小”显示当前文件设置的大小，新建文件的大小与高度、宽度、分辨率和模式有关。

提示：执行“新建”>“颜色模式”命令，其级联菜单中有位图、灰度、RGB 颜色、CMYK 颜色、Lab 颜色选项。通常用于屏幕显示的颜色都设置为 RGB 模式；用于印刷或打印的都设置为 RGB 模式即可。具体内容将在模块二的知识点解析中详述。

（二）打开文件

执行“文件”>“打开”命令（或按“Ctrl+O”组合键），则会弹出“打开”对话框。

“查找范围”可以按文件夹查找图片。

“文件名”显示了当前所选择对象的名称。

“文件格式”默认为所有格式，在下拉列表框中会有许多文件的格式，当选择某一个格式后，当前只会显示被选中的格式文件。

打开文件时，如果需要选择多个不相邻的文件时，可按住“Ctrl”键依次选择；如果需要选择多个相邻的文件时，可选中第一个文件后按住“Shift”单击最后一个文件全部选择。

执行“文件”>“最近打开文件”命令，在“最近打开文件”级联菜单中会显示最近打开过的文件，可以执行该命令打开前面使用过的文件。

（三）存储文件

执行“文件”>“存储”命令（或按“Ctrl+S”组合键）可保存文件，在保存所作修改时，图像会按照原有的格式存储。如果是一个新建的文件，在执行该命令时会弹出“存储为”对话框。

“存储为”执行“文件”>“存储为”命令（或“Ctrl+Shift+S”组合键），弹出“存储为”对话框，在“存储为”对话框中进行设置后单击“保存”按钮，则可将文件保存到指定位置。

“保存在”可以选择图像在电脑中保存的位置。

“文件名”可以输入指定的文件名。

“格式”可以在“格式”下拉列表框中选择相应的格式。

“作为副本”勾选该复选框，若原文件也在该文件夹下，则会创建一个文件副本。

执行“文件”>“存储为 Web 和设备所用格式”命令，Photoshop 将会把文件保存为适合于网页使用的格式。大型文档格式 PSB 支持宽度或高度最大为 300 000 像素的文档，支持所有 Photoshop 功能（比如图层、效果、滤镜），但存储为 PSB 格式的文件，只能在 Photoshop CS 版本或更高版本打开，其他应用程序和 Photoshop 的早期版本则无法打开以 PSB 格式存储的文档。

（四）图像与画布

“图像大小”命令可以设置图像的“像素”、“尺寸”和“分辨率”，如图 1—54 所示。

“画布大小”命令可以对图像的“宽度”和“高度”进行设置，如图 1—55 所示。

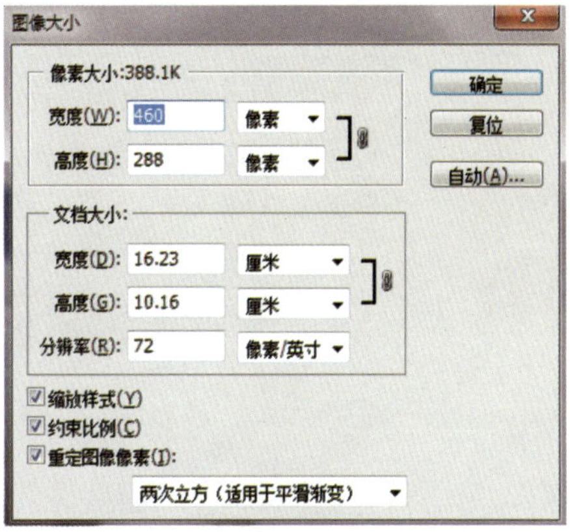

图 1—54

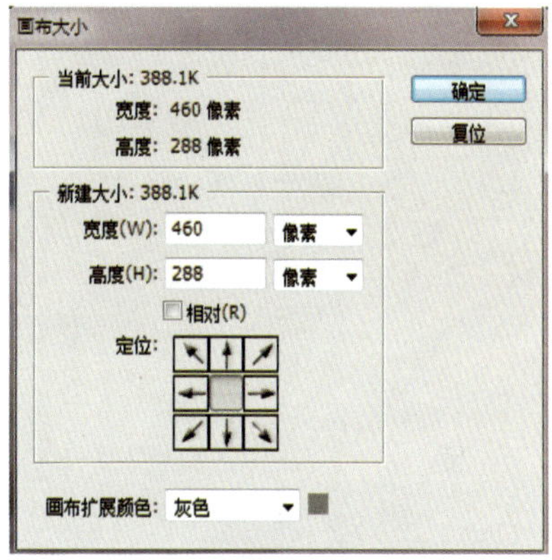

图 1—55

提示：勾选“重定图像像素”复选框，在修改图像大小时，图像像素不会随之改变，因此画面的质量也不会变化。取消勾选“重定图像像素”复选框，在修改图像大小时，则会改变图像的分辨率，因此画面质量会受到一定的影响。

实践任务：背景图片的设计与制作

任务背景

设计一幅以竹为主题的背景图片，大小为 800px×600px。

任务要求

灵活使用“矩形选框工具”、“椭圆选框工具”、“自由变换命令”的“变形”选项、“油漆桶工具”、“涂抹工具”（参见模块三的知识点解析的“六、模糊工具组”中的相关内容）、“文字工具”（华文隶书），使得背景图片设计精美。

任务参考效果图

模块二　图像调整的综合应用
——设计制作网店 banner

任务参考效果图

能力目标

（1）能利用调色工具调整图像颜色。

（2）能掌握 Photoshop 的色彩模式。

知识目标

（1）掌握“色阶”命令的使用方法。

（2）掌握“曲线”命令的使用方法。

模拟制作任务

任务名称：童装网店店招的设计与制作

任务背景

“健康宝贝”是一家淘宝童装店，现需要设计一个表现儿童主题的网店店招。美观适宜的店招能够提高网店的浏览量。

任务要求

需要设计者通过对图片颜色的运用，在图像处理方面突出儿童的天真可爱。店招“宽度×高度”为“900×120 像素”。

任务分析

运用“亮度/对比度”、“曲线”、“色阶”等命令调整颜色基调。

任务难点

使用图像调整工具调整图像色调。

操作步骤详解

步骤 1： 打开“素材\模块二\任务 1　素材\背景”文件，双击其缩略图，在弹出如

图 2—1 所示的“新建图层”对话框中，单击“确定”，双击背景图层，转换为普通图层。

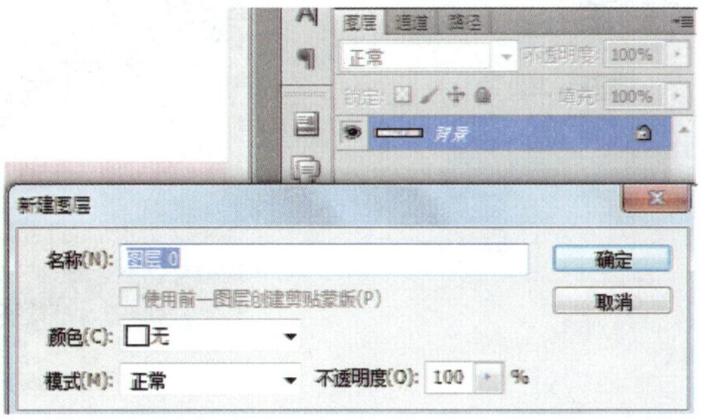

图 2—1

步骤 2：打开“素材＼模块二＼任务 1　素材＼照片 1”，如图 2—2 所示，执行“图像”＞“调整”＞“色阶”命令（或者按“Ctrl＋L”快捷组合键）。在弹出的“色阶”对话框中，如图 2—3 所示，将输入色阶的白色滑块向左拖曳到“180”，单击“确定”按钮，即可出现如图 2—4 所示的效果。

图 2—2

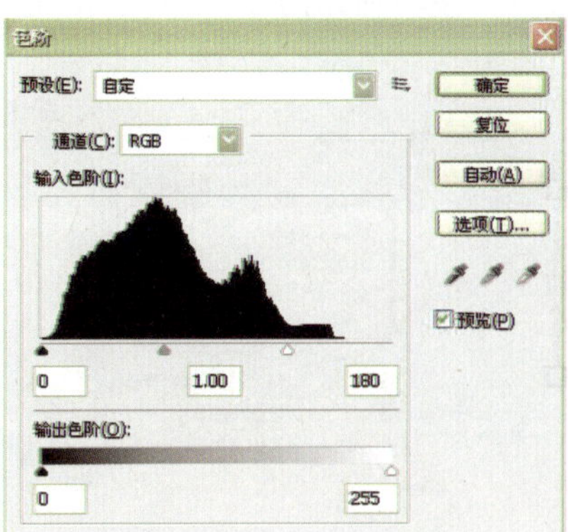

图 2—3

图 2—4

步骤 3：单击图层调板上的“创建新图层”图标，建立一个新图层，如图 2—5 所示。使用工具箱中的“椭圆选框工具”，按住“Shift”键不放，在“图层 1”中绘制如图 2—6 所示大小的圆形。

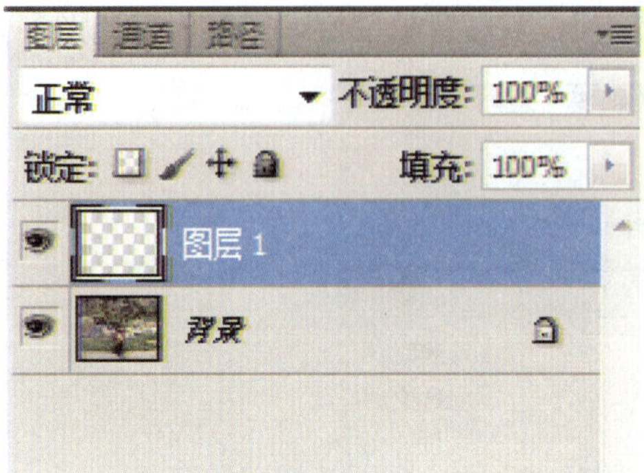

图 2—5

图 2—6

步骤 4: 在“背景”图层栏处单击鼠标左键，激活此图层，如图 2—7 所示，选择工具箱中的“移动工具”，即可将圆形选区中的人物移出，如图 2—8 所示。

图 2—7

图 2—8

步骤 5: 将圆形图片移动到步骤 1 的图层中，按“Ctrl+T”组合键，调出“变换”定界框，按下“Shift”键并拖拽左下方控制点将图像缩小，移动到如图 2—9 所示相应位置，观察比例是否合适，按下“Enter”键。

图 2—9

步骤 6: 打开“素材\模块二\任务 1 素材\照片 2”文件，如图 2—10 所示。执行“图像”>“调整”>“曲线”命令，弹出如图 2—11 所示曲线对话框（或者按快捷键“Ctrl+M”）。

图 2—10

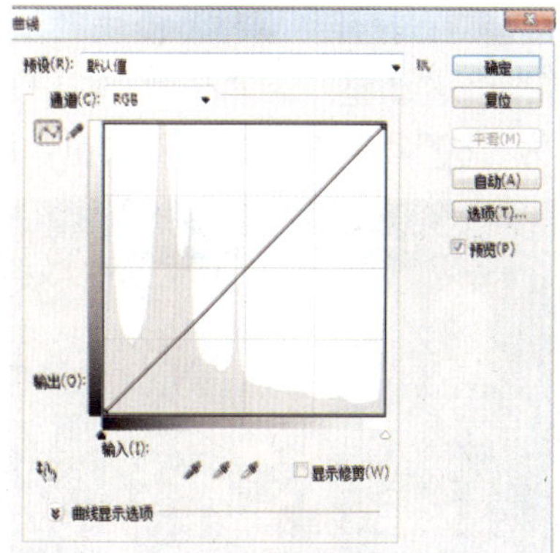

图 2—11

步骤 7： 如图 2—12 所示，在曲线的下半部分上单击鼠标左键，设置一个控制点；在上半部分单击鼠标左键再设置一个控制点。将左下方控制点向上拖曳（输出：15，输入：35），右上方的控制点向下拖曳（输出：220，输入：230），单击“确定”按钮，效果如图 2—13 所示。

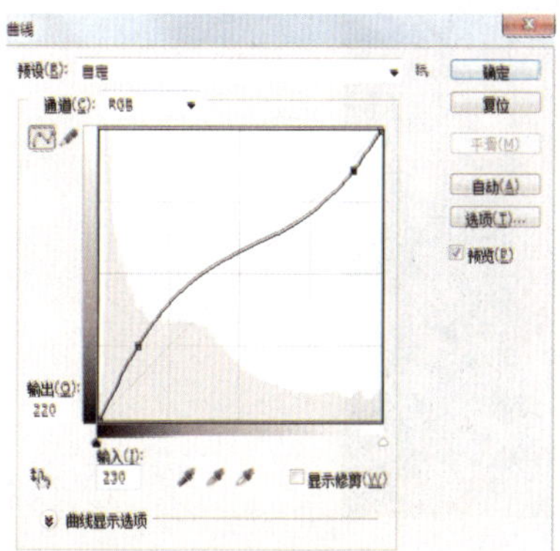

图 2—12

图 2—13

知识点

图 2—12 的反 S 曲线——将曲线向外拉，能够降低整个图片的反差。反之，将曲线向内推，能够增加图片的反差。

步骤 8： 参照上述“步骤 3～5”，用“椭圆选框工具”将人物选出，并移动到如图 2—14 所示位置。

图 2—14

步骤 9：打开“素材\模块二\任务 1 素材\照片 3”文件，如图 2—15 所示，执行“图像”＞“调整”＞“亮度/对比度”命令，在弹出的如图 2—16 所示的对话框中将亮度设置为“80”，单击“确定”按钮，即可出现如图 2—17 所示的效果图。

图 2—15

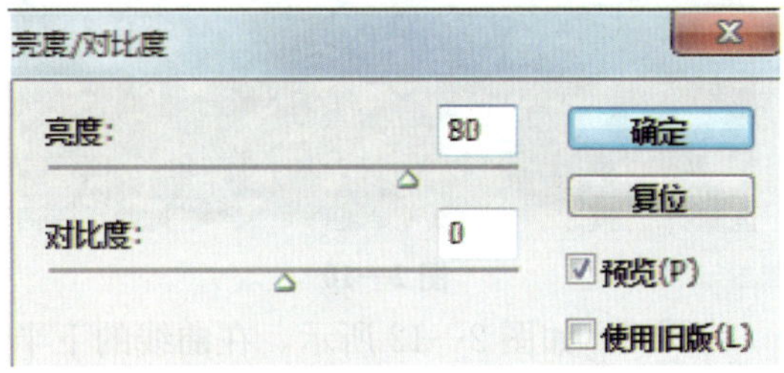

图 2—16

图 2—17

步骤 10：参照上述“步骤 3～5”，用“椭圆选框工具”将人物选出，并移动到如图 2—18 所示位置，最终效果图如图 2—19 所示。

图 2—18

图 2—19

知识点解析

一、色彩原理

（一）光源色

自然的白色光（如阳光）是由红（Red）、绿（Green）、蓝（Blue）三种波长不同的颜色组成的，即 RGB 三原色。人们所看到的红光，是因为绿色和蓝色波长的光线被物体吸收，而把红色的光线反射到人们眼睛里的结果。同样的道理，绿色和红色波长的光线被物体吸收而反射为蓝色，蓝色和红色波长的光线被物体吸收而反射为绿色。三种原色中的任意两种颜色相互重叠，就能产生间色。三种原色相互混合形成白色，所以又称为“加色法三原色”，如图 2—20 所示的色环图中的左上部分“色光三原色”其中，180°为互补色，120°为对比色，45°内为邻近色。

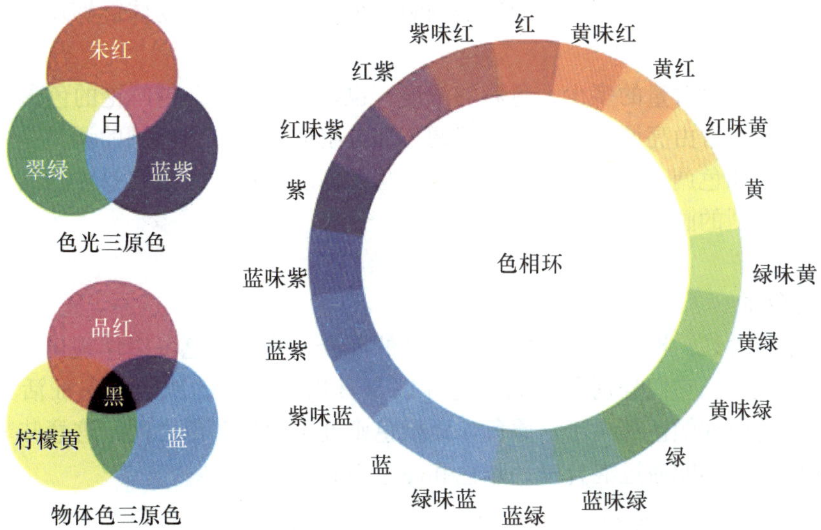

图 2—20

（二）印刷色

印刷品上的颜色是通过油墨显现的，不同颜色的油墨混合会产生不同的颜色效果。油墨本身并不发光，它是通过吸收（减去）一些色光，而把其他色光发射到人们的眼睛里产生的颜色效果，其中洋红、青色、黄色又称为“减色法三原色”，图 2—20 的色环图中的左下为“物体色三原色”。印刷制版是通过 4 种颜色进行的，即洋红（Magenta）、青色（Cyan）、黄色（Yellow）和黑色（Black）。其中黑色并不是由 100％的洋红、青色和黄色混合产生的，这三种颜色相互混合只能产生一种深褐色。在印刷制版时，它们是通过 UCR 方式产生黑色的。

（三）颜色的属性

颜色包含色相、明度、饱和度三个属性，如图 2—21 所示。

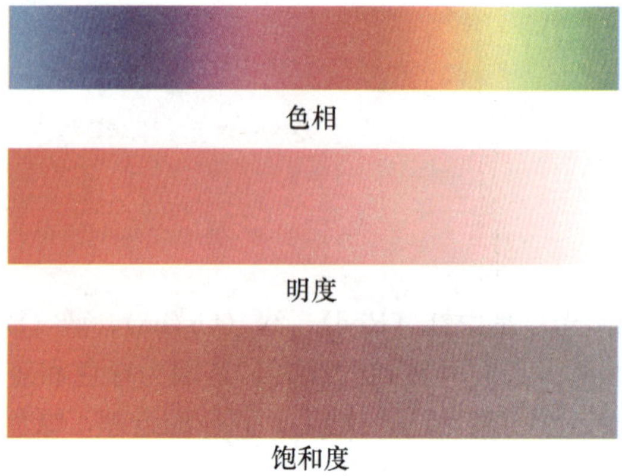

图 2—21

色相：颜色的相貌，用以判断颜色是红、黄、蓝或者是其他色彩感觉的属性。

明度：色彩的明暗程度，也指物体反射光的强度。不同色彩有不同的明度，即使同一种色彩，其明度也有不同。因此明度是判断一个物体比另一个物体能够反射较多或较少的光的属性。

饱和度：颜色含量的多少、色彩的浓度，也指鲜艳程度。越鲜艳的色彩越饱和。

一幅图像通常由亮调、中间调、暗调三部分组成。色阶和色调的调整是色彩调整的重要内容。色阶和色调一般指原稿上最亮和最暗的亮度差别。眼镜容易注意到色相、明度和饱和度对比强烈的画面。

（四）色系

1. 暖色系

暖色系包含红、橙、黄以及这三种颜色的混合，使用暖色可以体现出激情、快乐、热忱和活力的主调。它们分别是烈焰、落叶以及日出和日落的颜色，象征活力、激情和积极。红和黄这两种颜色都属于三原色，而橙色则处于两种颜色之间，这意味着红色和黄色是真正的暖色，不能通过混合一种暖色和冷色而获得。

红色是一种非常强烈的颜色，它让人联想到爱与激情。在设计中，红色是一种很重的色彩，如果在设计时使用过多，会产生一种压倒性的感官效果，尤其是使用纯红色时，如果想在设计中添加力量和激情的感觉，红色就是一种非常不错的颜色。不过浅红更能体现活力，而深红则更能体现力量和优雅的一面。

橙色是一种充满生气和活力的颜色，它让人联想到大地以及秋色。它与季节的变换有关，橙色一般用来表现变化和运动的感觉。它也与同名的水果有关，让人联想到健康和活力。橙色不像红色那样强烈，但也能吸引观众的注意力。通常认为橙色更友善和诱人，不像红色那样具有挑衅性。

黄色被认为是最明亮、最具活力的暖色，它让人联想到快乐和阳光，但也与欺诈和懦弱有关。鲜黄色可以增添快乐和愉悦感，柔和的黄色通常用作婴儿和小孩的中性色（相对蓝色或者粉红色），淡黄色相对鲜黄色而言能给人一种更内敛的快乐感受，深黄色和金黄色有时很有古韵，当需要营造一种永恒的感觉时，可以使用这种颜色。

2. 冷色系

冷色系包含绿色、蓝色和紫色，相对暖色而言，强度要弱。它们是夜、水和自然的代表颜色，通常给人的感觉是舒缓、放松和冷淡。蓝色是冷色系中唯一的原色，这意味着其他颜色都是由蓝色混合某种暖色而成（混合黄色得到绿色，混合红色得到紫色），绿色继承了黄色的一些属性，而紫色则继承了红色的一些属性。在设计中使用冷色可以营造一种冷静或专业的感觉。

绿色是一种非常务实的颜色，象征新的开始和成长，也表示嫉妒和猜忌，代表缺乏经验。绿色继承了蓝色所具备的平静的属性，但是它也吸收了一些黄色的活力。在设计中，绿色有一种平衡和协调的效果，并且很稳定。对于财富、安定、新生以及与自然相关的设计，绿色很合适。亮绿色更具活力和生机，而橄榄绿更多表示自然界，暗绿色则是富饶的最典型代表。蓝色用来象征冷静和责任。浅蓝色有一种非常清新和友好的感觉，深蓝色则是更多表示可靠和力度。蓝色也与和平有关，在许多文化中，蓝色有灵魂和宗教上的寓意（比如圣母玛利亚通常会被描绘成身着蓝色的长袍）。浅蓝色通常表示放松和平静，亮蓝色通常表示活力和清新，深蓝色则非常适合公司类型的网站，这类场合中感染力和可靠性很重要。

紫色与高贵有关。它是红色和蓝色的合成色，具有这两种颜色的一些属性。它与创造力和想象力有关。深紫色通常与财富和忠诚有关，浅紫色（像淡紫色）则更多地让人想到浪漫。在设计中，深紫色给人一种富有和奢华的感受，浅紫色则更多地让人想到春天和浪漫。

3. 中性色

中性色通常用作设计作品的背景色，经常与亮色混用。中性色容易受到周围暖色和冷色的影响。

黑色是最强烈的中性色，传达出一种老练和神秘的感觉，通常与力量、高雅、严谨、邪恶、死亡以及神秘有关。黑色是许多西方国家的葬礼色。在一些文化中，它与叛乱关系紧密，并且也与万圣节和玄学有关。黑色通常用在一些前卫和高雅的设计作品中。

白色通常与纯洁、干净相联系，一般作为中立的背景，可以使作品中的其他颜色有更重的分量。它也可以用来传达简洁的理念。在极简约风格的设计中，白色用得最多。在设计中，白色可以用来表示冬天或是夏天，具体取决于白色周围的设计图案和颜色。

灰色是一种中立色，通常是在光谱冷色区一端。有时，灰色被视为忧郁或压抑，在一些设计中，人们用浅灰色来取代白色，用深灰色取代黑色。灰色一般都显得保守和正式，不过也可以显得很现代。有时它被视作哀悼色。在公司的设计作品中经常用到，因为它可以给人正式和专业的感觉。它也可以是一种非常深奥的色彩。纯灰色是黑色的暗色泽，而其他灰色则有蓝色或是褐色混入其中。在设计中，灰色背景是一种非常常见的排版。

褐色通常与大地、树木和岩石相关。它是彻头彻尾的自然色和暖系中立色。因其具有坚定和质朴的性质，褐色也与信赖和可靠联系起来。它也可以被视作迟钝、无趣。在设计作品中，褐色一般都用作背景色。这种颜色在木质纹理和石质纹理中也很常见。它可以给设计带来温暖、健康的感觉。有时也用深褐色来取代黑色，用作背景色或是字体色。

在色谱上，米黄色有点特殊，它既可以带有一点暖色值也可以带有一点冷色值，这取决于它附近的颜色。它带有褐色的暖色质和白色的冷色质。在大多数情况下，米黄色是保守色，通常用作背景。它也可以用来象征虔诚。在设计中，米黄色通常用作背景，在以纸张材质做素材的背景中，这种色彩尤其常见。它会呈现出周围颜色的特质。它在设计作品中与其他颜色搭配使用，很少影响到设计作品给人的最终印象。

4. 颜色的搭配

颜色不会单独存在，一个颜色的效果是由多种因素来决定的：反射的光、周边搭配的色彩、观看者的欣赏角度等。有十种基本的配色设计，分别称做：无色设计（Achromatic）、类比设计（Analogous）、互补设计（Complement）、冲突设计（Clash）、单色设计（Monochromatic）、中性设计（Neutral）、分裂补色设计（Split-complement）、原色设计（Primary）、二次色设计（Secondary）以及三次色设计（Tertiary）。如图 2—22 所示。

（只用黑白灰色）
无色设计

（色相环任选三个连续的颜色）
类比设计

（色相环上相反的颜色）
互补设计

（一个颜色与其互补色两边的颜色）
冲突设计

（不同明度和饱和度的同种颜色）
单色设计

（加入补色或黑色，原色消失）
中性设计

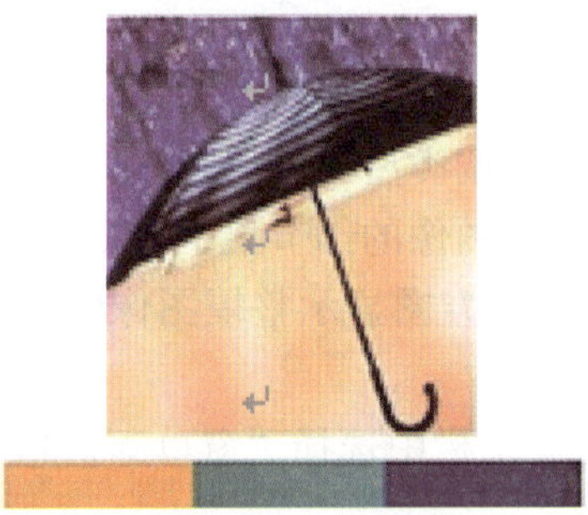

（与补色旁边的颜色组合）
分裂补色设计

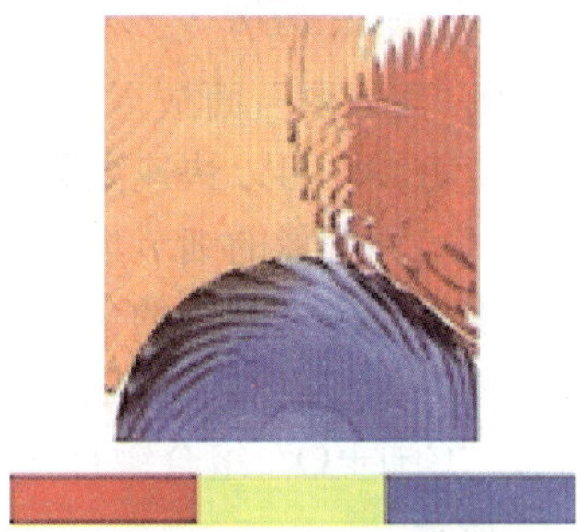

（红、黄、蓝三原色）
原色设计

（绿、紫、橙二元色）
二次色设计

（红橙、黄绿、蓝紫或者蓝绿、黄橙、红紫）
三次色设计

图 2—22

（五）查看图像的颜色分布

通过"信息"和"直方图"面板可以快速查看图像的基本信息和图像的色调。

1. 使用"信息"面板查看图像的色调分布

（1）在菜单栏中选择"文件"＞"打开"命令，打开素材图形"猴子"，如图 2—23（1）所示。

（2）在菜单栏中选择"窗口"＞"信息"命令，在弹出的"信息"面板中可查看图像色调的分布，如图 2—23（2）所示。

(1)

(2)

图 2—23

提示：在图像中将鼠标放置在不同的位置，则"信息"面板中显示的基本信息也不同。

2. 使用"直方图"面板查看图像的色调分布

通过"直方图"可以快速浏览图像色调或图像基本色调类型，低色调图像的细节集中在暗调处，高色调图像的细节集中在高光处，而平均色调图像的细节集中在中间调处，识别色调范围有助于确定相应的色调校正，默认情况下，直方图显示整幅图像的色调范围。打开"直方图"面板的具体操作步骤如下：

（1）按"Ctrl＋O"组合键打开"日落"素材，在菜单栏中选择"窗口＞信息"命令，如图 2—24 所示。

（2）在弹出的"窗口"＞"直方图"面板中可查看图像色调的分布，如图 2—25 所示。

图 2—24

图 2—25

提示：在“直方图”面板中单击按钮，在弹出的下拉菜单中选择“扩展视图”命令，则“直方图”面板可显示更多内容，如图 2—26 所示。如果在弹出的下拉菜单中选择“全部通道视图”命令，则“直方图”面板如图 2—27 所示。

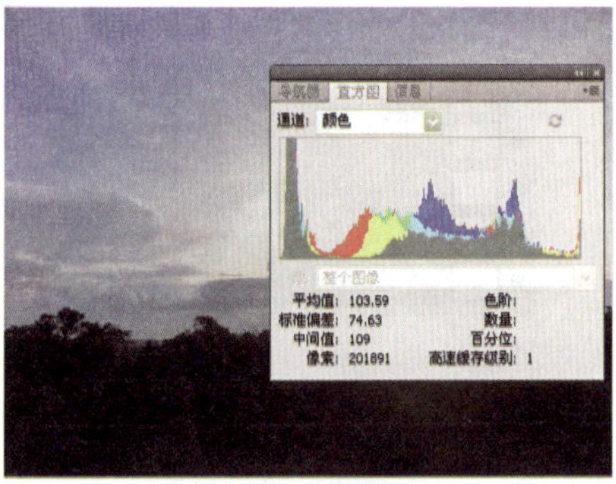

图 2—26

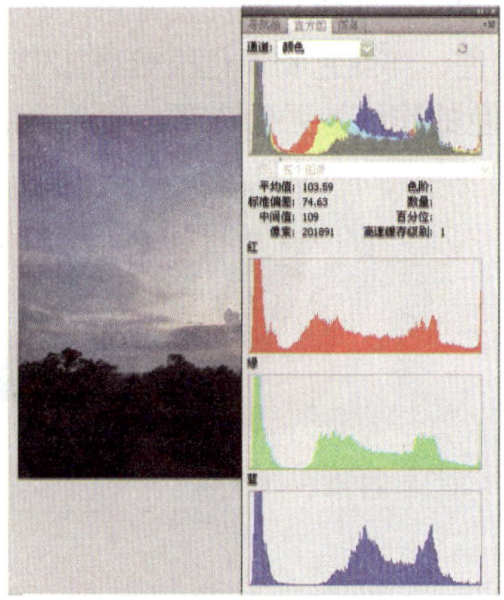

图 2—27

二、颜色模式

颜色模式是将某种颜色表现为数字形式的模型，或者说是一种记录图像颜色的方式。Photoshop 的颜色模式基于色彩模型（色彩模型是用于表现颜色的一种数学算法），分为：RGB 模式、CMYK 模式、Lab 颜色模式、灰度模式、双色调模式、索引模式、多通道模式和位图模式。每种模式的图像描述、重现色彩的原理及所能显示的颜色数量是不同的。在 Photoshop 中可以选择“图像”＞“模式”命令，在弹出的子菜单中选择颜色模式转换命令。

（一）RGB 模式

RGB 模式是最佳的编辑图像模式，也是 Photoshop 默认的颜色模式。自然界中所有的颜色都可以用红（Red）、绿（Green）、蓝（Blue）三种颜色波长的不同组合而生成，通常称其为三原色或者三基色。每种颜色都有从 0（黑色）到 255（白色）共 256 个亮度级，所以三种颜色叠加即产生 1 670 万种色彩，即真彩色。所有显示器、投影设备以及电视机等许多设备都依赖于这种加色模式来实现，使用红、绿、蓝三个通道在屏幕上重现颜色，如图 2—28 所示。

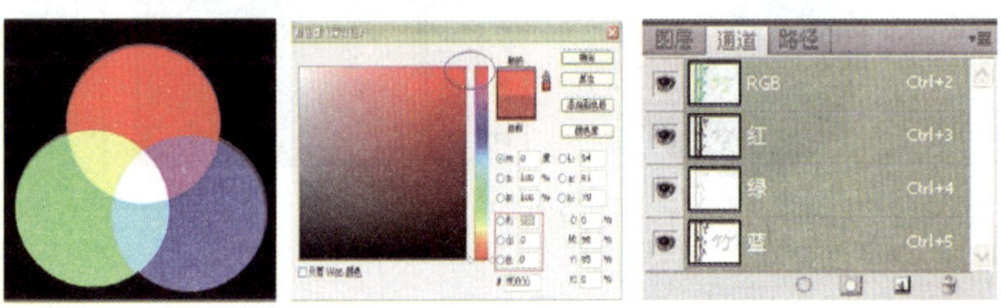

(1)　(2)　(3)

图 2—28

（二）CMYK 模式

当阳光照射到一个物体上时，这个物体将吸收一部分光线，并将剩下的光线进行反射，反射的光线就是我们所看见的物体颜色。我们看物体的颜色时用到了这种减色模式。按照这种减色模式，衍变出了适合印刷的 CMYK 模式，如图 2—29 所示。CMYK 代表印刷上用的四种颜色，C 代表青色，M 代表洋红色，Y 代表黄色，K 代表黑色。因为在实际运用青色、洋红色和黄色很难叠加形成真正的黑色，最多不过是褐色而已，所以才引入了 K。黑色的作用是强化暗调，加深暗部色彩。

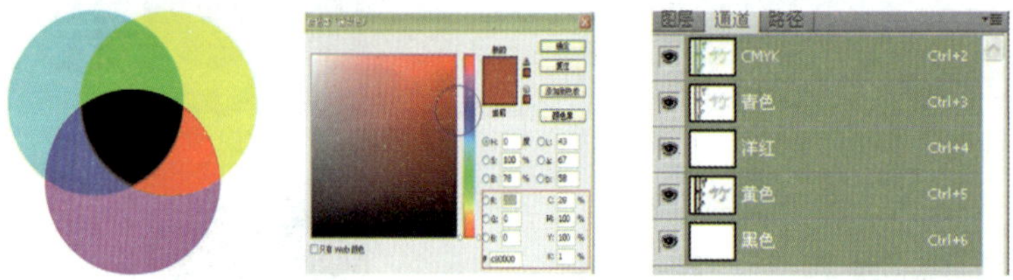

(1) (2) (3)

图 2—29

提示：在 CMYK 模式下处理图像，会使 Photoshop 部分滤镜无法使用，所以一般在处理图像时先采用 RGB 模式，印刷阶段系统自动将 RGB 转换为 CMYK。

（三）Lab 模式

Lab 模式是由照度（L）和有关色彩的 a、b 这三个要素组成，L 表示 Luminosity（照度），相当于亮度；a 表示从红色到绿色的范围；b 表示从黄色到蓝色的范围，如图 2—30 所示。Lab 颜色模式的亮度分量（L）范围是 0～100，在 Adobe 拾色器和 Color（颜色）调板中，a 分量（绿色—红色轴）和 b 分量（蓝色—黄色轴）的范围都是从＋127～－128。Lab 模式是最接近真实世界颜色的一种色彩模式，它同时包括 RGB 模式和 CMYK 模式中的所有颜色信息，所以在将 RGB 模式转换成 CMYK 模式之前，要先将 RGB 模式转换成 Lab 模式，再将 Lab 模式转换成 CMYK 模式，这样就不会丢失颜色信息，更适合对发灰、对比度差、颜色单调的照片的调整。

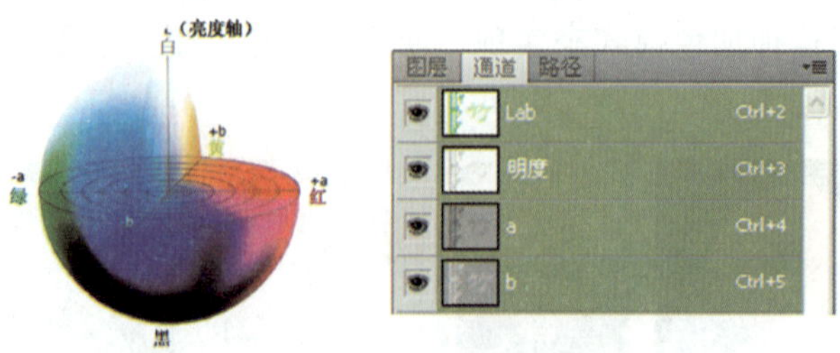

(1) (2)

图 2—30

提示：数码照片后期进行处理的过程中，为了让图片的色彩更加艳丽，通常在 Lab 模式下进行调整。将图片转换成 Lab 模式，选择“明度”通道，利用“应用图像”命令，在“明度”通道上叠加“a”通道；再选择“a”通道，利用“应用图像”，在“a”通道上叠加“a”通道，透明度视状况而定；最后选择“b”通道，利用“应用图像”，在“b”通道上叠加“b”通道。

（四）灰度模式

灰度模式中只存在灰度，当一个彩色文件被转换为灰度模式时，Photoshop 会将图像中的色相及饱和度等有关色彩的信息消除，只留下亮度。灰度值可以由黑色油墨覆盖的百分比来表示，0%代表白色，100%代表黑色，而颜色调色板中的 K 值用于衡量黑色油墨的量，如图 2—31 所示。

(1)　　　　(2)

图 2—31

（五）双色调模式

双色调模式由灰度模式直接转换得到，其中包含了“单色调”、“双色调”、“三色调”和“四色调”四种类型，该模式常用于印刷。彩色模式不能直接转换成双色调模式，要将图像先转换成灰度模式。该模式可以得到几种油墨混合叠加的效果，如图 2—32（1）所示为双色调效果，三色调效果如图 2—32（2）所示。

(1)

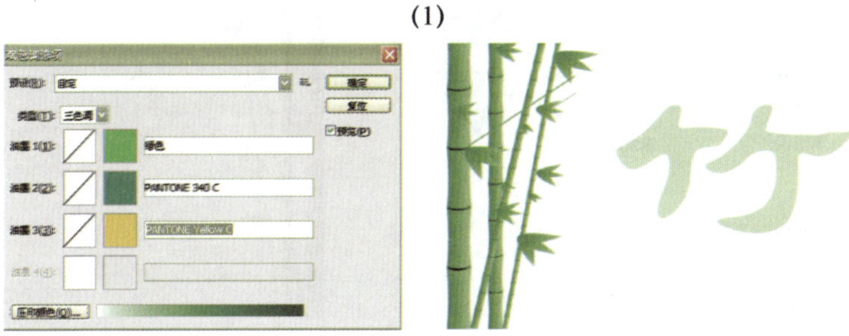

(2)

图 2—32

（六）其他颜色模式

其他颜色模式有索引颜色模式、多通道模式、位图模式等。

索引颜色模式可生成最多 256 种颜色的 8 位图像文件。当转换为索引颜色时，Photoshop 将构建一个颜色查找表，用以存放并索引图像中的颜色。如果原图像中的某种颜色没有出现在该表中，则程序将选取最接近的一种或使用仿色，以现有颜色来模拟该颜色。索引颜色模式的优点是它的文件可以做得非常小，同时保持视觉品质不单一，非常适合做多媒体动画和 Web 页面。选择“图像模式索引颜色”，即可弹出如图 2—33 所示的对话框。

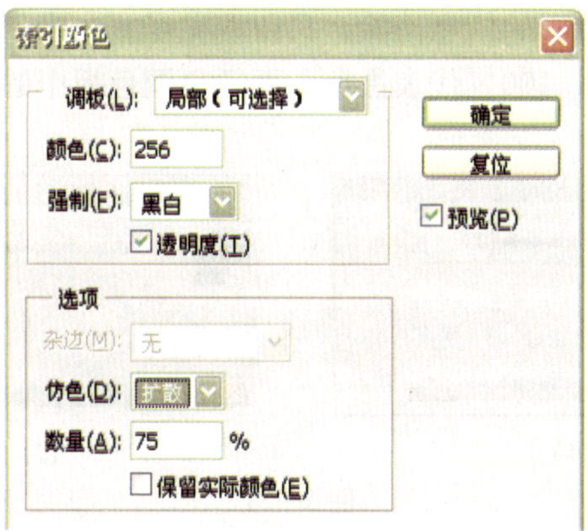

图 2—33

提示：在索引模式下处理图像，图像只有一个图层和一个通道，滤镜全部被禁用。

多通道模式图像在每个通道中包含 256 个灰阶，对于特殊打印很有用。多通道模式图像可以存储为 Photoshop、大文档格式（PSB）、Photoshop2.0、Photoshop Raw 或 Photoshop DCS2.0 格式。

位图模式下，图像的颜色容量是 1 位，即每个像素的颜色只能在两种深度的颜色中选择，不是“黑”就是“白”，其相应的图像也就是由许多个小黑块和小白块组成，如图 2—34 所示。

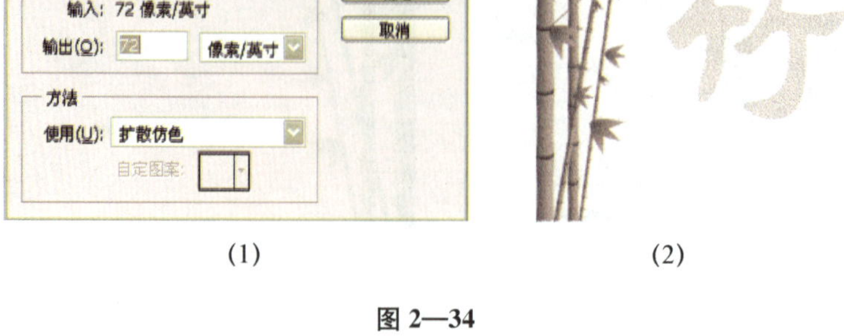

(1)　　(2)

图 2—34

三、图像色彩调整

颜色调整是 Photoshop 的一个重要功能，Photoshop CS6 中提供了完善的色彩和色调调整功能，这些功能存放在“图像”＞“调整”命令的子菜单中，如图 2—35（1）所示，执行“窗口”＞“调整”，“调整”面板会显示在主界面右侧，以方便设置，如图 2—35（2）所示。

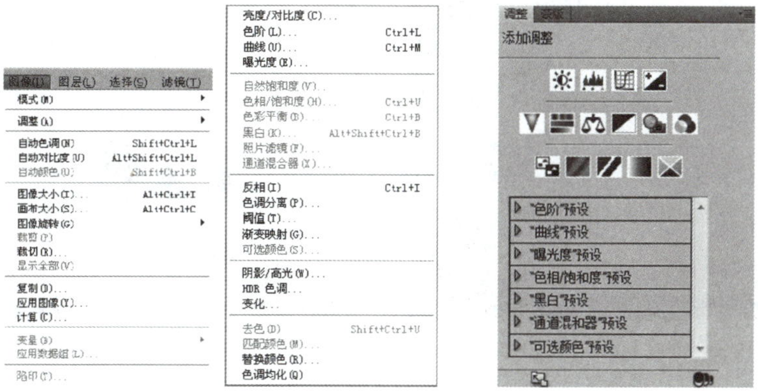

(1)　　　　(2)

图 2—35

（一）调整“亮度/对比度”

“亮度/对比度”命令可以对图像的色调范围进行简单的调整。亮度是图片的明亮程度，对比度是颜色之间的对比程度，对比度越大，各颜色之间的分别就越明显，尤其是黑与白之间的对比越明显。“亮度/对比度”可以对图像中的每个像素进行相同的调整，对于单个通道不起作用，建议不要用于高端输出，以免引起图像中细节的丢失。

打开素材“日落”，如图 2—36（1）所示。在菜单栏里选择“图像”＞“调整”＞“亮度/对比度”命令，在弹出的对话框中将“亮度”和“对比度”分别设置为 60、50，效果如图 2—36（2）所示，单击“确定”按钮。

(1)　　　　(2)

图 2—36

（二）调整“色阶”

色阶是表示图像亮度强弱的指数标准，色阶对话框通过调整图像的阴影、中间调和高光的三个强度级别，从而校正图像的色调范围和色彩平衡。

打开素材“大海”，如图 2—37（1）所示。在菜单栏里执行“图像”>“调整”>“色阶”命令或者按“Ctrl+L”组合键，在弹出的对话框中将“输入色阶”下方的各参数设置为 0、1.52、188，效果如图 2—37（2）所示，设置完成后单击“确定”按钮即可。

(1)　　　　(2)

图 2—37

“色阶”对话框命令详细说明：

（1）“通道”下拉列表框。利用此下拉列表框，可以在整个颜色范围内对图像进行色调调整，也可以单独编辑特定颜色通道的色调。

（2）“输入色阶”参数框。在“输入色阶”对话框中，可以分别调整暗调、中间调和高光的亮度级别来修改图像的色调范围，以提高或降低图像的对比度。在“输入色阶”参数框中输入目标值，这种方法比较精确，但直观性不好。以输入色阶直方图为参考，拖动 3 个“输入色阶”滑块可使色调的调整更为直观。

最左边的黑色滑块（阴影滑块）：向右拖动可以增大图像的暗调范围，使得图像显示得更暗，同时拖动的程度在“输入色阶”最左边的方框中得到量化。

中间的灰色滑块（中间调滑块）：左右拖动可以增大或减小图像的中间色调范围，改变图像的对比度。

最右边的白色滑块（高光滑块）：向左拖动可以增大图像的高光范围，使得图像显示得更亮，同时拖动的程度在“输入色阶”最右边的方框中得到量化。

（3）“输出色阶”参数框。“输出色阶”参数框中包含暗调（黑色）滑块和高光（白色）滑块，拖动滑块或在方框中输入目标值，可以调整图像的对比度。

（4）吸管工具。从左至右分别是黑场、灰场和白场的设定吸管。使用设置黑场吸管在图像中的某点颜色上单击，该点则成为图像中的黑色，该点与原来黑色的颜色色调范围内的颜色都将变为黑色，该点与原来白色的颜色色调范围内的颜色整体都进行亮度的降低。使用设置白色吸管，完成的效果则正好与设置黑场吸管的作用相反。使用设置灰场吸管可以完成图像中的灰度设置。

（5）“自动”按钮。单击“自动”按钮可以将高光和暗调滑块自动地移动到最亮点和最暗点。

（三）调整“曲线”

“曲线”可以在图像的整个色调范围内（从阴影到高光）最多调整 14 个不同的点。“曲线”也可以对图像中的个别颜色通道进行精确的调整。不同的曲线设置会出现不同的调整效果，如图 2—38 所示。执行“图像”＞“调整”＞“曲线”命令或者按“Ctrl＋M”组合键，弹出“曲线”对话框。

（1）S 形曲线（增加反差）。按图 2—38（1）的两点位置，将曲线向内推，照片反差会相应提高。

（2）反 S 曲线（降低反差）。按图 2—38（2）的两点位置，将曲线向外拉，照片反差则会下降。

（3）曲线向上（增加亮度）。按图 2—38（3）的中间点，将曲线向上拉，照片亮度会相应提高。

（4）曲线向下（降低亮度）。按图 2—38（4）的中间点，将曲线向下拉，照片亮度则会下降。

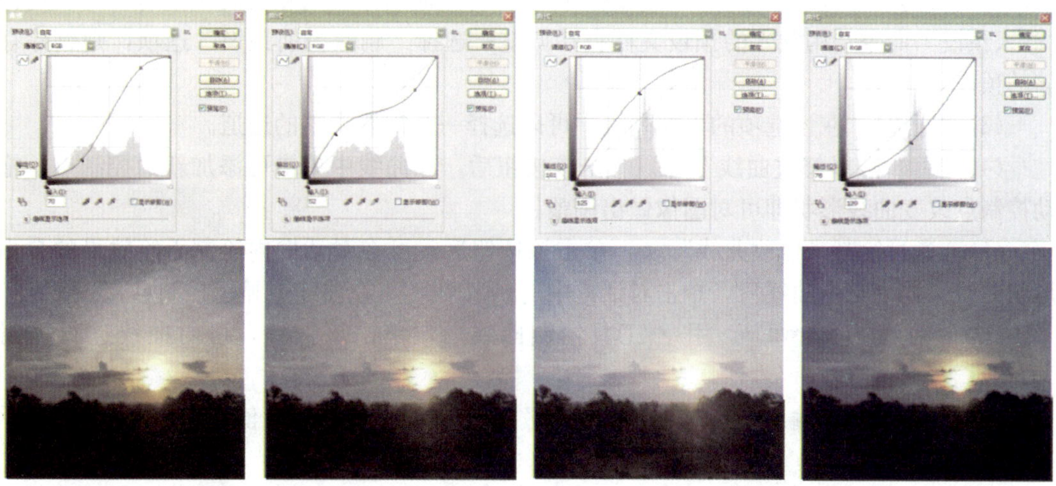

(1)　(2)　(3)　(4)

图 2—38

利用曲线也可以调整图像的颜色，在通道位置选择要调整的颜色曲线。

（1）红色 Red。曲线向上（增加红色 Red）/ 曲线向下（增加青色 Cyan）。

（2）绿色 Green。曲线向上（增加绿色 Green）/ 曲线向下（增加洋红色 Magenta）。

（3）蓝色 Blue。曲线向上（增加蓝色 Blue）/ 曲线向下（增加黄色 Yellow）。

如图 2—39 所示，具体效果如图 2—40 所示。

“曲线”对话框命令详细说明：

（1）“预设”下拉列表。该选项的下拉列表中包含了 Photoshop 提供的预设调整文件，当选择“默认值”时，可通过拖动曲线来调整图像；当选择其他选项时，则可以使用预设文件调整图像。

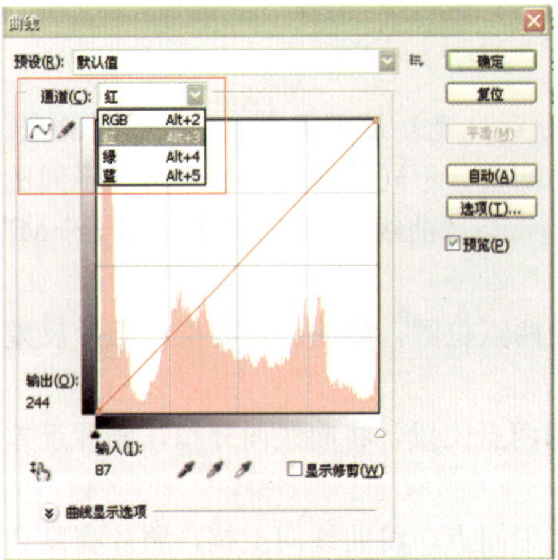

图 2—39

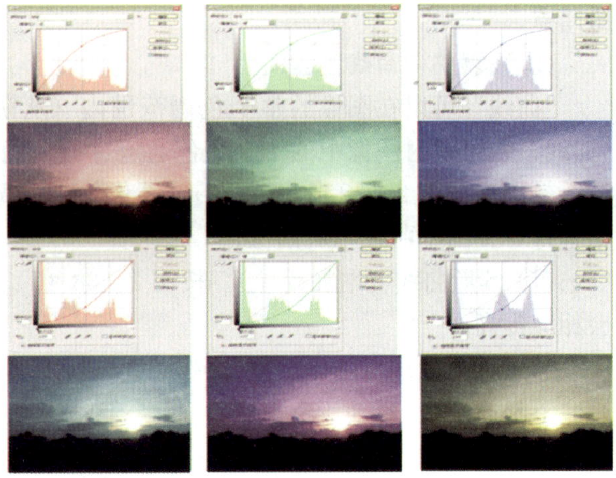

图 2—40

(2)“预设选项” 。单击该按钮，可以弹出一个下拉列表，选择“存储预设”选项，可以将当前的调整状态保存为一个预设文件，在对其他图像应用相同的调整时，可以选择“载入预设”命令，用载入的预设文件自动调整；选择“删除当前预设”选项，则删除存储的预设文件。

(3)“通道”。在该选项的下拉列表中可以选择一个需要调整的通道。

(4)“编辑点以修改曲线” 。单击该按钮后，在曲线中单击可添加新的控制点，拖动控制点改变曲线形状即可对图像做出调整。

(5)“通过绘制来修改曲线” 。单击该按钮后，可在对话框内绘制手绘效果的自由形状曲线。绘制自由曲线后，单击对话框中的 按钮，可在曲线上显示控制点。

(6) “平滑” 平滑(M) 。用 工具绘制曲线后，单击该按钮，可对曲线进行平滑处理。

(7)“输入色阶/输出色阶”。“输入色阶”显示了调整前的像素值；“输出色阶”显示了调整后的像素值。

(8)“高光/中间调/阴影”。移动曲线顶部的点可以调整图像的高光区域；拖动曲线中间的点可以调整图像的中间调；拖动曲线底部的点可以调整图像的阴影区域。

(9) “黑场/灰点/白场”。这几个工具和选项与“色阶”对话框中相应工具的作用相同。

(10)“选项” 选项(T)... 。单击该按钮，会弹出“自动颜色校正选项”对话框，用来控制由“色阶”和“曲线”中的“自动颜色”、“自动色阶”、“自动对比度”和“自动”选项应用的色调和颜色校正，它允许指定阴影和高光剪切百分比，并为阴影、中间调和高光指定颜色值。

利用曲线可以制作立体多边形，应用于具有视觉冲击力的广告设计，如图 2—41 所示。选择多边形套索工具 画出一个多边形，填充颜色，如图 2—42 (1) 所示，按“Ctrl+D”可取消选区，继续用多边形套索工具形成选区，如图 2—42 (2) 所示。按“Ctrl+M”可打开曲线对话框，向上拉动控制点，提亮选区，如图 2—42 (3) 所示。

图 2—41

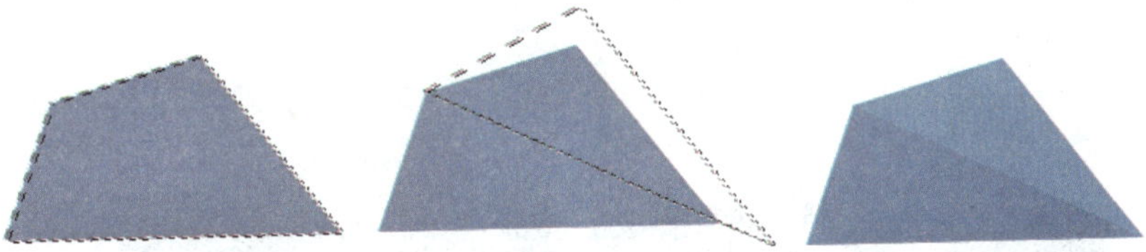

(1) (2) (3)

图 2—42

（四）调整“曝光度”

“曝光度”命令主要为了调整高动态范围（High-Dynamic Range，缩写为 HDR）图像的色调，HDR 影像是一种获取以及处理一个场景下所有的可见光亮度范围的数码处理方法。曝光度是通过在线性颜色空间执行计算而得出来的。

打开素材“大树”，如图 2—43（1）所示。在菜单栏里选择“图像”＞“调整”＞“曝光度”命令，在弹出的对话框中将“曝光度”和“灰度系数校正”分别设置为－0.19、1.6，效果如图 2—43（2）所示，单击“确定”按钮。

(1) (2)

图 2—43

（五）调整“自然饱和度”

使用“自然饱和度”命令调整饱和度，以便在图像颜色接近最大饱和度时，最大限度地减少修剪。

打开素材“金山寺”，如图 2—44（1）所示。在菜单栏里选择“图像”>“调整”>“自然饱和度”命令，在弹出的对话框中将“自然饱和度”和“饱和度”分别设置为 100、30，效果如图 2—44（2）所示，单击“确定”按钮。

(1)　　(2)

图 2—44

（六）调整“色相/饱和度”

使用“色相/饱和度”命令可以调整图像颜色的色相、饱和度和亮度。

打开素材“橙子”，如图 2—45（1）所示。在菜单栏里选择“图像”>“调整”>“色相/饱和度”（或者按“Ctrl+U”组合键）命令，在弹出的如图 2—46（2）所示的对话框中，将“色相”和“饱和度”分别设置为 5、20，效果如图 2—45（3）所示，单击“确定”按钮。

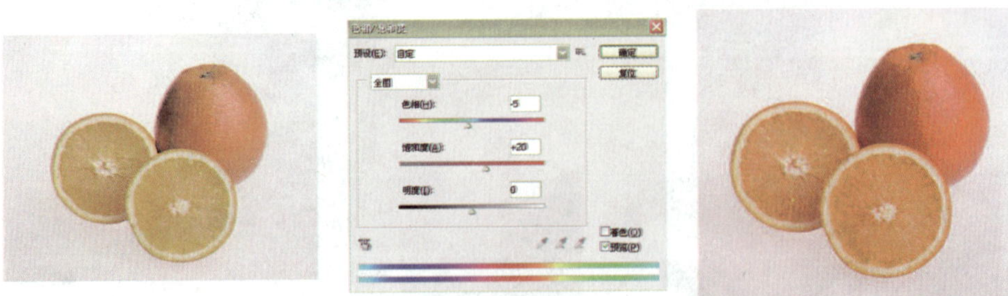

(1)　　(2)　　(3)

图 2—45

提示：当勾选“着色”复选项时，图像将转换为只有一种颜色的单色调图像。变为单色调图像后，可拖动色相滑块和其他滑块来调整图像的颜色。

（七）调整“色彩平衡”

“色彩平衡”命令主要用于调整整体图像的色彩平衡，例如校正图像色偏、图像过饱或者饱和度不足，也可以根据需要调制出需要的色彩，以更好地完成画面效果。在“色彩平衡”对话框中，红、绿、蓝三原色以及它们对应的补色有着“此消彼长”的密切关系，如图 2—46 所示。增加红色就相对减少了青色，减少洋红就相对增加了绿色，减少黄色就相对增加了蓝色。色调平衡中最白的地方就是高光部分，较黑的部分是阴影部分，其余是中间调部分。

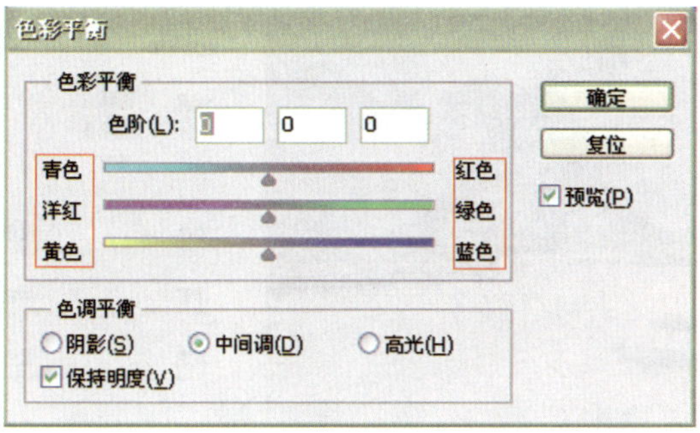

图 2—46

以如图 2—47（1）所示的素材“山水风景”进行详细说明，通过色彩平衡调整成如图 2—47（2）所示。

(1)

(2)

图 2—47

（1）打开素材。在菜单栏里选择“图像”＞“调整”＞“色彩平衡”（或者按“Ctrl＋B”组合键）命令，单击“背景”图层，向下拖放到“创建新图层”按钮，得到“背景副本”图层。

（2）在“浮动面板”区下方单击“创建新的填充或调整图层”按钮，在弹出的菜单中选择“色彩平衡”命令，单击弹出“色彩平衡”面板，同时图层面板上会出现一个“色彩平衡 1”图层。

（3）在“色彩平衡”面板上的“色调平衡”区选择“中间调”选项，拖动“青色—红色”滑块向右拉到底，拖动“黄色—蓝色”滑块向左拉到底。选择“高光”选项，拖动“青色—红色”滑块向右拉到底，拖动“黄色—蓝色”滑块向左拉到底。选择“阴影”选项，拖动“青色—红色”滑块向左拉到－8。初步效果如图 2—48（1）所示。

（4）在“浮动面板”区下方单击“创建新的填充或调整图层”按钮，在弹出的菜单中选择“色彩平衡”命令，单击后，弹出“色彩平衡”面板，同时图层面板上又会出现一个“色彩平衡 2”图层。

（5）选择“中间调”选项，分别拖动“青色—红色”、“洋红—绿色”和“黄色—蓝色”滑块向右拉到底。

（6）选择“高光”选项，拖动“青色—红色”滑块向左拉至－40，拖动“洋红—绿色”滑块向右拉至＋15，拖动“黄色—蓝色”滑块向右拉至＋33，参数设置如图 2—48（2）所示。至此调整完成。

(1) **(2)**

图 2—48

（八）调整“照片滤镜”

照片滤镜命令通过模拟在相机镜头前面加装彩色滤镜来调整通过镜头传输的光的色彩平衡和色温，或者使胶片曝光，该命令还允许用户选择预设的颜色或者自定义的颜色调整图像的色相。该命令通常和滤镜的一些功能命令一起使用，可以将图片加工成艺术效果。

打开素材“模特”，如图 2—49（1）所示。在菜单栏里选择“图像”＞“调整”＞“照片滤镜”命令，在弹出的对话框中的“滤镜”下拉列表中选择“蓝”选项，将“浓度”设置为 40，如图 2—49（2）所示，单击“确定”按钮。

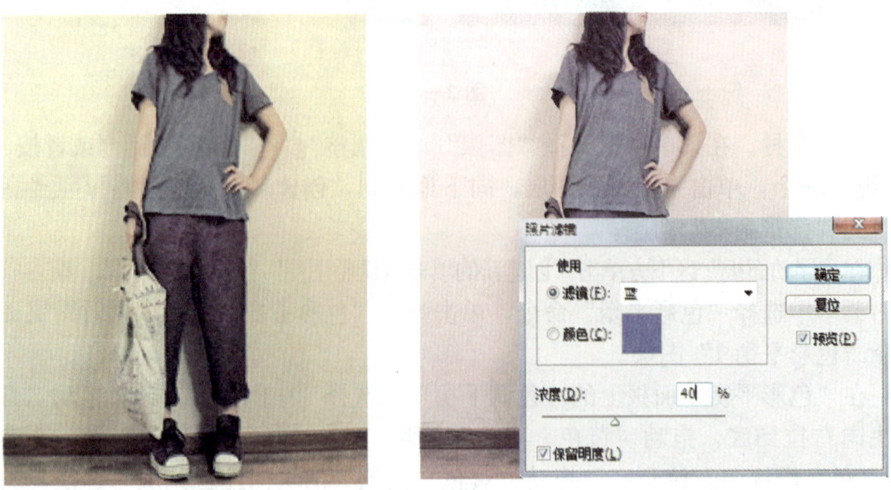

(1) **(2)**

图 2—49

“照片滤镜”对话框命令详细说明：

（1）“滤镜”下拉列表。在该下拉列表中可以选择要使用的滤镜。加温滤镜（85 和 LBA）及冷却滤镜（80 和 LBB）用于调整图像中的白平衡的颜色转换；加温滤镜（81）和冷却滤镜（82）使用光平衡滤镜来对图像的颜色品质进行细微调整；加温滤镜（81）可以使图像变暖（变黄），冷却滤镜（82）可以使图像变冷（变蓝）；其他个别颜色的滤镜则根据所选颜色给图像应用色相调整。

（2）“颜色”。单击该选项右侧的颜色块，可以在弹出的“拾色器”对话框中设置自定义的滤镜颜色。

（3）“浓度”。可调整应用到图像中的颜色数量，该值越高，颜色的调整幅度就越大。

（4）“保留明度”。勾选该复选框，可以保持图像的亮度不变；未勾选该复选框时，会由于增加滤镜的浓度而使图像变暗。

（九）调整“通道混合器”

“通道混合器”命令可以用图像中现有（源）颜色通道的混合来修改目标（输出）颜色通道，从而控制单个通道的颜色量。利用该命令可以创建高品质的灰度图像、棕褐色调图像或其他色调图像，也可以对图像进行创造性的颜色调整。下面来学习“通道混合器”命令的使用。

打开素材“模特”，在菜单栏里选择“图像”＞“调整”＞“通道混合器”命令，在弹出的对话框（见图 2—50）中将“红色”、“绿色”和“蓝色”分别设置为 110、30 和 14，将“常数”设置为 9，效果如图 2—51 所示，单击“确定”按钮。

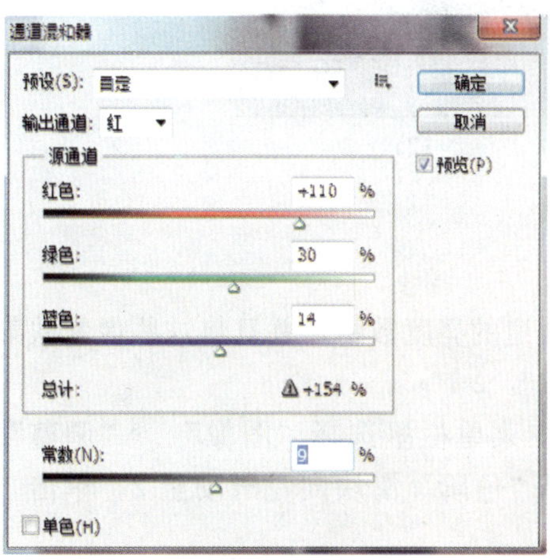

图 2—50

图 2—51

“通道混合器”对话框命令详细说明：

（1）“预设”。在该选项的下拉列表中包含了预设的调整文件，可以选择一个文件来自动调整图像。

（2）“输入通道/源通道”。在“输出通道”下拉列表中选择要调整的通道，选择一个通道后，该通道的源滑块会自动设置为 100%，其他通道则设置为 0%。例如，选择“绿”作为输出通道，则会将“源通道”中的绿色滑块设为 100%，红色和蓝色滑块设为 0%。

(3)“常数”。用来调整输出通道的灰度值。负值会增加更多的黑色，正值会增加更多的白色。－200％会使输出通道成为全黑，＋200％会使输出通道成为全白。

(4)“单色”。勾选该复选框，彩色图像将转换为黑白图像。

(十)调整“反相”

“反相”命令是指反转图像中的颜色。在对图像进行反相时，可以反转图像中的颜色，通道中每个像素的亮度值都会转换为256级颜色值刻度上相反的值。例如值为255的正片图像中的像素会转换为0，值为5的像素转换为250。

打开素材“水杯”，如图2—52(1)所示，在菜单栏里选择“图像”＞“调整”＞“反相”(或者按“Ctrl＋I”组合键)命令，单击“确定”按钮，效果如图2—52(2)所示。

(1)　　(2)

图2—52

(十一)调整“色调分离”

使用“色调分离”命令可以指定图像中每个通道的亮度数量，并且将这些像素映射到最接近的匹配色调上以减少图像分离的色调。

打开素材“牡丹”，如图2—53(1)所示，在菜单栏里选择“图像”＞“调整”＞“色调分离”命令，弹出“色调分离”对话框，将“色阶”滑块向左滑动至2，单击“确定”按钮，效果如图2—53(2)所示。

(1)　　(2)

图2—53

提示：在彩色图像中使用“色调分离”能够创建特殊效果。

（十二）调整“阙值”

“阙值”命令将灰度或彩色图像转换为高对比度的黑白图像，指定某个色阶值作为阙值，所有比阙值亮的像素将转换为白色，而所有比阙值暗的像素将转换为黑色。素材“牡丹”使用“阙值”命令的效果如图 2—54 所示。

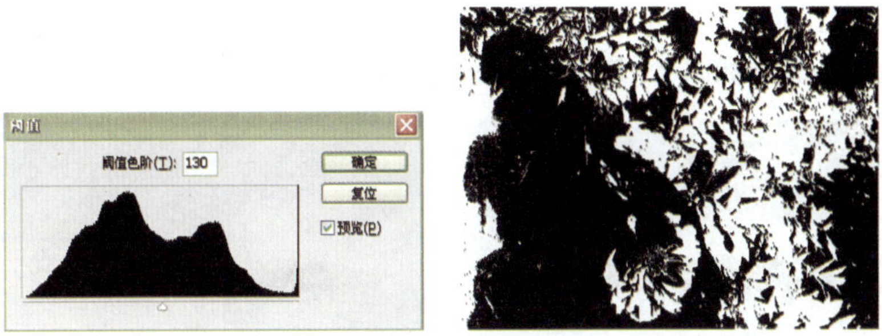

(1) (2)

图 2—54

（十三）调整“渐变映射”

选择“渐变映射”命令可以将图像的色阶映射为一组渐变色的色阶。如指定双色渐变填充时，图像中的暗调被映射到渐变填充的一个端点颜色，高光被映射到另一个端点颜色，中间调被映射到两个端点之间的层次。素材“牡丹”使用“渐变映射”命令的效果如图 2—55 所示。

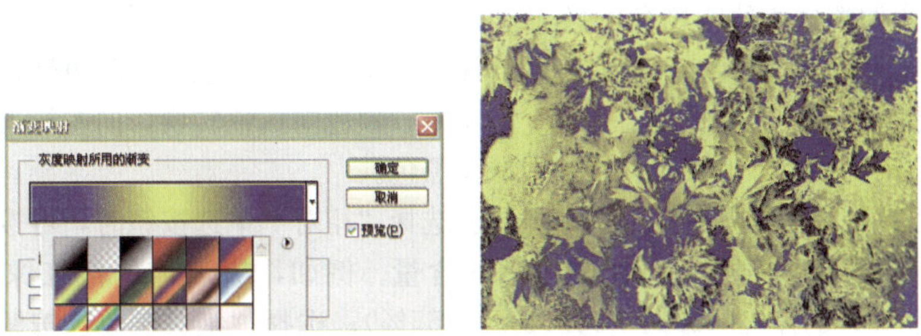

(1) (2)

图 2—55

“渐变映射”对话框命令详细说明：

(1)“灰度映射所用的渐变”下拉列表。从下拉列表中选择一种渐变类型。默认情况下，图像的暗调、中间调和高光分别映射到渐变填充的起始（左端）颜色、中间点和结束（右端）颜色。

(2)“仿色”复选框。通过添加随机杂色，可使渐变映射效果的过渡显得更为平滑。

(3)“反向”复选框。颠倒渐变填充方向，以形成反向发射的效果。

（十四）调整“可选颜色”

“可选颜色”校正是高端扫描仪和分色程序使用的一种技术，用于在图像中的每个主要原色成分中更改印刷色的数量。使用“可选颜色”命令可以有选择性地修改主要颜色中的印刷色的数量，但不会影响其他主要颜色。例如，可以减少图像绿色图素中的青色，同时保留蓝色因素中的青色不变。

打开素材“马尔代夫”，如图 2—56（1）所示，在菜单栏里选择“图像”＞“调整”＞“可选颜色”命令，弹出“可选颜色”对话框，在颜色下拉框中选择“青色”，将“青色”滑块向右滑动至 100，“洋红色”滑块向左滑动至－100，“黄色”滑块向右滑动至 100，单击“确定”按钮，效果如图 2—56（2）所示。

(1)

(2)

图 2—56

“可选颜色”对话框命令详细说明：

（1）“颜色”。在该选项下拉列表中可以选择要调整的颜色，这些颜色由加色原色、减色原色、白色、中性色和黑色组成。选择一种颜色后，拖动“青色”、“洋红”、“黄色”和“黑色”滑块来调整这 4 种印刷色的数量。向右拖动“青色”滑块时，颜色向青色转换，向左拖动时，颜色向红色转换；向右拖动“洋红”滑块时，颜色向洋红色转换，向左拖动时，颜色向绿色转换；向右拖动“黄色”滑块时，颜色向黄色转换，向左拖动时，颜色向蓝色转换；拖动“黑色”滑块可以增加或减少黑色。

（2）“方法”。用来设置色值的调整方式。选择“相对”单选按钮时，可按照总量的百分比修改现有的青色、洋红、黄色或黑色的含量。例如，从 50％的洋红像素开始添加 10％，结果为 55％的洋红（50％＋50×10％＝55％）；选择“绝对”单选按钮时，则采用绝对值调整颜色。例如，从 50％的洋红像素开始添加 10％，则结果为 60％的洋红。

（十五）调整“阴影/高光”

“阴影/高光”命令适合校正由强逆光而形成剪影的照片，也可以校正由于太接近相机闪光灯而有些发白的焦点，在其他方式采光的图像中，这种调整也可以使阴影区域变亮。“阴影/高光”是非常有用的命令，它能够基于阴影或高光中的局部相邻像素来校正每个像素。在调整阴影区域时，对高光区域的影响很小，而调整高光区域又对阴影区域的影响很小。

（十六）调整“HDR 色调”

HDR 的调整与“曝光度”的调整类似，比如所谓的高动态范围图像（HDRI）或者高动态范围渲染（HDRR）。动态范围是指信号最高和最低值的相对比值。目前的 16 位整型格式使用从 0（黑）到 1（白）的颜色值，但是不允许所谓的“过范围”值，比如说金属表面比白色还要白的高光处的颜色值。

（十七）调整“变化”

“变化”命令是一个非常简单和直观的图像调整命令，它不像其他命令那样有复杂的选项，在使用该命令时，只需单击图像的缩览图便可以调整色彩平衡、对比度和饱和度，并且还可以观察到原图像与调整结果的对比效果。

打开素材“牡丹”，如图 2—57（1）所示，在菜单栏里选择“图像”＞“调整”＞“变化”命令，在弹出的对话框单击“加深黄色”、“加深红色”缩略图，单击“确定”按钮，效果如图 2—57（2）所示。

(1)

(2)

图 2—57

（十八）调整“匹配颜色”

“匹配颜色”命令可以将一个图像（源图像）的颜色与另一个图像（目标图像）的颜色相匹配，该命令比较适合处理多个图片，以使它们的颜色保持一致。

打开两个不同的素材文件“几米漫画 1”、“几米漫画 2”，选择“几米漫画 1”，如图 2—58（1）所示，在菜单栏中选择“图像”＞“调整”＞“匹配颜色”命令，在弹出的对话框的“源”下拉列表中选择“几米漫画 2”，单击“确定”按钮，即可完成匹配颜色，效果如图 2—58（2）所示。

(1)

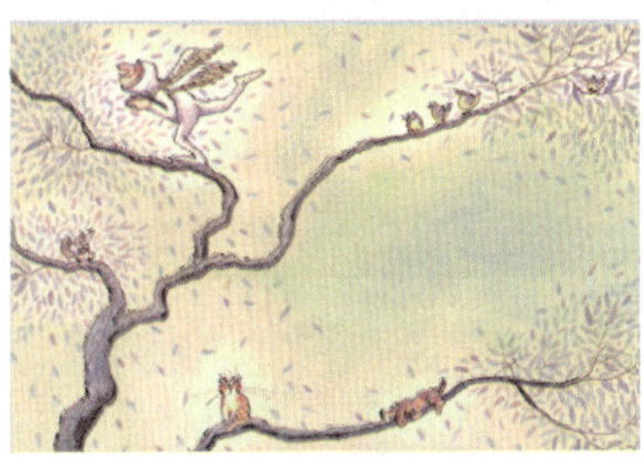

(2)

图 2—58

“匹配颜色”对话框命令详细说明：

（1）“目标”。显示了被修改的图像的名称和颜色模式等信息。

（2）“应用调整时忽略选区”。如果当前的图像中包含选区，勾选复选框，可忽略选区，调整将应用于整个图像；如果取消勾选，则仅影响选区内的图像。

（3）“明亮度”。拖动滑块或输入数值，可以增加或减小图像的亮度。

（4）“颜色强度”。用来调整色彩的饱和度。该值为 1 时，可生成灰度图像。

（5）“渐隐”。用来控制应用于图像的调整量，该值越高，调整的强度越弱。

（6）“中和”。勾选该复选框，可消除图像中出现的色偏。

（7）“使用源选区计算颜色”。如果在源图像中创建了选区，勾选该复选框，可使用选区中的图像匹配颜色；如果取消勾选，则使用整幅图像进行匹配。

（8）“使用目标选区计算调整”。如果在目标图像中创建了选区，勾选该复选框，可使用选区内的图像来计算调整；如果取消勾选，则会使用整个图像中的颜色来计算调整。

（9）“源”。用来选择与目标图像中的颜色进行匹配的源图像。

（10）“图层”。用来选择需要匹配颜色的图层。如果要将“匹配颜色”命令应用于目标图像中的某一个图层，应在执行命令前选择该图层。

（11）“存储统计数据 \ 载入统计数据”。单击“存储统计数据”按钮，可将当前的设置保存；单击“载入统计数据”按钮，可载入已存储的设置。当使用载入的统计数据时，无须在 Photoshop 中打开源图像，就可以完成匹配目标图像的操作。

（十九）调整“替换颜色”

“替换颜色”命令可以选择图像中的特定颜色，然后将其替换。该命令的对话框中包含了颜色选择选项和颜色调整选项，颜色的选择方式与“色彩范围”命令基本相同，而颜色的调整方式又与“色相 \ 饱和度”命令十分相似，我们姑且将“替换颜色”命令看作这两个命令的集合。

打开素材文件“几米漫画 2”，选择“几米漫画 2”（如图 2—59（1）所示），在菜单栏中选择“图像”＞“调整”＞“替换颜色”命令，在弹出的对话框（如图 2—59（2））中用“选区”选项组中的吸管吸取颜色，将“替换”选项组中“结果”的色相设置为 120，单击“确定”按钮，即可完成匹配颜色，效果如图 2—59（3）所示。

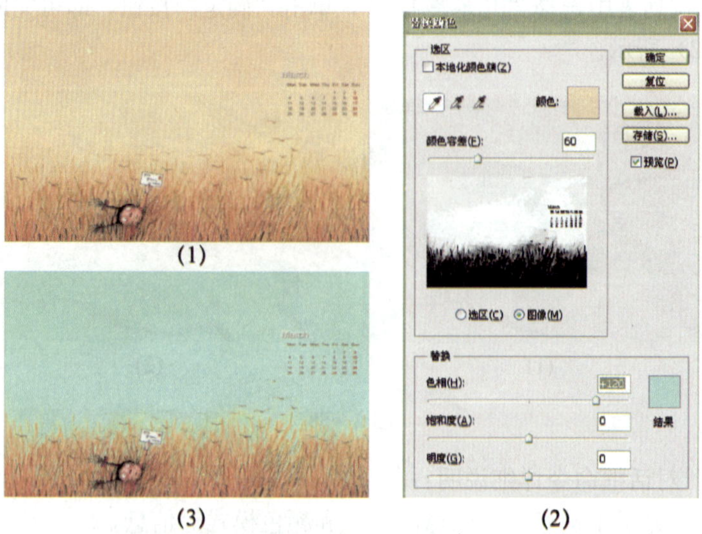

图 2—59

在“替换颜色”对话框的预览图像中，白色代表了被选择的区域，黑色代表了未被选择的区域，灰色代表了部分选择的区域。拖动“颜色容差”滑块可调整选择范围，该值越高，包括的颜色范围越广。如果要添加选择其他颜色，可以用工具在相应的颜色上单击；如果要取消选择某些颜色，则可以用工具单击相应的颜色。拖动“色相”滑块，即可对所选的颜色进行调整，此时，对话框中的“颜色”选项内显示出所选颜色，“结果”选项内显示出调整效果。

（二十）调整“色调均化”

“色调均化”命令可以重新发布像素的亮度值，Photoshop 会将最亮的值调整为白色，最暗的值调整为黑色，中间的值则分布在整个灰度范围中，它们更均匀地呈现所有范围的亮度级别。

打开素材文件“几米漫画 1”，选择“几米漫画 1”（如图 2—60（1）所示），在菜单栏中选择“图像”＞“调整”＞“替换颜色”命令，在弹出的对话框中将“替换”选项组中“结果”的 RGB 值设置为 120，单击“确定”按钮，即可完成匹配颜色，效果如图 2—60（2）所示。

(1)　　(2)

图 2—60

提示：如果在图像中创建了选区，则执行该命令时，会打开“色调均化”对话框。选择“仅色调均化所选区域”单选按钮时，仅均匀分布选区内像素；选择“基于所选区域色调均化整个图像”单选按钮时，则根据选区内的像素均匀地分布所有图像像素。

实践任务：品牌家居馆的店招设计与制作

任务背景

根据所给素材制作一个舒适环保品牌家居馆的店招，尺寸设置：950 像素×150 像素。

任务要求

正确使用素材制作图片，设计图美观大方。利用色阶调整典型直方图，使用曲线命令调整照片颜色。

任务素材

任务参考效果图

模块三　图像修饰工具的综合应用
——设计制作电子相册封面

任务参考效果图

能力目标

（1）能使用图像修饰工具编辑图像。

（2）能设计主题页面。

知识目标

（1）掌握图像修饰工具的多种使用方法。

（2）掌握使用“画笔预设”制作胶片的方法。

模拟制作任务

任务名称：电子相册封面的设计与制作

任务背景

某影视制作公司需要设计师以回忆青春为主题设计页面。

任务要求

要求设计的主题页面能够引起大众的共鸣，勾起大众对青春的回忆。公司提供了电子素材，要求将所提供的任务素材和背景素材完美融合。

任务分析

运用“画笔工具”的预设制作出胶片，结合素材营造出怀旧风。

任务难点

（1）使用“画笔”磨皮。
（2）使用“画笔预设”设计胶片。

操作步骤详解

步骤 1：打开文件“素材＼模块三＼任务 1 素材＼人物 1”，移动“背景图层”至“图层”面板右下角“创建新图层” 处，如图 3—1 所示。

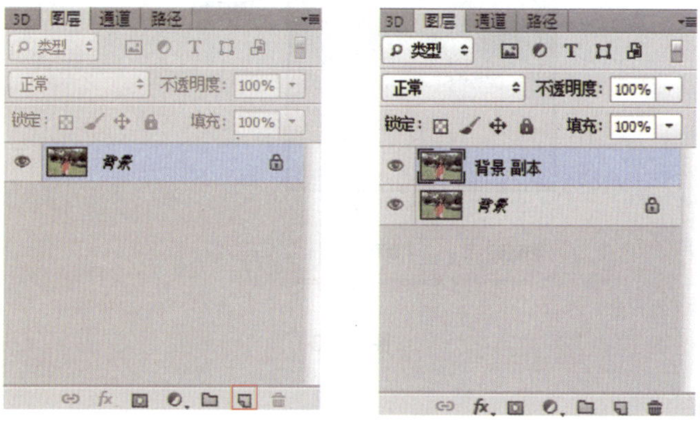

(1)　　　　(2)

图 3—1

步骤 2：选择工具箱中的“缩放工具” （或者按“Ctrl”＋“＋”快捷组合键），将放大镜放在人物脸部附近，按下鼠标左键不放，拖动鼠标至合适大小，松开鼠标左键，将图像上人物脸部放大。此时可以看到“人物 1”面部的瑕疵，如图 3—2 所示。

图 3—2

知识点 1

使用“缩放工具”的时候，按住空格键，可以方便地移动图像。

步骤 3：执行“滤镜”>“模糊”>“高斯模糊”命令，将半径设置为“5 像素”，点击“确定”按钮，如图 3—3 所示。

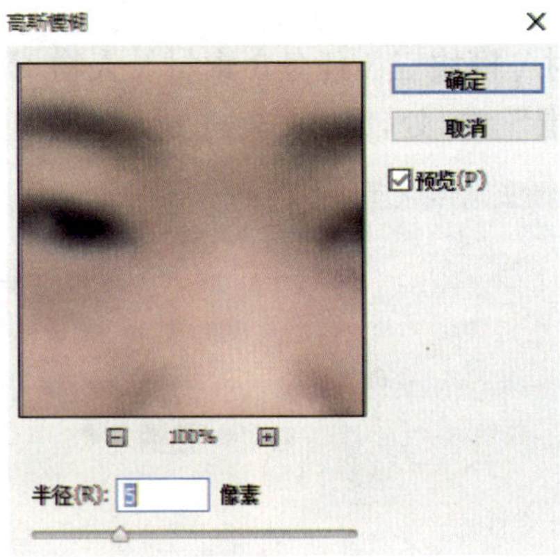

图 3—3

知识点 2

模糊半径设置在“8 像素”以下，可以保证图片效果不失真。

步骤 4：按“Alt”健，选择“图层面板”中的“添加图层蒙版”按钮 添加蒙版，如图 3—4 所示。（“蒙版”的详细讲解见“模块六”）

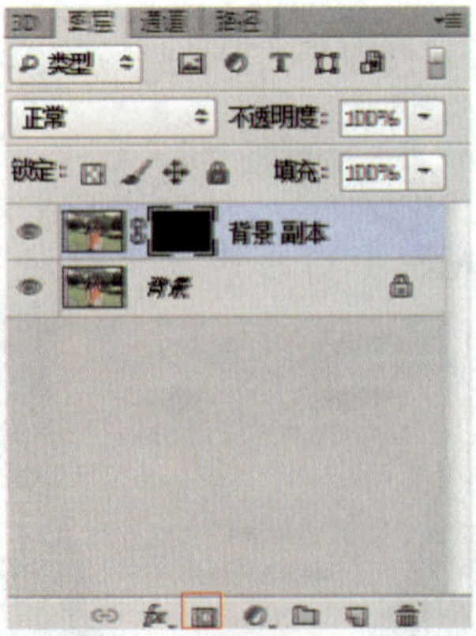

图 3—4

步骤 5：选择工具栏中的“画笔工具” ，选择“画笔工具选项栏”的“画笔预设取样器”，将画笔设置为“柔边圆”，如图 3—5 所示。设置“前景色”为“白色”，“背景色”

为“黑色”，进行磨皮。效果如图 3—6 所示。

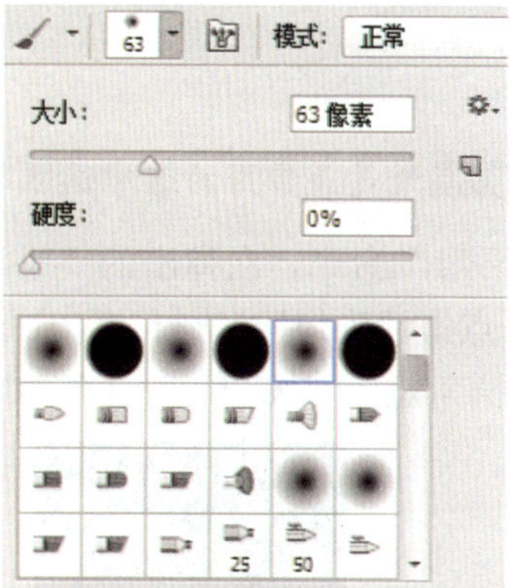

图 3—5

图 3—6

步骤 6：打开“素材 \ 模块三 \ 任务 1 素材 \ 人物 2”文件，其操作步骤如“人物 1”。效果如图 3—7 所示。

图 3—7

步骤 7：接下来制作胶卷相片。执行“文件”＞“新建”命令（或者按“Ctrl＋N”），在弹出的“新建”对话框中设置“名称”、“胶片”，“宽度”和“高度”分别为 800 和 600 像素，设置完成后单击“确定”按钮，创建新文件。

步骤 8：复制背景图层，得到“背景图层副本”，在该图层上选择“矩形选框工具”，绘制如图 3—8 所示的矩形，填充“黑色”。按“Ctrl＋J”得到“图层 1”。

步骤 9：选中“图层 1”，选择菜单栏的“选择”＞“载入选区”命令，弹出“载入选区”对话框，如图 3—9 所示，点击“确定”按钮，得到矩形选区。

图 3—8

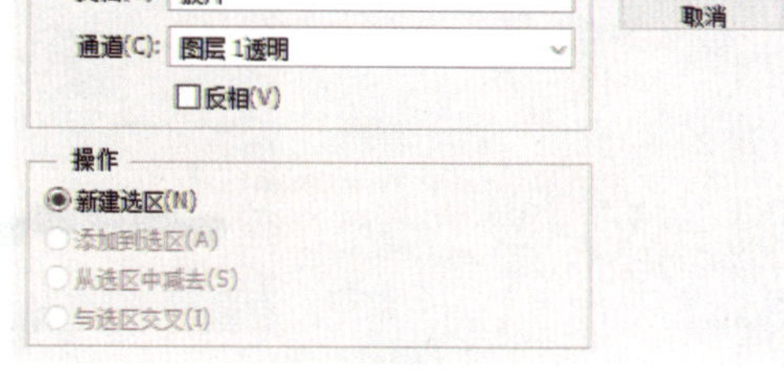

图 3—9

知识点 3

按住 Ctrl，将鼠标放至图层 1 的“图层缩略图” 处是最常用的选中选区的方式。

步骤 10：选择菜单栏的“选择”>“修改”>“平滑”命令，在弹出的“平滑选区”对话框中（见图 3—10）设置“取样半径”为 5 像素，点击“确定”。执行“Ctrl+Shift+I”，反选后，按“Delete”键，得到如图 3—11 所示的圆角矩形。按“Ctrl+D”取消选区。

图 3—10

图 3—11

步骤 11：选择菜单栏的“编辑”>“定义画笔预设”命令，命名为“画笔 1”。点击“图层 1”的眼睛处，去除。在“背景副本”图层绘制如图 3—12 所示的大块矩形。

图 3—12

步骤 12：选择工具栏的“画笔工具”，按“F5”调出画笔属性设置面板，如图 3—13 所示。选择“画笔笔尖形状”为“步骤 11”预设的形状，“大小”设置为 30px，“间距”设置为 170%。“前景色”设置为“白色”，按住“Shift”，从左到右拖动鼠标，得到如图 3—14 所示上排的胶片效果。以同样的方法得到下排的胶片效果。

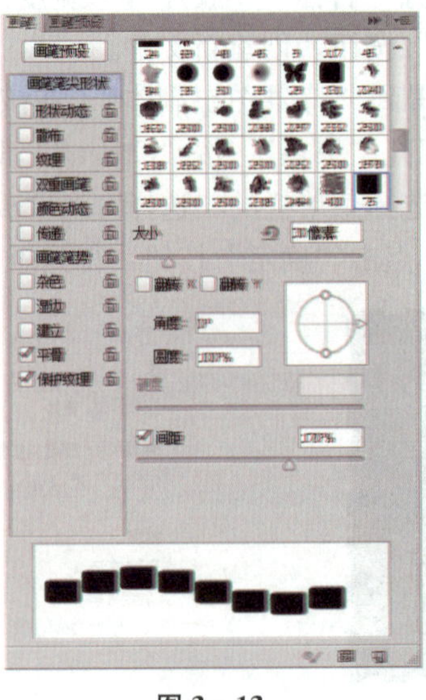
图 3—13

图 3—14

知识点 4

使用画笔换行拖动时，在操作页面空白处左击鼠标一下，断开原来的连接。

步骤 13： 以同样的方法绘制出中间较大块的矩形框，“大小”设置为 180px，“间距”设置为 170%。打开“校园风景 1”、“人物 1 磨皮后”、“校园风景 2”、“人物 2 磨皮后”，移动至“胶片”中，调整大小并移动至合适位置，分别右击鼠标，选择“创建剪贴蒙版”，按“Ctrl+E”合并所有图层。执行“滤镜”>“扭曲”>“波浪”命令，弹出如图 3—15 所示的对话框，设置“生成器”为“1”，“波长”最小为“1”，最大为“391”。“波幅”最小为“1”，最大为“40”，设置“比例”水平为“1”，垂直为“100”，效果如图 3—16 所示。执行“Ctrl+Shift+S”，保存为 psd 和 jpg 两种格式，名称为“胶片”。

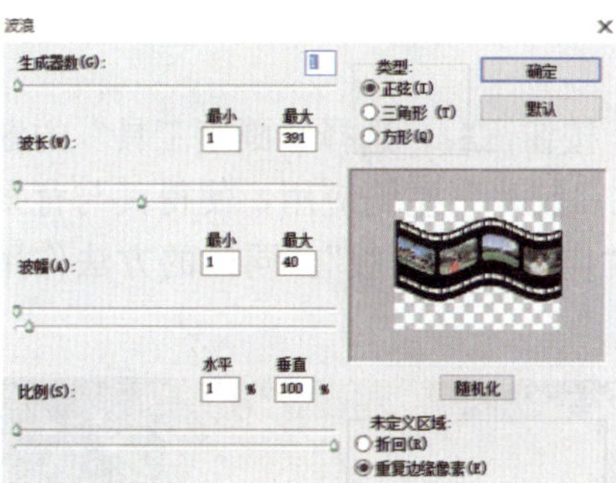

图 3—15

图 3—16

步骤 14： 打开“素材\模块三\任务 1 素材\主题页面背景”文件，同时打开“左侧树叶”、“右侧树叶”、“长椅”文件，移动至“主题页面背景”文件中，调整至合适位置，选择“直排文字工具” ，“字体设置”均为“华文隶书”，“标题”内容为“致青春”，“大小”为“18 点”，“段落文字”内容为“青春是有限的，不能在犹豫和观望中度过！在时间和现实的夹缝里，青春和美丽一样，脆弱如风干的纸。很多我们以为一辈子都不会忘记的事情，就在我们念念不忘的日子里，被我们遗忘了。叶子的离开，是风的追求，还是树的不挽留?”，“大小”为“14 点”，如图 3—17 所示。

图 3—17

步骤 15： 打开之前保存的“胶片”图片，移动至“主题背景页面”中，执行快捷命令“Ctrl+T”，则矩形选区出现自由变换定界框，右击弹出的对话框中选择“斜切”命令。如图 3—18 所示。

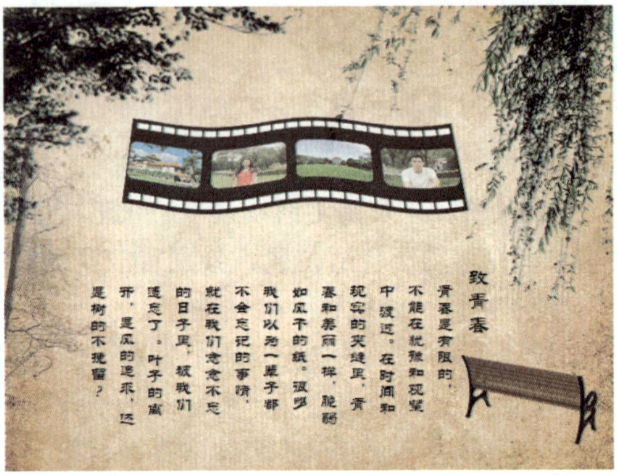

图 3—18

步骤 16： 在“图层面板”选择“添加矢量蒙版”按钮，选择“画笔工具”的渐变工具，选择如图 3—19 所示的“黑，白渐变”，在“胶片”左侧应用，使得其与背景自然相接。在图层“蒙版缩略图”处鼠标右击，选择“应用图层蒙版”。同样的方法作用于“胶片”右侧，然后保存，效果如图 3—20 所示。

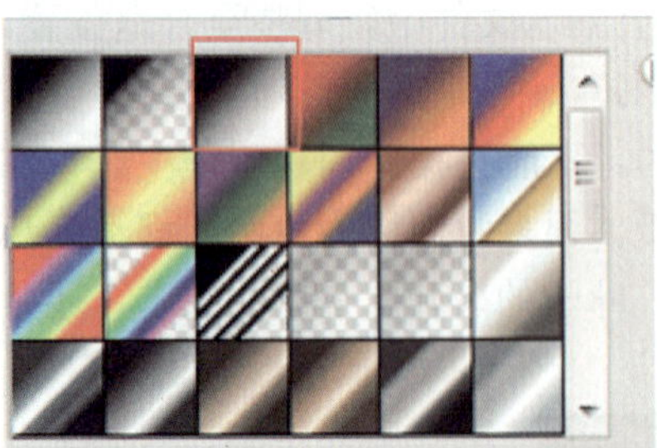

图 3—19

图 3—20

知识点解析

一、修复工具组

Photoshop CS6 提供的修复工具组可以对图像瑕疵进行处理。修复工具组包含“污点修复画笔工具”、“修复画笔工具”、“修补工具”和“红眼工具”。

（一）污点修复画笔工具

使用“污点修复画笔工具”可以对图像中的不透明度、颜色和质感进行像素取样，用于快速修复图像中的斑点或小块的杂物。单击工具箱中的“污点修复画笔工具”按钮，其属性栏如图 3—21 所示。

图 3—21

“污点修复画笔工具”属性栏详细说明：

（1）“类型”选项组是用于在修复过程中采用的修复类型。主要包括以下选项：

“近似匹配”：表示将使用区域周围的像素来修复图像。

“创建纹理”：表示使用被修复图像区域中的像素来创建修复纹理，并使纹理与周围纹理相协调。

“内容识别”：系统将分析图像周围的图像，然后自动对图像进行修复。

（2）“对所有图层取样”复选框。勾选该复选框可使取样范围扩展到图像中的所有可见图层。

打开素材“污点修复画笔工具”，如图 3—22（1）所示。单击工具箱的按钮，在属性栏设置画笔的“大小”为“30”，选择“内容识别”单选项，在图像文件中的污点处单击鼠标左键即可修复污点，效果如图 3—22（2）所示。

(1) (2)

图 3—22

（二）修复画笔工具

“修复画笔工具”可以利用图像或图案中的样本像素来绘画，还可将样本像素的纹理、光照、透明度和阴影与所修复的像素进行匹配，从而使修复后的像素不留痕迹地融入图像的其余部分。单击工具箱中的“修复画笔工具”按钮，其属性栏如图 3—23 所示。

图 3—23

“修复画笔工具”属性栏详细说明：

（1）“模式”指定混合模式。选择“替换”选项可以在使用柔边画笔时，保留画笔描边的边缘处的杂色、胶片颗粒和纹理。

（2）“源”指定用于修复像素的源。

（3）“取样”单选按钮可以使用当前图像的像素，而“图案”单选按钮可以使用某个图案的像素。如果选择“图案”单选按钮，可以从“图案”选项中选择一个图案。

（4）“对齐”。勾选该复选框，连续对像素进行取样，即使释放鼠标，也不会丢失当前取样点。如果取消勾选“对齐”复选框，则会在每次停止并重新开始绘制时使用初始取样点中的样本像素。

（5）“样本”。从指定的图层中进行数据取样。要从现用图层及其下方的可见图层中取样，可选择“当前和下方图层”选项。要仅从现用图层中取样，可选择“当前图层”选项。要从所有可见图层中取样，可选择“所有图层”选项。要从调整图层以外的所有可见图层中取样，可选择“所有图层”选项，然后单击“取样”弹出式菜单右侧的“忽略调整图层”图标。

通过将指针定位在图像区域的上方，然后按住“Alt”键并单击来设置取样点。如果要修复的区域边缘有强烈的对比度，则在使用“修复画笔工具”之前可以先建立一个选区，如图 3—24 所示。

(1)　　　　(2)

图 3—24

（三）修补工具

“修补工具”主要用于从图像其他区域或使用图案来修补当前选择的区域，新选区域上的图像将替换原区域上的图像。如图 3—25 所示为“修复画笔工具”的工具选项栏，通过工具选项栏可以调节“修复画笔工具”的参数。

图 3—25

打开素材“修补工具”（如图 3—26（1）所示），单击工具箱的按钮，在属性栏选择“源”单选项，在图像文件中的某只蝴蝶处形成闭合的蚂蚁线，移动至图片其他地方，效果如图 3—26（2）所示。

(1)　　　　(2)

图 3—26

（四）红眼工具

使用“红眼工具”可以移去图片中人物或动物眼睛中由于闪光灯造成的红色、白色或绿色反光斑点。其属性栏如图 3—27 所示。

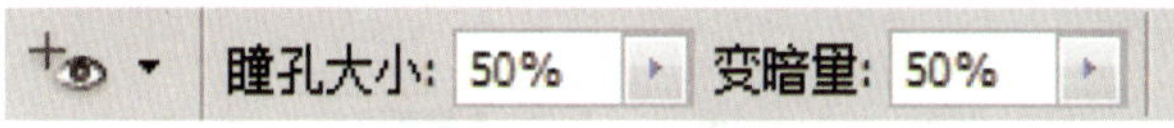

图 3—27

（1）“瞳孔大小”用于设置眼睛暗色的中心大小。

（2）“变暗量”用于设置瞳孔的暗度。

打开素材“红眼工具”（如图 3—28（1）所示），单击红眼工具，在属性栏设置相关参数，然后在图像人物的眼睛处单击即可，效果如图 3—28（2）所示。

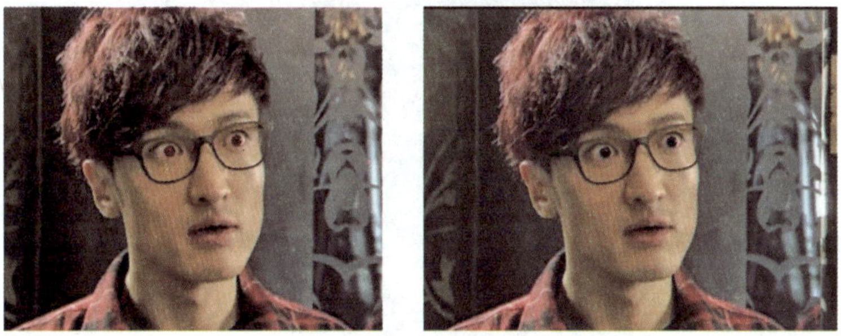

(1)　　(2)

图 3—28

二、画笔工具组

（一）画笔工具

画笔工具组中包括“画笔工具”、“铅笔工具”、“颜色替换工具”、“混合器画笔工具”四种。“画笔工具”可以绘制出比较柔软的笔触，“铅笔工具”用来绘制干硬的线条，“颜色替换工具”可以实现对指定颜色的替换，“混合器画笔工具”可以模拟真实的绘画技术。

提示：选择“画笔工具”后，在文档中按住鼠标左键拖曳鼠标可以绘制图像，但是使用“画笔工具”并不能精确地控制鼠标，不能绘制出流畅的线条或图案，所以在实际工作中“画笔工具”常常用于编辑蒙版，如任务 1 的磨皮效果实现。

“画笔工具”的工具选项栏中可以简单设置画笔笔刷的属性，如图 3—29 所示。

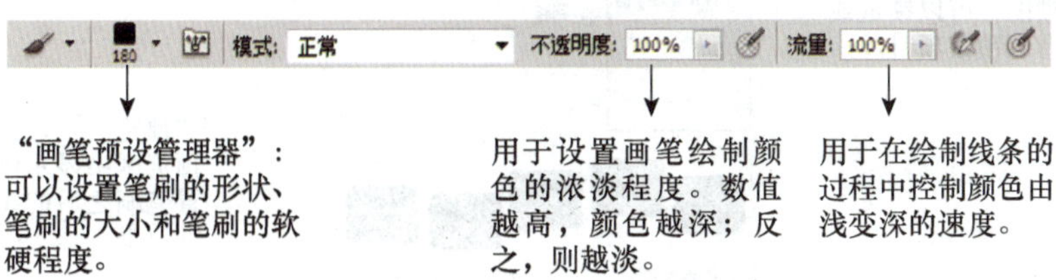

图 3—29

单击“画笔预设选取器”中的下三角按钮，弹出画笔设置面板（如图 3—30 所示），单击“主直径”右侧的下三角按钮，弹出下拉菜单。“载入笔刷”可以将第三方的笔刷载入面板中；“存储画笔”可以将设置好的画笔笔刷储存起来备用，菜单最下栏列出了载入的第三方画笔笔刷。

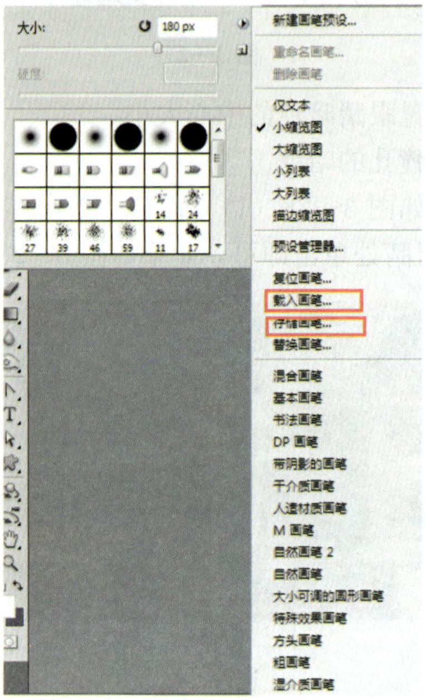

图 3—30

在“画笔”面板中可以完成对画笔笔刷更为复杂的设置。执行“窗口”＞“画笔”（或按“F5”快捷键）命令，弹出“画笔”面板，面板被大致分成三个区：画笔预设、笔刷形状和预览区（如图 3—31 所示）。

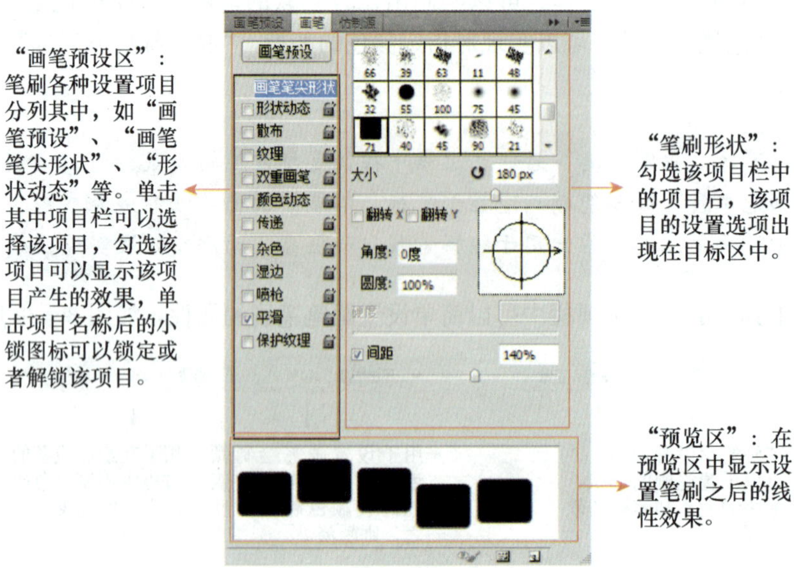

图 3—31

1. 画笔预设

“画笔预设”面板中提供了各种预设的画笔，单击选中该项目，在右侧的画笔形状区域的笔刷库中将显示多种笔刷效果，单击其中的一个笔刷可以选中该笔刷，拖曳“大小”滑块可以设置该笔刷的笔尖大小，选择其中的一个笔刷，可以绘制图像，如图 3—32（1）所示。

提示：使用“［”和“］”可以设置画笔笔刷直径的大小。

2. 画笔笔刷形状

“画笔笔尖形状”用于显示 Photoshop CS6 中所提供的画笔笔刷形状，修改画笔笔刷的形状、大小、硬度等参数，如图 3—32（2）所示。

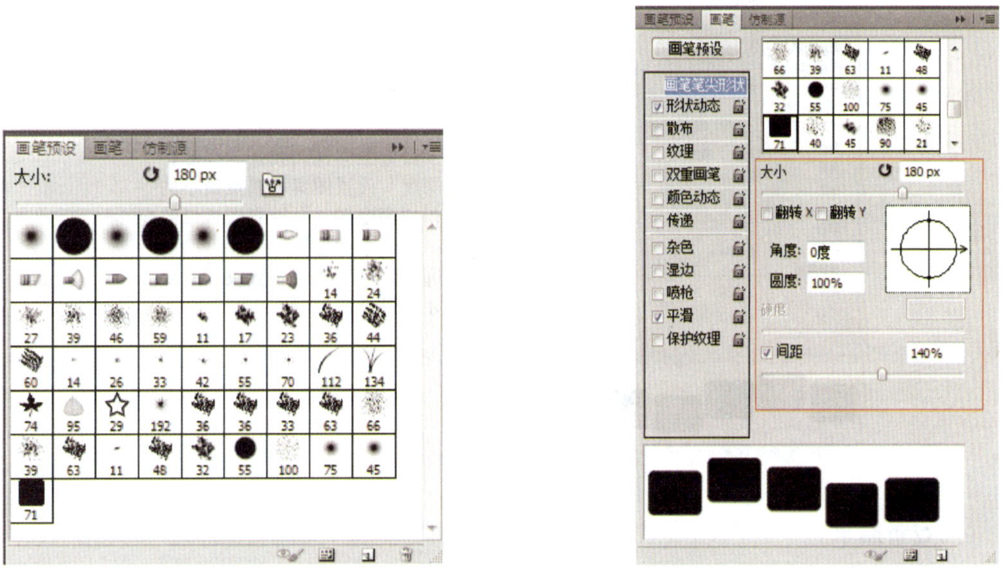

(1)　　　　　　(2)

图 3—32

3. 形状动态

“形状动态”是在绘制线条时随着鼠标的移动不断调整笔刷形状的选项，它使绘制的线条出现一种抖动效果，如图 3—33 所示。

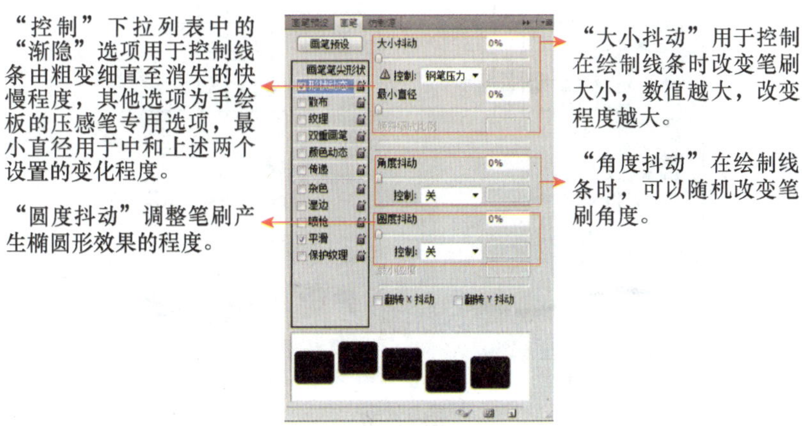

图 3—33

4. 散布

“散布”决定了描边中笔迹的位置和数目，图 3—34 为设置散布的画笔，图 3—35 为未设置散布的画笔。

图 3—34

图 3—35

5. 纹理

“纹理”可以为线条添加纹理效果，如图 3—36 所示。

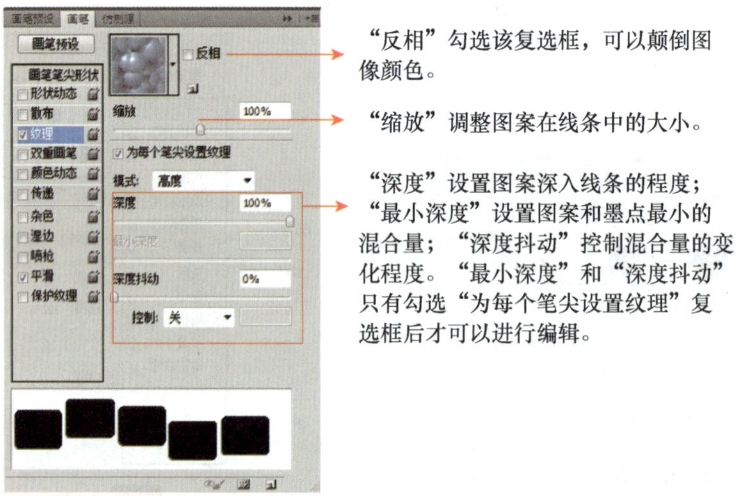

图 3—36

6. 双重画笔

“双重画笔”可以绘制出两种笔刷的图像效果，在设置“双重画笔”选项之前需要先设置好“主笔刷”的笔刷样式，然后再激活“双重画笔”选项进行相关设置，如图 3—37 所示。

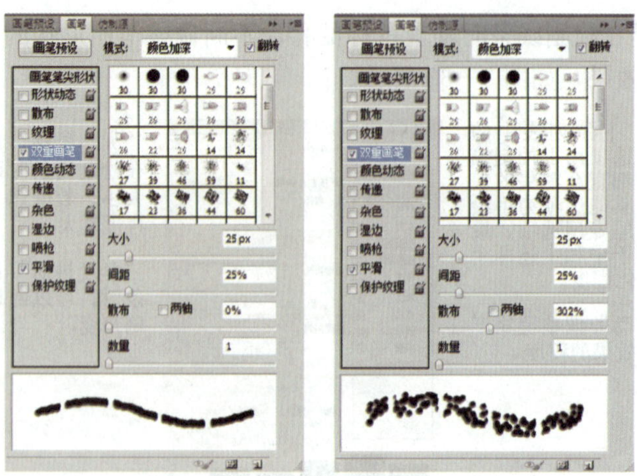

(1) (2)

图 3—37

选择方头像素画笔，分别按照如图 3—38 所示的三种方式设置大小、圆度、间距，其对应的设置效果也不一样。

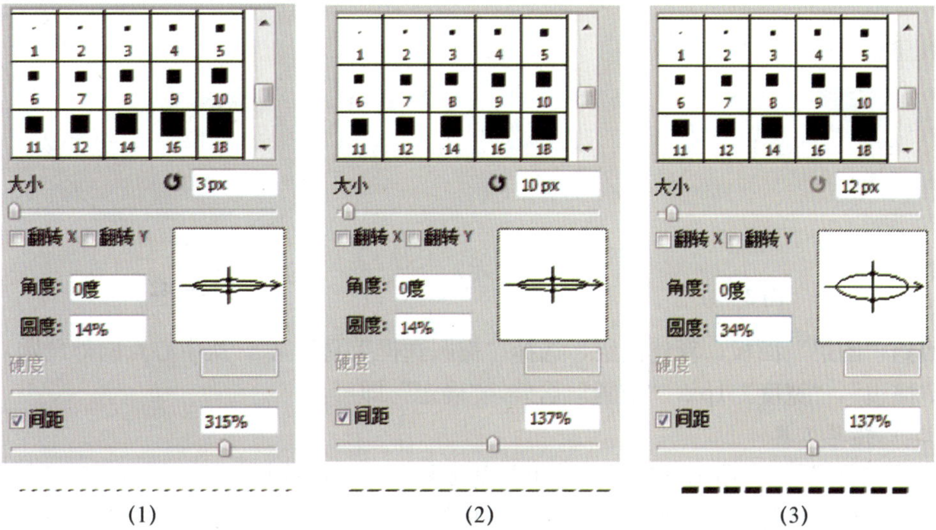

图 3—38

画笔和椭圆工具的结合能够起到修饰作用，如图 3—39 所示。

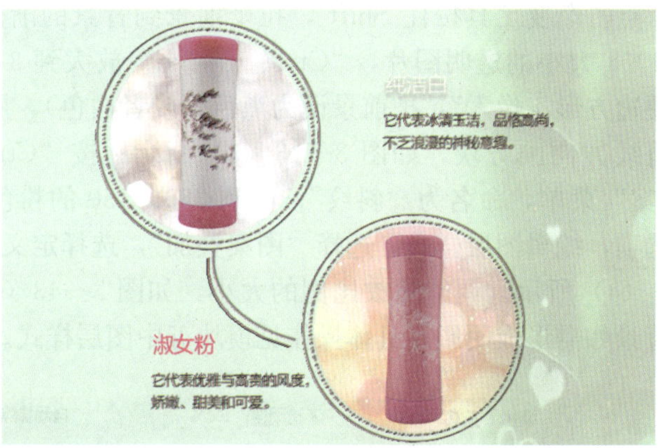

图 3—39

首先设置画笔的参数：画笔笔尖设置为“尖角”30，“大小”3，“间距”180%，同时设置“前景色”为黑色。接着选择椭圆工具，按“Shift＋Alt”键从中心点（借助参考线）向外画一个正圆，再选择“路径”显示面板，右击选择“描边路径”，弹出“描边路径对话框”，如图 3—40 所示，点击“确定”，得到如图 3—41 所示的效果。再次选择画笔工具，将“间距”调整为 350%，再次选择“路径”显示面板，右击选择“描边路径”，点击“确定”，如图 3—42 所示。

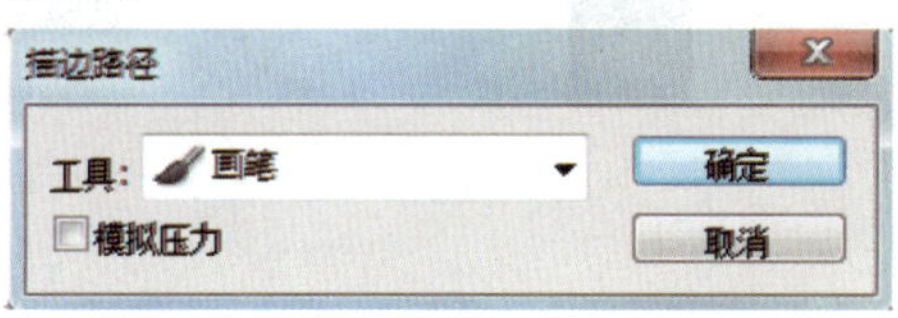

图 3—40

图 3—41

图 3—42

回到“图层”面板，新建图层，选择“椭圆选框工具”，从中心点向外画圆，右击选择“描边”，“宽度”1px，“位置”居外，“确定”即可。

（二）铅笔工具

“铅笔工具”的使用方法和画笔工具基本相同，其属性栏如图 3—43（1）所示。

勾选“自动抹除”复选框后，铅笔工具将具有擦除功能，即在绘制图像过程中铅笔工具经过的图像区域与前景色一致时，系统会自动擦除前景色而填入黑色。

条纹背景的制作可以通过图层样式的设置与铅笔工具相结合。新建 350×150 像素的图层，选择好颜色，点击渐变工具按住 Shift ，拉个前景到背景的渐变，如图 3—43（2）所示；然后再新建 4×4 大小的透明图片，“Ctrl”＋“＋”放大到 3 200%；选择铅笔工具，画笔笔尖为“硬边方形 1 像素”，把前景设为黑色（或者白色），用铅笔工具在 4×4 透明图片上按对角线方向画方块，如图 3—43（3）所示；按“Ctrl＋A”全选，选择“编辑”＞“定义图案”菜单，命名为“斜纹”；回到 350×150 的粉色渐变图片，右击渐变图层，点击混和选项，编辑图层样式，选择“图案叠加”，选择定义好的斜纹图案，“斜纹”效果如图 3—43（4）所示。调整缩放比例的大小，如图 3—43（5）所示，可以将背景变成网格。条纹背景如需形成阴影，具体操作见模块五中图层样式。

（1）

（2）

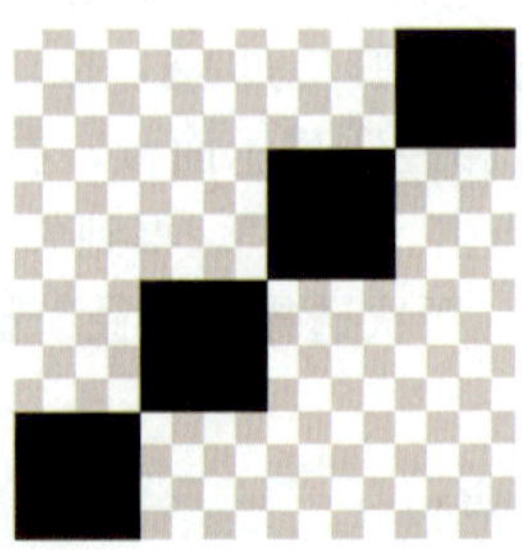

（3）

（4）

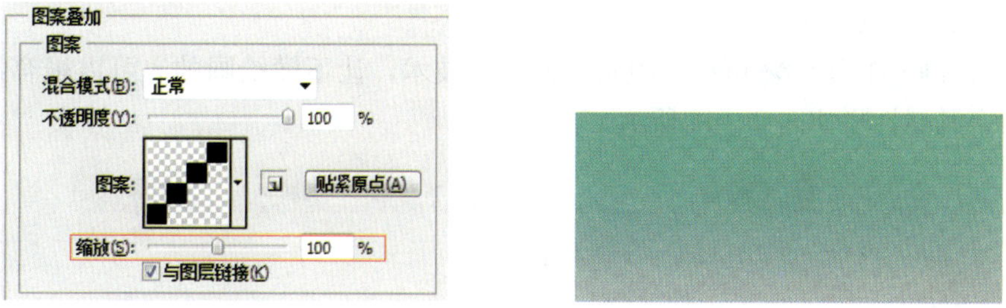

(5)　　　　(6)

图 3—43

（三）颜色替换工具

“颜色替换工具”（见图 3—44）可以实现对指定颜色的替换，其属性栏和“画笔工具”相比有一些区别。

图 3—44

“颜色替换工具”属性栏详细说明：

(1)“模式 ”。单击右侧的按钮，在弹出的下拉列表中显示出绘画模式：色相、饱和度、颜色、明度，通常选择默认的“颜色”模式。

(2)“取样 ”。用于选择取样的类型，单击按钮后，在拖动鼠标时连续对颜色取样；单击按钮后，只替换包括第一次取样区域中目标的颜色；单击按钮后，只替换包括背景色的区域。

(3)“限制”。用于确定替换颜色的范围，选择“连续”选项可替换与鼠标光标处颜色接近的区域；选择“不连续”选项可替换被选图像中任何位置的样本颜色；“查找边缘”与“连续”选项的作用类似，但可以保留图像边缘的锐化程度。

(4)“容差”通过拖动其下方的滑块可选择相关颜色容差的大小，数值越小，替换颜色的范围就越小。

打开素材“颜色替换工具”（如图 3—45（1）所示），单击工具箱的按钮，设置“前景色”色块和“背景色”色块，按住鼠标左键进行涂抹，使用前景色替换背景色，最终效果如图 3—45（2）所示。

(1)　　　　(2)

图 3—45

(四)混合器画笔工具

“混合器画笔工具”可以模拟真实的绘画技术，让不懂绘画的人可以很容易地画出漂亮的画，其属性栏如图 3—46 所示。

图 3—46

“混合器画笔工具”属性栏详细说明：

(1)“当前画笔载入”。在弹出的选择绘画颜色对话框中选择画笔的颜色。

(2)“每次描边后载入画笔”。单击该按钮使其呈按下状态，表示在每一次绘图后都将载入画笔。

(3)“每次描边后清理画笔”。单击该按钮使其呈按下状态，表示每一次绘制后都将清理画笔。

(4)“有用的混合画笔组合”干燥，浅描。提供了干燥、干燥浅描、干燥深描和湿润等 12 种组合方式供用户选择。

(5)“潮湿文本框”潮湿: 0%。用于控制画笔从画布拾取的油彩量。

(6)“载入文本框”。用于指定储槽中载入的油彩量。

(7)“混合文本框”。用于控制画布油彩量同储槽油彩量的比例。

(8)“对所有图层取样复选框”。勾选该复选框，可以拾取所有可见图层中的画布颜色。

打开素材“混合器画笔工具”，如图 3—47 (1) 所示，单击“混合器画笔工具”按钮，在属性栏中选择“画笔样式”为“平扇形多毛硬毛刷”，设置“画笔”大小为“11px”，在“有用的混合画笔组合”下拉列表框中选择“潮湿，浅混合选项”。在图像窗口中的玫瑰花上某处按“Alt”键，取样绘图颜色，然后在新建图层上按住鼠标左键，沿着玫瑰花的轮廓绘制图形。使用同样的方法，绘制出花柄、叶子，效果如图 3—47 (2) 所示。

(1) (2)

图 3—47

三、图章工具组

图章工具组包括“仿制图章工具”和“图案图章工具”两个工具，使用它们可以对图像进行修补和复制等处理。

(一)仿制图章工具

“仿制图章工具”可以将图像中的一部分区域复制到同一图像的其他位置或另一图

像中。复制后的图像与原图像的亮度、色相饱和度一致。单击“仿制图章工具”，其属性栏如图 3—48 所示。

图 3—48

“仿制图章工具”属性栏详细说明：

(1)“不透明度”设置绘制图像的不透明度，数值越小，透明度越高。

(2)“流量”设置复制图像时画笔的压力，数值越大，效果越明显。

(3)“对齐”勾选后会对像素连续取样，而不会丢失当前的取样点。

拍摄照片时，常常会拍下一些影响照片整体效果的障碍物。打开素材“仿制图章工具”(如图 3—49 (1) 所示)，单击“仿制图章工具”按钮，在属性栏中设置“画笔”大小为“18px”，“笔刷”为“柔边圆”，按住“Alt”键在图像中单击进行取样，鼠标光标移动到要去除的障碍物上单击，直至将障碍物涂抹掉为止，最终效果如图 3—49 (2) 所示。

(1) (2)

图 3—49

> 提示：如果素材的背景是渐变色，就需要不断进行取样，才能确保照片变得更加完美。此工具在人物照片的修饰中经常使用。

(二) 图案图章工具

“图案图章工具”可以将系统自带的图案或用户自定义的图案填充到图像中。在工具箱中单击“图案图章工具”按钮，在其属性栏的“图案”下拉列表框中选择需要的图案，然后将鼠标光标移动到图像中，按住鼠标左键并拖动，即可绘制出所选图案。如图 3—50 所示。

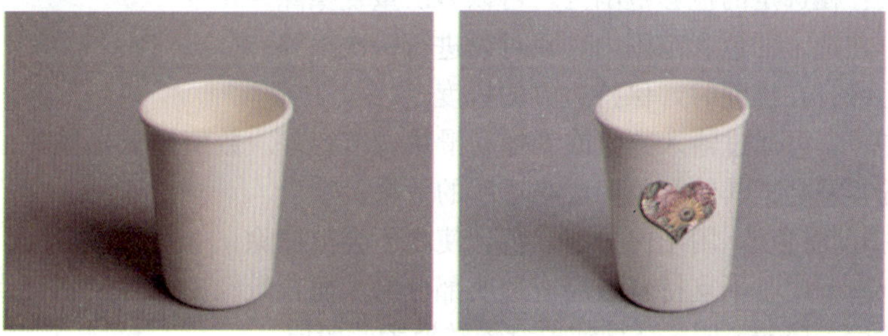

(1) (2)

图 3—50

四、橡皮擦工具组

橡皮擦工具组中共包含“橡皮擦工具”、“背景橡皮擦工具”和“魔术橡皮擦工具”。橡皮擦工具会更改图像中的像素，如果直接在背景上使用，就相当于使用画笔用背景色在背景上作画。

（一）橡皮擦工具

“橡皮擦工具”可以将不喜欢的位置进行擦除。橡皮擦工具的颜色取决于背景色的RGB值，如果在普通图层上使用，则会将像素涂抹成透明效果。

（二）背景橡皮擦工具

“背景橡皮擦工具”是一种可以擦除指定颜色的擦除器，这个指定颜色称做标本色，表示背景色。使用背景橡皮擦工具可以进行选择性擦除，其擦除功能非常灵活，在一些情况下可以达到事半功倍的效果。工具选项栏如图 3—51 所示。

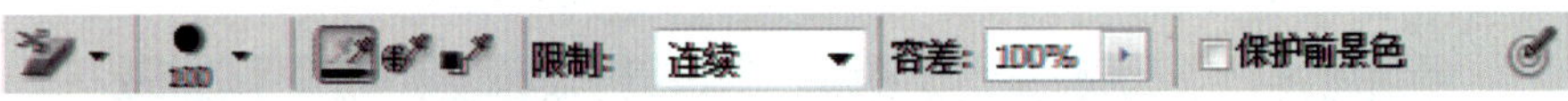

图 3—51

“背景橡皮擦工具”属性栏详细说明：

（1）“画笔”。用于选择形状。

（2）“取样”。有三种方式：

➢“连续”：单击此按钮，擦除时会自动选择所擦除的颜色为标本色，此按钮用于抹去不同颜色的相邻范围。在擦除一种颜色时，背景橡皮擦工具不能超过这种颜色与其他颜色的边界而完全进入另一种颜色，因为这时已不再满足相邻范围这个条件。当背景橡皮擦工具完全进入另一种颜色时，标本色即随之变为当前颜色，也就是说，现在所在颜色的相邻范围为可擦除的范围。

➢“一次”：单击此按钮，擦除时首先在要擦除的颜色上单击以选定标本色，这时标本色已固定，然后就可以在图像上擦除与标本色相同的颜色范围了。每次单击选定标本色只能做一次连续的擦除，如果想继续擦除，则必须重新单击选定标本色。

➢“背景色板”：单击此按钮，也就是在擦除之前选定好背景色（即选定好标本色），然后就可以擦除与背景色相同的色彩范围了。

（3）“限制”。用于选择背景橡皮擦工具的擦除界限，包括以下三个选项：

➢ 不连续：在选定的色彩范围内，可以多次重复擦除。

➢ 连续：在选定的色彩范围内，只可以进行一次擦除。

➢ 查找边缘：在擦除时，保持边界的锐度。

（4）“容差”。可通过输入数值或者拖动滑块调节容差。数值越低，擦除的范围越接近标本色。大的容差会把其他颜色擦成半透明的效果。

（5）“保护前景色”。用于保护前景色，使之不会被擦除。

在 Photoshop 中是不支持背景层有透明部分的，而背景橡皮擦工具则可直接在背景层上擦除，擦除后，Photoshop 会自动把背景转换为一般层。

（三）魔术橡皮擦工具

与橡皮擦工具不同的是，“魔术橡皮擦工具”可以在同一位置、同一 RGB 值的位置上单击时，可将选定对象擦除。

五、填色工具组

填色工具组有“渐变工具”和“油漆桶工具”两个工具，使用填色工具组可以给图像填充对应的颜色。

（一）渐变工具

一种颜色向另一种颜色均匀过渡称为渐变，“渐变工具”是经常用到的工具。默认情况下，“渐变工具”为前景色到背景色的渐变，通过设置“渐变工具”选项栏可以得到更加复杂的渐变效果，单击工具箱中的“渐变工具”按钮，其属性栏如图 3—52 所示。

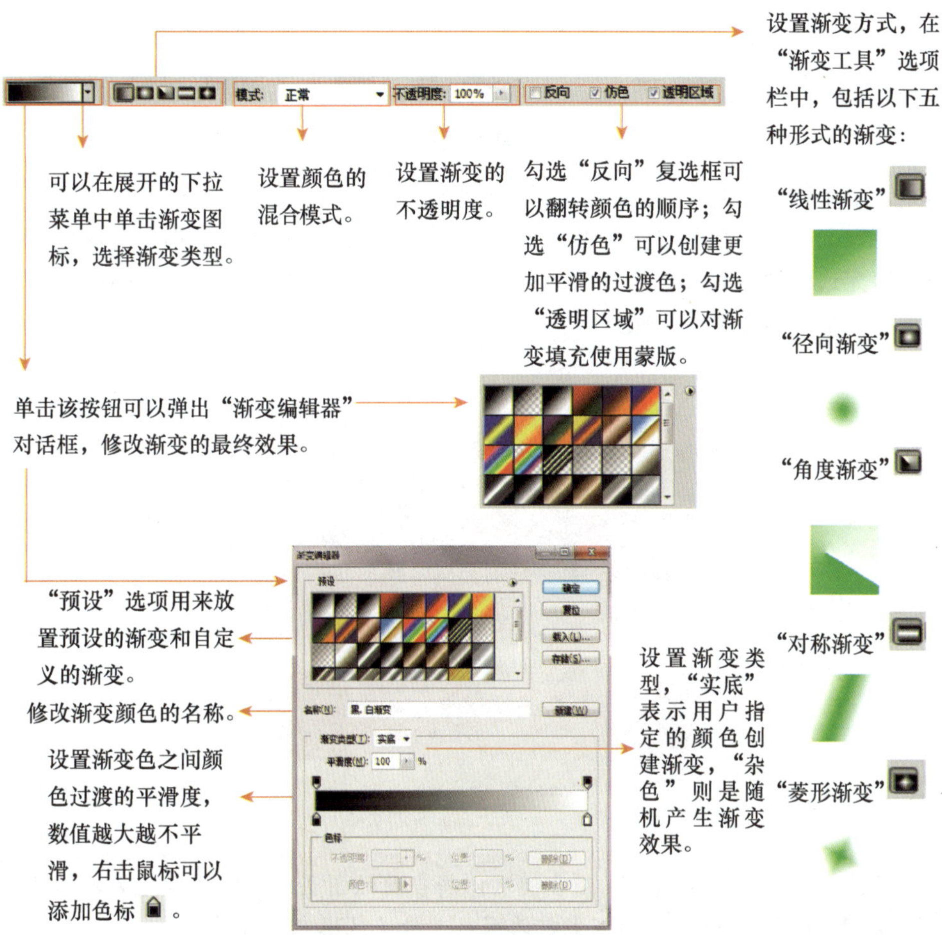

图 3—52

将“渐变类型”设置为“杂色”，“粗糙度”设置为“50%”，工具选项栏选择“径向渐变”选项，可出现如图 3—53 所示效果。

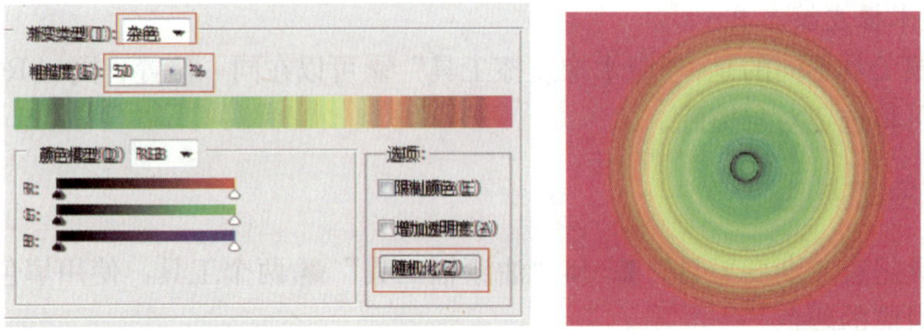

(1) (2)

图 3—53

（二）油漆桶工具

油漆桶工具是专门用来给图片某个区域填充颜色的工具。设置前景色，点击图像窗口，可以填充周围颜色相近的区域。单击工具箱中的“油漆桶工具”按钮，其属性栏如图 3—54 所示。

图 3—54

容差是改变相似度的，油漆桶工具可以选择一个图层，也可以选择不同的图层来填充，只需要勾选用于所有图层就可以了，除填充颜色以外，油漆桶工具还可以用来填充图案，更改填充选项中的前景色为“图案”，然后在图案选项当中选择需要的图案，就可以填充上图案效果。如图 3—55 所示。

图 3—55

提示：使用“Alt+Delete”组合键可以将当前的图层或者选区填充为前景色。使用“Ctrl+Delete”组合键可以将当前的图层或者选区填充为背景色。

六、模糊工具组

模糊工具组由“模糊工具”、“锐化工具”和“涂抹工具”组成，用于降低或增强图像的对比度和饱和度，从而使图像变得更加清晰或模糊。

（一）模糊工具

使用“模糊工具”可以降低图像相邻像素之间的对比度，使图像产生一种模糊的效果。单击工具箱中“模糊工具”按钮，在显示的属性栏中设置“画笔”、“模式”、“强度”和“对所有图层取样”等参数。将鼠标指针移动到图像窗口上，按住鼠标左键不放并进行拖动涂抹，释放鼠标后即可模糊图像。其中“强度”选项是用来设置工具对画面操作的强度的，强度越大，模糊的效果就越明显。

打开素材“模糊工具和锐化工具”，如图 3—56（1）所示，单击模糊工具，在属性栏设置相关参数，然后在图像上移动鼠标，效果如图 3—56（2）所示。

（二）锐化工具

锐化工具的作用与模糊工具相反，它能通过增大图像相邻像素之间的反差，使图像产生清晰的效果。

打开素材“模糊工具和锐化工具”，如图 3—56（1）所示，单击锐化工具，在属性栏设置相关参数，然后在图像上移动鼠标，效果如图 3—56（3）所示。

(1)　　(2)　　(3)

图 3—56

（三）涂抹工具

使用涂抹工具，可以模拟手指涂抹绘制的效果。使用该工具时，先对单击处的颜色进行取样，然后与鼠标拖动经过的颜色相融合、挤压产生模糊效果。如图 3—57 所示。

(1)　　(2)

图 3—57

七、减淡工具组

减淡工具组包括“减淡工具”、“加深工具”和“海绵工具”，可通过改变图像的色彩明暗与饱和度来影响图像的风格。

（一）减淡工具

使用“减淡工具”可以加亮图像某一部分区域，使之达到强调或突出表现的目的，同时对图像的颜色进行减淡。单击工具箱中“减淡工具”按钮，将鼠标指针移动到图像窗口上，并按住鼠标左键进行涂抹，释放鼠标后即可查看减淡后的效果。

（二）加深工具

“加深工具”的功能与“减淡工具”的功能相反，它可以降低图像的亮度，使其变暗，以校正图像的曝光度。单击工具箱中的“加深工具”按钮，将鼠标指针移动到图像窗口上，并按住鼠标左键进行涂抹，释放鼠标后即可查看效果。

（三）海绵工具

“海绵工具”可以精确地增加或减少图像特定区域的色彩饱和度，让图像的颜色变得更加鲜艳。单击工具箱中的“海绵工具”按钮，在其属性栏中设置“模式”类型，然后将鼠标指针移动到图像窗口中进行涂抹，释放鼠标后即可查看图像涂抹后的效果。

实践任务：促销标签的设计与制作

任务背景

某电子商务公司需要设计一个促销标签。

任务要求

利用图像修饰工具中的“画笔工具”和矢量工具中的“椭圆工具”进行设计，标签要简洁明了。

任务参考效果图

模块四　矢量工具的综合应用
——设计制作餐饮业网络推广页

任务参考效果图

能力目标

能利用钢笔工具、形状工具、文字工作制作宣传页。

知识目标

（1）掌握钢笔工具的使用方法。
（2）掌握形状工具的使用方法。

模拟制作任务

任务名称：餐饮业网络推广页的设计制作

任务背景

迎宾楼是无锡著名的老字号，为了进行宣传与推广，需要设计制作酒店宣传页，吸引新老客户惠顾。

任务要求

要求宣传页展示迎宾楼的“创意菜”、“传统菜”、“必选菜”和优雅的用餐环境。

任务分析

该宣传页的背景和文字的设计是设计的重点。

任务难点

文字的设计与排版。

操作步骤详解

步骤 1： 打开“素材 \ 模块四 \ 任务 1 素材 \ 背景. jpg”文件，下载“方正细珊瑚简体”字体，安装到“Windows”>“Fonts”目录。选择工具箱中的“横排文字工具”T，点击工具选项栏中的“字符和段落面板按钮”A|，弹出“字符和段落”调板，如图 4—1 所示。

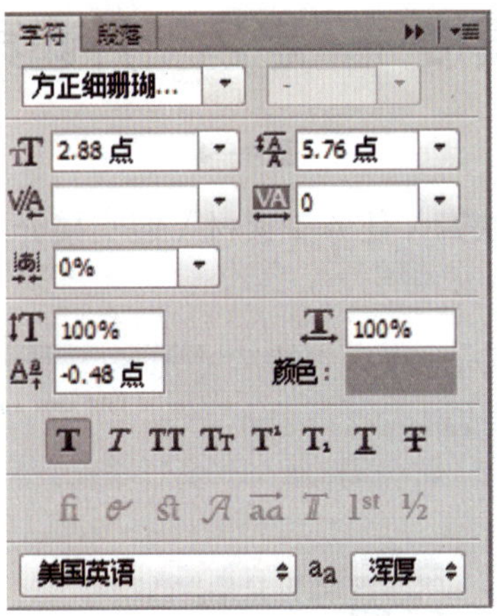

图 4—1

步骤 2： 在选项栏中设置字体为“方正细珊瑚简体”，大小为“24 点”，“消除锯齿方法”为“锐利”，“颜色”为“黑色”（R：9、G：9、B：9）。在背景图上的适当位置单击鼠标左键，键入“迎宾楼——老店新开迎宾客”。单击“工具选项栏”中的“提交所有当前编辑——✓”按钮，完成文字的录入，如图 4—2 所示。

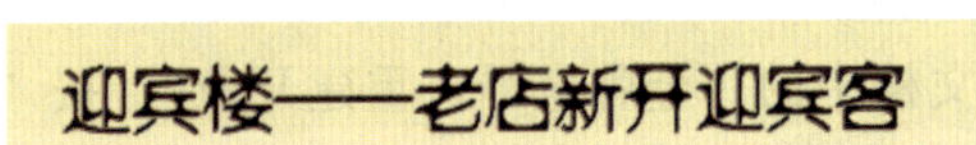

图 4—2

步骤 3： 在文字图层上双击鼠标左键，弹出“图层样式”对话框，在“投影”选项上单击鼠标左键，右侧选项框随之改变成投影设置选项框，如图 4—3 所示。调整“混合模式”后面的颜色为“R：215、G：191、B：101”，“角度”为“120”度，“距离”为“5”，“扩展”为“10”，“大小”为“5”，杂色“10”。用鼠标左键单击“确定”按钮，如图 4—4 所示。

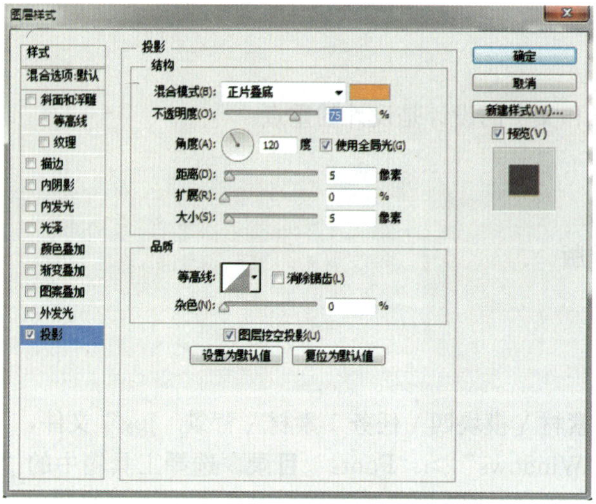

图 4—3

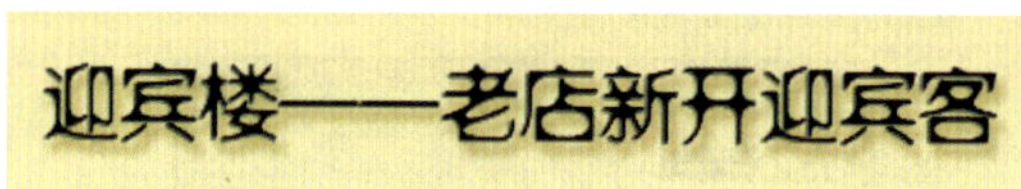

图 4—4

步骤 4：打开“素材\模块四\任务 1 素材\迎宾楼介绍”的 Word 文档，如图 4—5 所示。

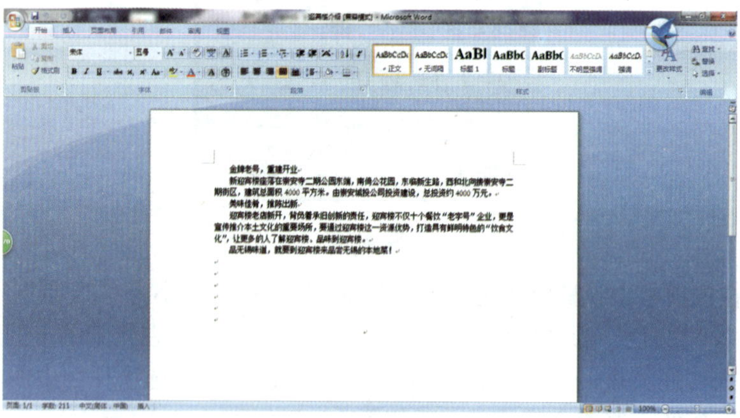

图 4—5

步骤 5：选中 Word 文档中的“金牌老号，重建开业”，按“Ctrl+C”键复制内容。返回到 Photoshop 程序中，选择工具箱中的“横排文字工具” T，在图像左侧单击鼠标左键，按下“Ctrl+V”键粘贴刚刚复制的内容。

步骤 6：选中复制的字，出现蓝色背景金牌老号，重建开业，在文字属性选项栏中设置文字的“字体”为“微软雅黑”，“大小”为“18 点”，“行距”为“18 点”，“颜色”为“橙黄色”(R：235、G：114、B：40)，如图 4—6、图 4—7 所示。单击“工具选项栏”中的“提交所有当前编辑——✔”按钮，完成文本的录入。

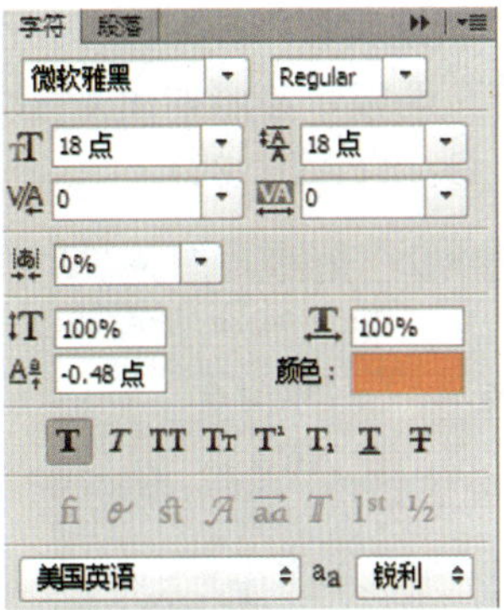

图 4—6

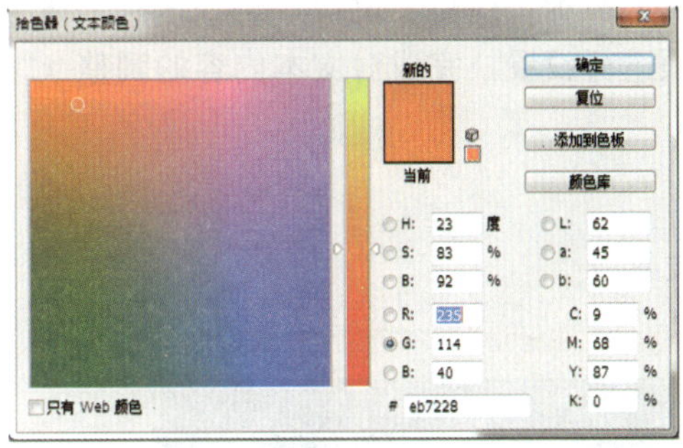

图 4—7

知识点 1

文本文档中可以过滤掉文字原来的格式。

步骤 7： 在 Word 文档中复制一段文字，如图 4—8 所示。

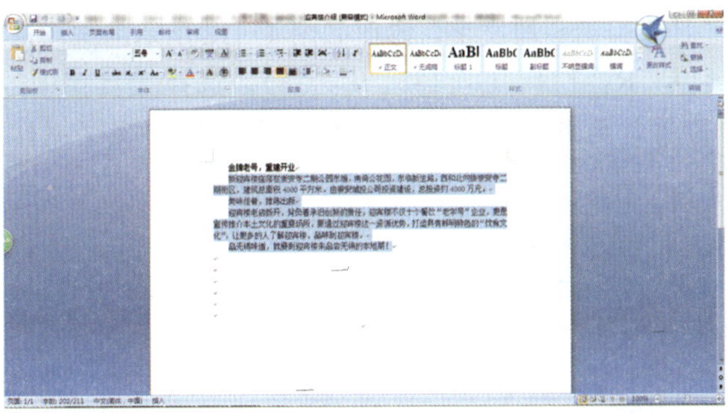

图 4—8

步骤 8： 选择工具箱中的“横排文字工具” T，在适当位置单击鼠标左键不放，拖曳鼠标至出现合适大小的矩形框。松开鼠标后，在矩形框里会出现一个闪烁的“I”形光标。矩形框外出现定界框，如图 4—9 所示。

步骤 9： 按“Ctrl+V”键粘贴刚刚从 Word 文档中拷贝的文字。此时可以发现在定界框的右下角的调节点变成了“田”字形，如图 4—10 所示，说明有文字没有显示出来。只要调节定界框的大小即可。将光标移动至定界框下方中间的调节点，单击鼠标左键，拖曳至所有文字都显示即可。

图 4—9

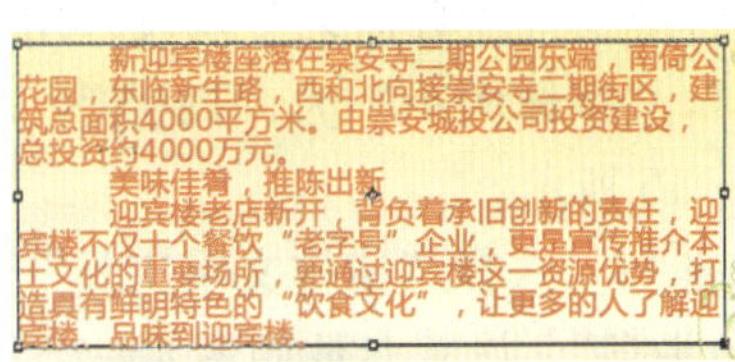

图 4—10

步骤 10：将鼠标重新点在“定界框”中，选择第一段“新迎宾楼……4 000 万元。”如图 4—11 所示。执行“窗口”>“字符”命令，打开“字符”调板，参照如图 4—12 所示的选项进行设置，完成对文本内容的调整（“颜色”R：44、G：41、B：32）。

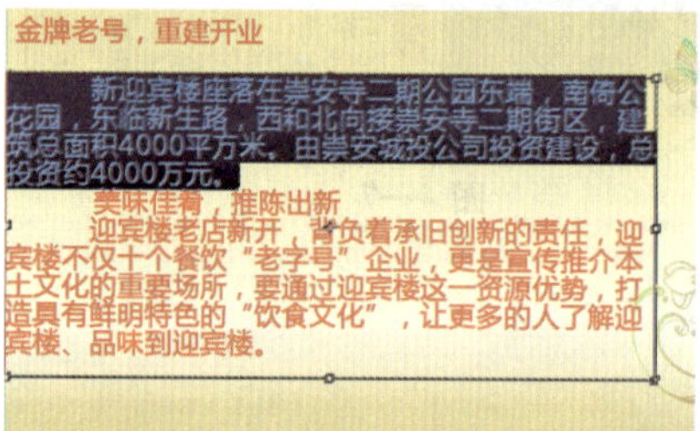

图 4—11

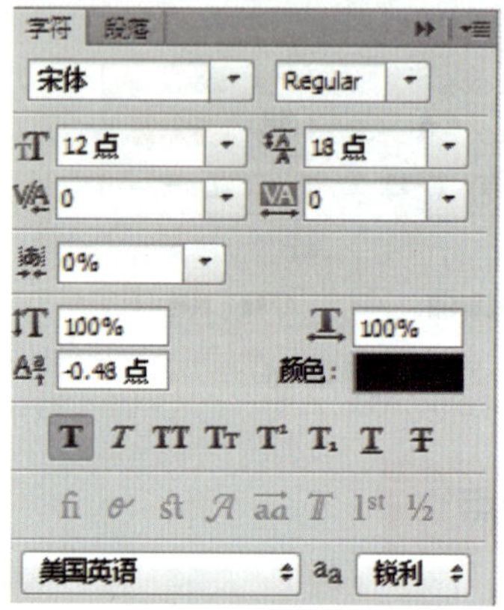

图 4—12

步骤 11：设置“迎宾楼老店新开……品味到迎宾楼”文字的参数。设置“美味佳肴，推陈出新”的参数。选择最后一段文字，参照如图 4—13 所示的选项进行设置，完成对文本内容的调整（“颜色”R：114、G：135、B：38）。选择工具箱中的“移动工具”，将文字移动至合适位置，至此，迎宾楼宣传页上半部分的文字制作完成，如图 4—14 所示。

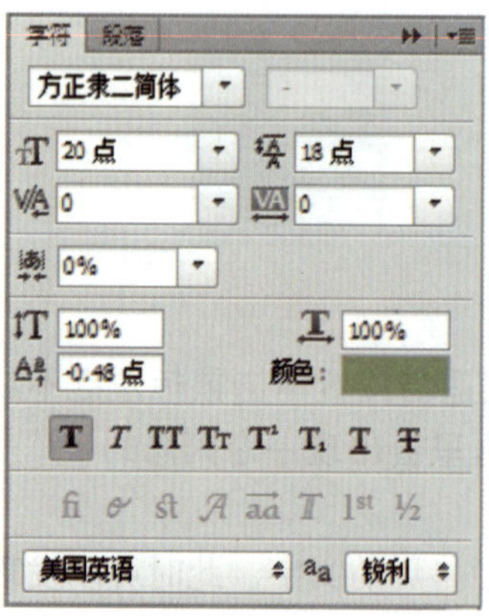

图 4—13

图 4—14

步骤 12：选择工具箱中的“横排文字工具” T，在如图 4—15 所示位置输入“创意菜”、“传统菜”、“必选菜”以及“用餐环境”，在字符调板中设置，设置“字体”为“微软雅黑”，“字体大小”为“12 点”，“颜色”为“橙黄色”（R：252、G：121、B：27），如图 4—15 所示。

步骤 13：选择“横排文字工具” T，在如图 4—16 所示第一幅“菜图”下方输入文本“剁椒鱼头皇”，设置参数如图 4—17 所示（“颜色”R：82、G：58、B：41）。

图 4—15

图 4—16

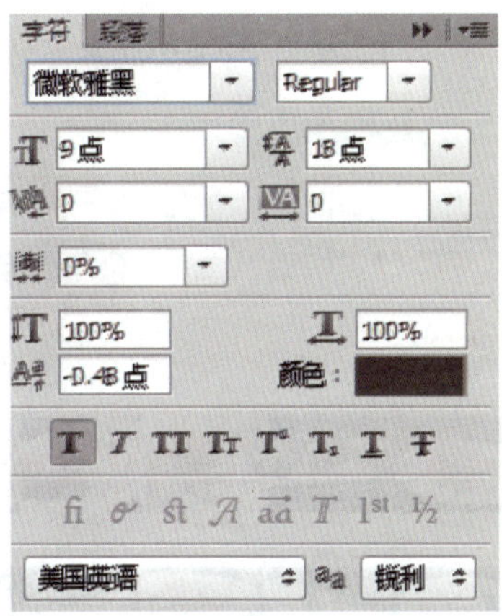

图 4—17

步骤 14： 按空格键，往后移到第二幅图的中间位置，输入“肚仁捞鸡”，依此类推，分别在这一横排图片的下方中间位置输入“糟香三宝”、“味增蛋拼鹅肝酱”、“山菌烧海参”、“如意太湖白鱼”，如图 4—18 所示。单击“工具选项栏”中的“提交所有当前编辑——✔”按钮，完成文本的录入。

图 4—18

步骤 15： 按照上述方法，在“传统菜”与“必选菜”的图片下方依次输入文本“镜箱豆腐”、“金玉满堂”、“迎宾香酥鸭”、“清炒河粉”、“葱油虾仁”、“鱼皮馄饨”以及“意式醉膏蟹”、“石钵泰国翅”、“冰镇脆蛰牡丹”、“酱爆墨鱼”、“蝴蝶烩鳝”、“双椒东星斑”，单击“工具选项栏”中的“提交所有当前编辑——✔”按钮，完成文本的录入。如图 4—19 所示。

图 4—19

步骤 16： 最终效果图如图 4—20 所示。

图 4—20

知识点解析

一、钢笔工具

在 Photoshop CS6 中提供了钢笔工具组，包括“钢笔工具”、“自由钢笔工具”、“添加锚点工具”、“删除锚点工具”、“转换点工具”五个工具，如图 4—21 所示。标准钢笔工具可用于绘制具有最高精度的图像；自由钢笔工具可像使用铅笔在纸上绘图一样来绘制路径；磁性钢笔选项可用于绘制与图像中已定义区域的边缘对齐的路径。可以组合使用“钢笔工具”和“形状工具”以创建复杂的形状。

（一）用“钢笔工具”绘图

1. 使用“钢笔工具”创建直线路径

选择工具箱中的“钢笔工具”，然后在工具选项栏中单击按钮，然后将鼠标放在画板中，当鼠标指针变成形状以后，就可以通过单击创建一个锚点，然后释放鼠标左键，将鼠标指针移至另一位置，再单击创建第二个锚点，然后将鼠标指针放回第一个锚点的位置后，鼠标指针会变成形状，单击便闭合路径，如图 4—22 所示。

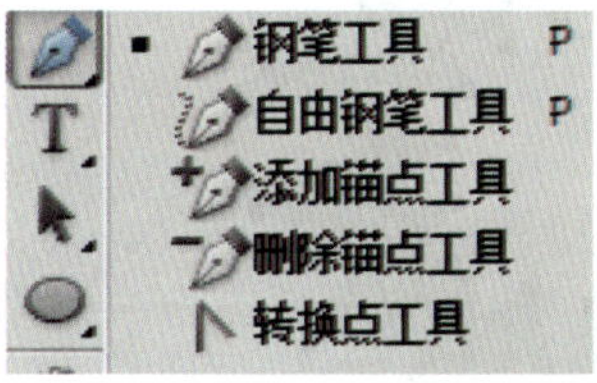

图 4—21

图 4—22

提示：图 4—22 出现的水平和垂直的效果是按住 Shift 键，再创建锚点。

2. 使用“钢笔工具”创建转角曲线路径

选择工具箱中的“钢笔工具”，然后在工具选项栏中单击按钮，然后将鼠标放在画板中，当鼠标指针变成形状以后，就可以单击创建一个平滑点（拖动鼠标移动），然后释放鼠标左键，将鼠标指针移至另一位置，再单击创建第二个平滑点，然后将鼠标指针放回第一个平滑点的位置后，鼠标指针会变成形状，单击便闭合路径，如图 4—23 所示。

图 4—23

3. 使用“钢笔工具”创建曲线路径

选择工具箱中的“钢笔工具”，然后在工具选项栏中单击按钮，然后将鼠标放在画板中，当鼠标指针变成形状以后，就可以单击创建一个平滑点，然后释放鼠标左键，将鼠标指针移至另一位置，再单击创建第二个平滑点，然后将鼠标指针放回第一个平滑点的位置后，鼠标指针会变成形状，单击便闭合路径，如图 4—24 所示。

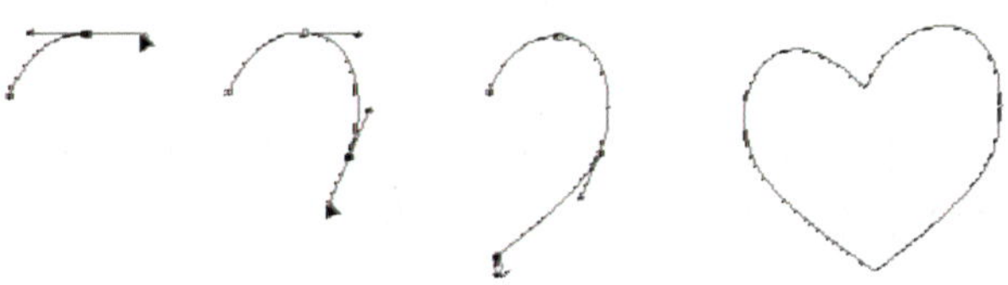

图 4—24

提示：使用“钢笔工具”绘制锚点时，如果上一个锚点绘制的是平滑点，第二个锚点要绘制角点，那么可以在绘制角点的时候按住“Alt”键，然后再绘制角点。

（二）编辑路径

1. 选择、移动路径和锚点

路径选择工具组有“路径选择工具”和“直接选择工具”两个工具。“路径选择工具”可以将整个路径选中，“直接选择工具”可以选择路径上的锚点，如图 4—25 所示。

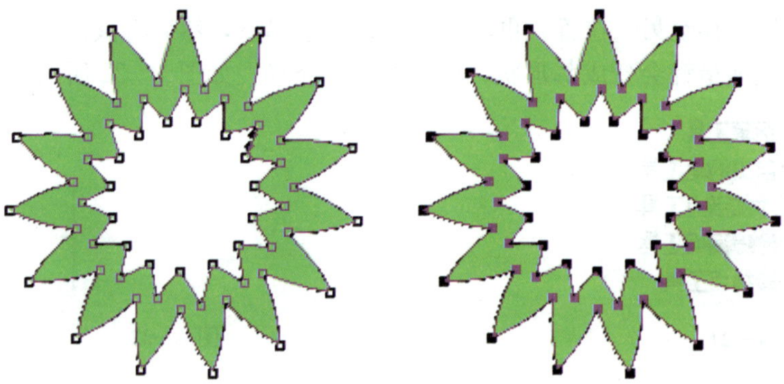

图 4—25

提示：按住“Alt”键单击一个路径段，然后再绘制角点。可以选择该路径及路径段上所有的锚点。

2. 删除和添加锚点

在“钢笔工具”中，按钮是用来添加锚点的，按钮是用来删除锚点的。添加锚点时将鼠标指针放在需要添加锚点的路径上，然后当鼠标指针变成形状后，单击即可添加一个锚点；删除锚点则是将鼠标指针放在需要删除锚点的路径上，然后当鼠标指针变成形状后，单击即可删除一个锚点。添加和删除锚点操作如图 4—26 所示。

图 4—26

3. 转换锚点

如果要转换锚点的类型，可以单击按钮，如果当前锚点是平滑点，单击按钮可以使其变成角点；如果当前锚点是角点，单击按钮并拖曳鼠标则可以将锚点转换成平滑点，如图 4—27 所示。

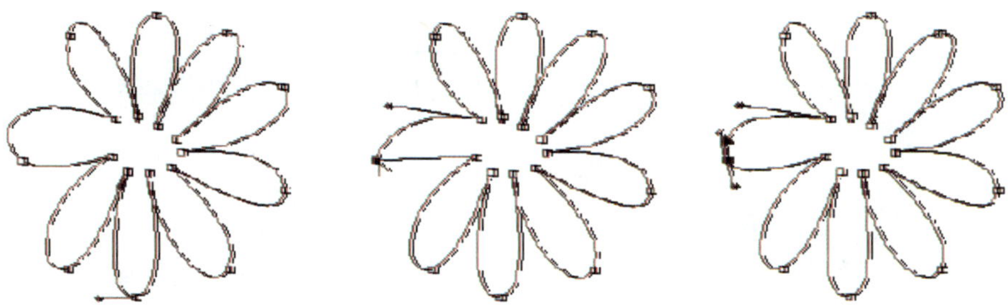

图 4—27

提示：使用“直接选择工具”时，按住“Ctrl＋Alt”组合键，即可切换为“转换点工具”，单击并拖曳锚点可将其转换为平滑点；按住“Ctrl＋Alt”组合键，即可切换为“转换点工具”，单击可将其转换为角点；使用时，将鼠标指针放在锚点上，按住“Alt”键，即可切换为转换点工具。

（三）“路径”面板

“路径”面板是用来管理和保存路径的，面板中显示的是工作区中的“工作路径”和“矢量蒙版”缩略图。

1. 了解“路径”面板

执行“窗口”＞“路径”命令，打开“路径”面板。单击面板右上角的下拉菜单按钮，可以弹出“路径”面板的其他选项，如图 4—28 所示。

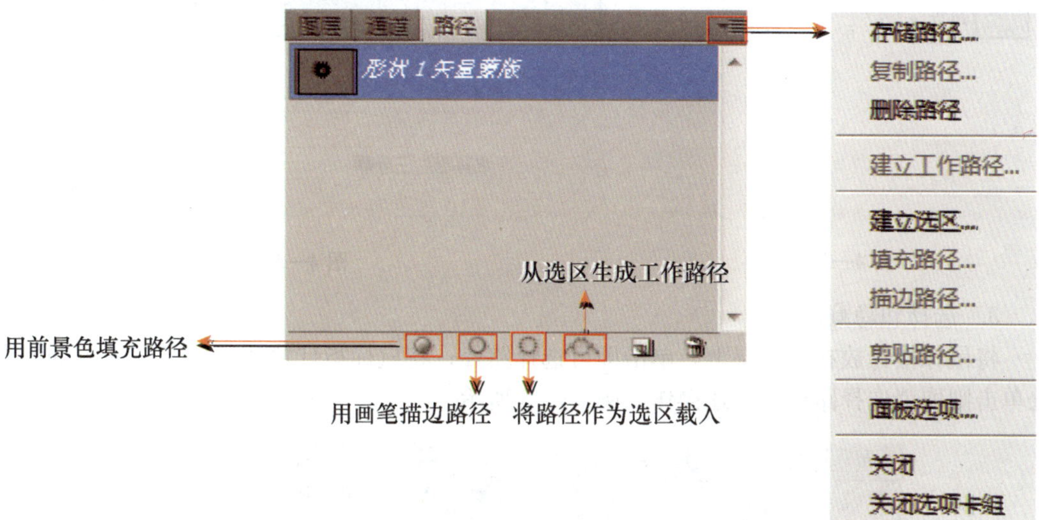

图 4—28

2. 了解工作路径和新建路径

绘制路径后，“路径”面板中会出现“工作路径”层，此时的“工作路径”层是临时路径，是不被保存的，可以被新的路径层所替代，如图 4—29 所示。双击“工作路径”层，默认会将其命名为“路径 1”，是被保护的路径，不会被覆盖，如图 4—30 所示。

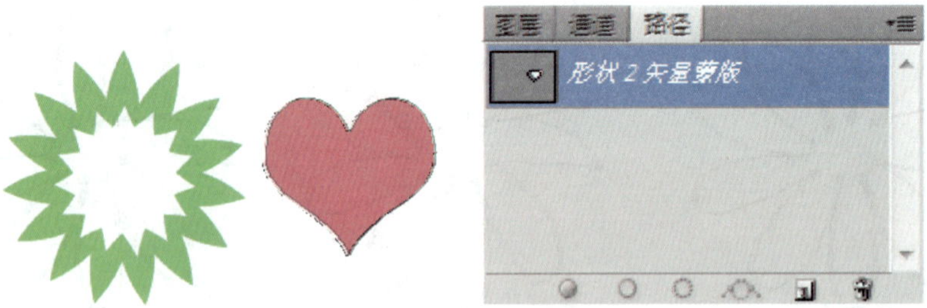

图 4—29

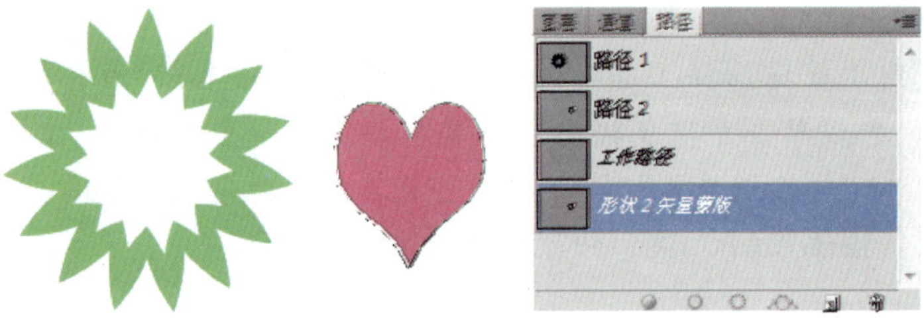

图 4—30

单击“路径”面板中的“创建新路径”按钮可以创建新路径层，如图 4—31 所示。还可以按住“Alt”键单击按钮，在弹出的“路径”对话框中输入路径名称，如图 4—32 所示。

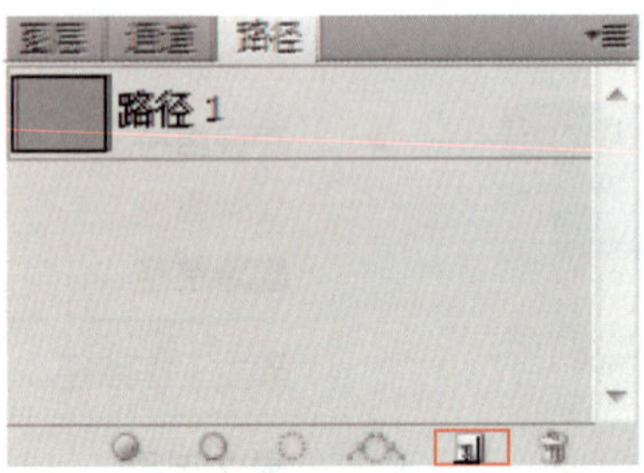

图 4—31

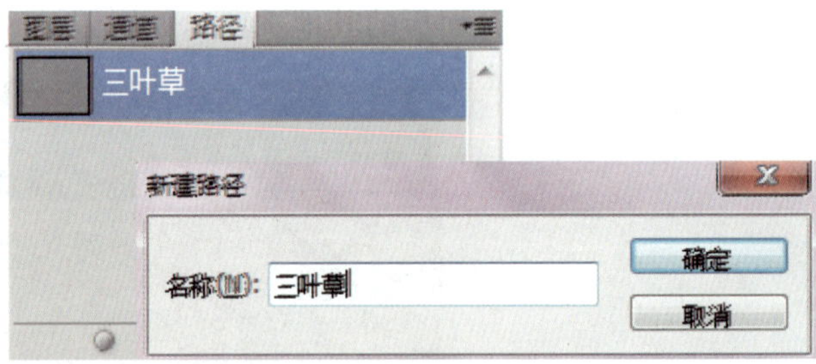

图 4—32

3. 选择和隐藏路径

将鼠标指针放在路径层上，单击即可选择路径；将鼠标指针放在“路径”面板的空白处单击则取消选择路径，上述操作如图 4—33 所示。

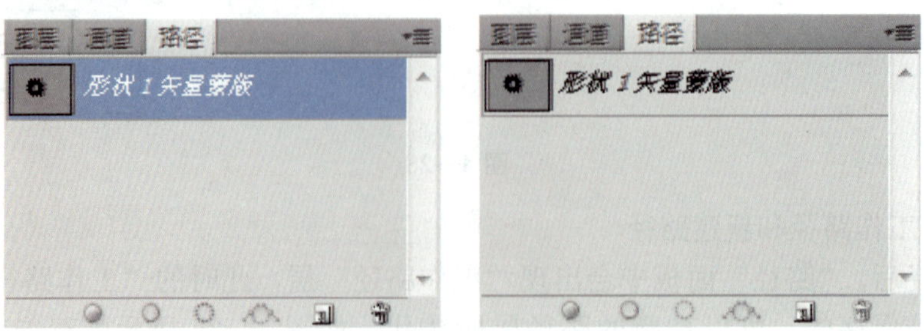

图 4—33

4. 复制和删除路径

在“路径”面板中复制路径层，可以用鼠标左键单击选中需要复制的路径层，然后按住路径层拖曳到按钮上，如图 4—34 所示；也可以选择路径层，选择工具箱中的“路径选择工具”，然后选择画面中的路径，执行“编辑”>“拷贝”命令，然后再执行“编辑”>“粘贴”命令，即完成路径的复制，如图 4—35 所示。

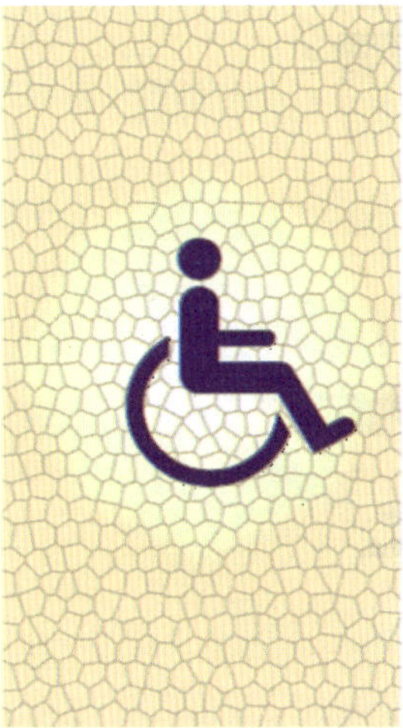

图 4—34

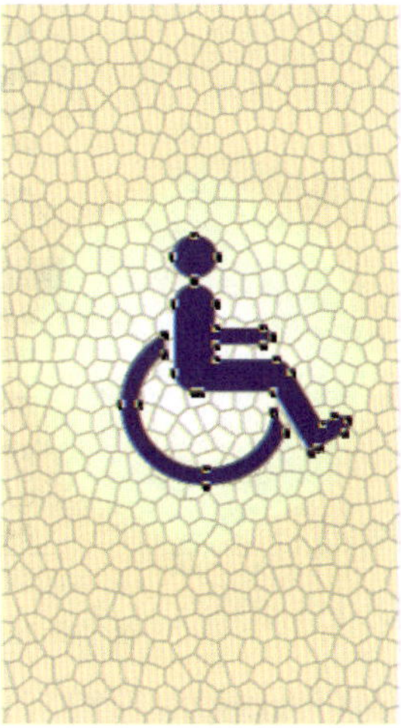

图 4—35

在“路径”面板中选择路径，单击“删除”按钮，在弹出的对话框中单击“是”按钮，即可删除路径；也可以选择工具箱中的“路径选择工具”，然后选中画面中的路径，按“Delete”键删除路径。

5. 路径与选区

使用“钢笔工具”绘制路径以后右击，在弹出的快捷菜单中选择“建立选区”选项，即可将路径转换为选区，如图 4—36 所示；也可以选择“路径”面板中的路径层，然后按住“Ctrl”键单击路径层缩略图，路径即可转换为选区。

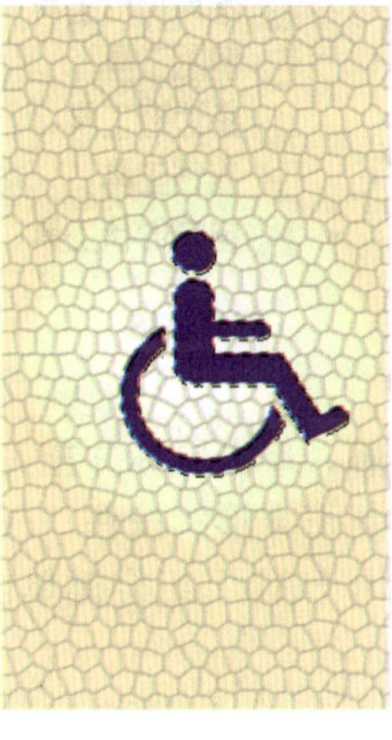

图 4—36

如果要修改选区边界，可以执行“选择”>“修改”>“边界/平滑/扩展/收缩/羽化”（或者按快捷键“Ctrl+F6”）命令，如图 4—37 所示，可根据需要进行选择来修改选区。

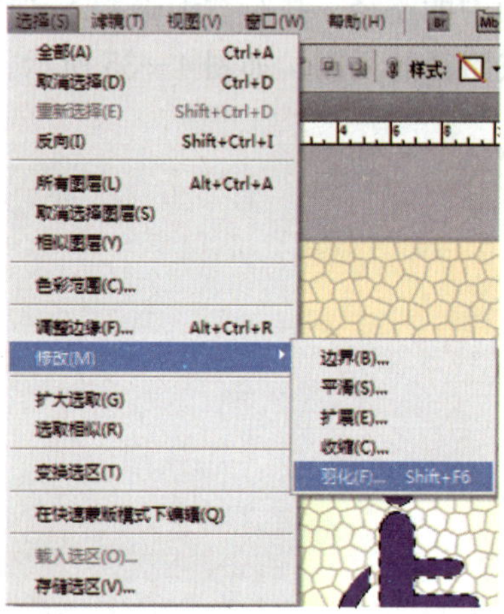

图 4—37

提示：路径绘制完成后右击，在弹出的快捷菜单中选择“建立选区”选项后会弹出“建立选区”对话框，在对话框中可以通过改变“羽化半径”的数值来对选区进行羽化，数值越大，羽化的程度越明显；数值越小，羽化的程度越不明显。

二、形状工具

在 Photoshop CS6 中包含了六种形状工具：“矩形工具”、“圆角矩形工具”、“椭圆工具”、“多边形工具”、“直线工具”、“自定形状工具”，如图 4—38 所示。

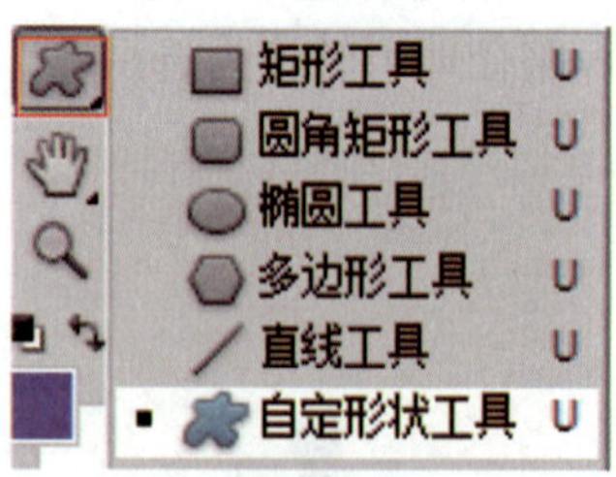

图 4—38

（一）矩形工具

选择工具箱中的“矩形工具”，单击鼠标并拖曳可以创建矩形。选择“矩形工具”并按住“Shift”键拖曳鼠标可以绘制正方形；按住“Alt”键单击鼠标时，会以鼠标指针为中心点向外绘制矩形；按住“Shift+Alt”组合键单击鼠标时，则会以鼠标指针为中心点向外绘制正方形。

（二）圆角矩形工具

“圆角矩形工具”可以通过对工具选项栏中“半径”数值的调整来绘制出不同的圆

角矩形，如图 4—39 所示。

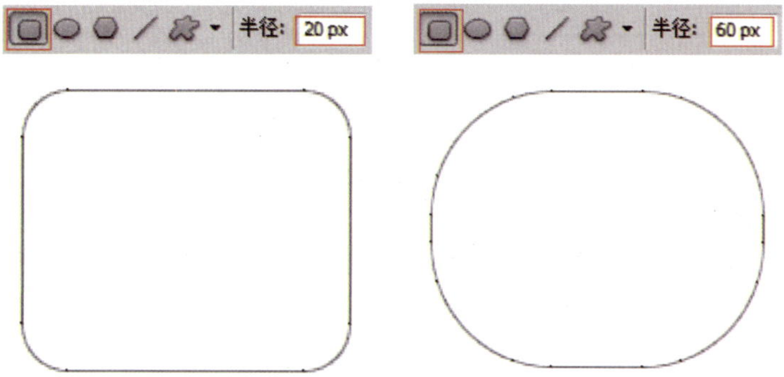

图 4—39

（三）椭圆工具

“椭圆工具” 可以用来绘制椭圆和正圆。通过按住 “Shift” 键可以绘制圆形，如图 4—40 所示。

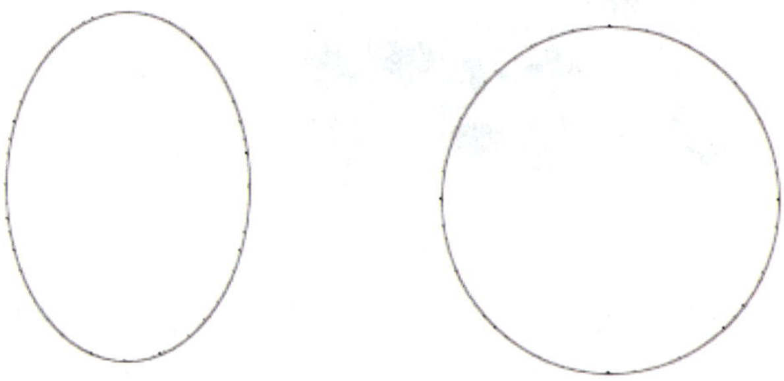

图 4—40

（四）多边形工具

“多边形工具” 可以通过设置 “边” 的数值来绘制不同的多边形，如图 4—41 所示。

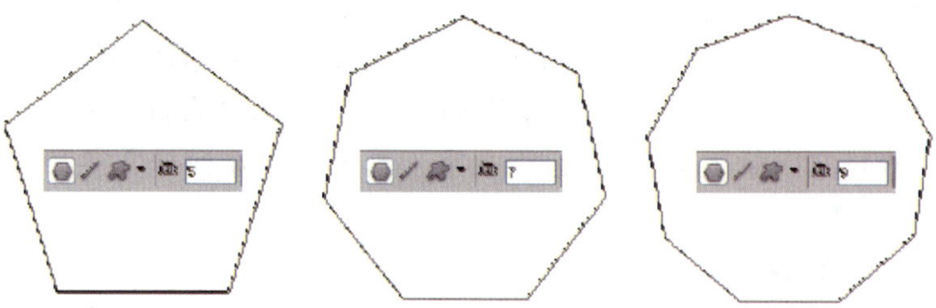

图 4—41

提示：在使用 “形状工具” 绘制图形的过程中，如果想要移动正在绘制的图形，可以 按住空格键，然后拖曳鼠标，就可以在不改变图形形状的情况下移动图形。

（五）直线工具

“直线工具” 可以用来创建直线。选择此工具后，还可以通过按住 “Shift” 键来创建水平、垂直、45°角的直线，如图 4—42 所示。

图 4—42

（六）自定形状工具

“自定形状工具”可以自定义形状或者选择由外部提供的形状，在选择“自定形状工具”之后，单击工具选项栏中的“形状”旁边的下三角按钮，会弹出如图 4—43 所示的快捷菜单，然后在其中选择所需图形在画板中绘制即可。

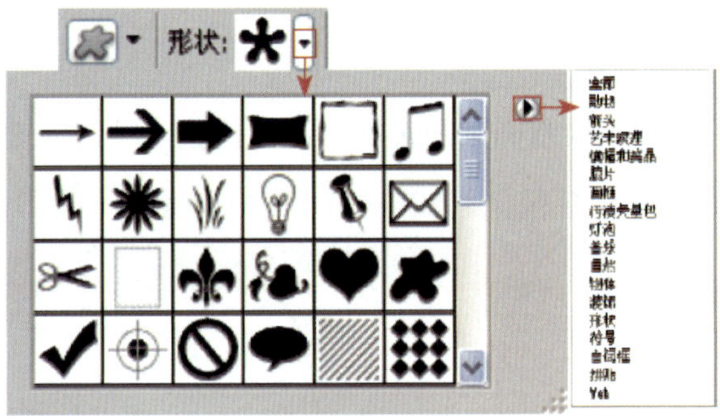

图 4—43

如果想要绘制更多的自定义形状，还可以单击形状库面板右侧的“I”按钮，在弹出的菜单中，可以选择所需要的类型的形状（例如：选择动物），然后会弹出一个对话框，单击“追加”按钮，则可在原图形的基础上添加图形。

三、文字工具

文字是用来传达作品信息的最主要的方式，在平面设计中，文字除了具有记录和表达的功能外，还起到美化版面、强化主体的作用，是作品的重要组成部分。

在 Photoshop CS6 中，文字工具包括“横排文字工具”、“直排文字工具”、“横排文字蒙版工具”和“直排文字蒙版工具”。运用文字工具可以创建横排文字和直排文字，并能很方便地为文字设置字体、字号和颜色。

（一）文字工具的选项栏

在使用文字工具输入文字之前，先要做好准备工作，就是要将文字工具选项栏中各个选项按照需要进行设置，如图 4—44 所示。

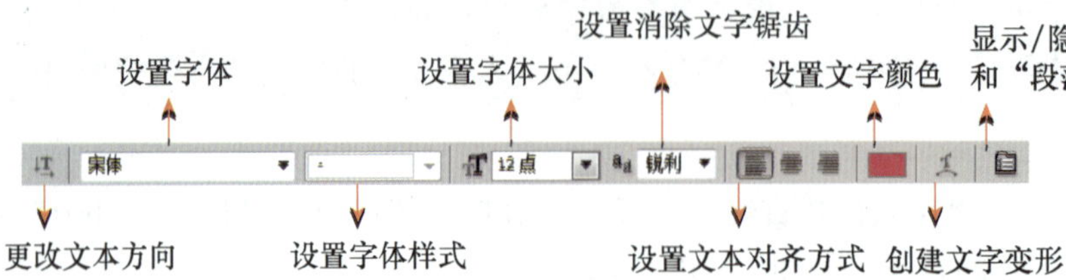

图 4—44

1. 更改文本方向

根据需要单击按钮，可以将横排文本转换成为直排文本，也可以将直排文本转换成为横排文本。

2. 设置消除文字锯齿

可通过对这个选项的设置，改变文字轮廓的锯齿使其平滑，如图 4—45 所示。

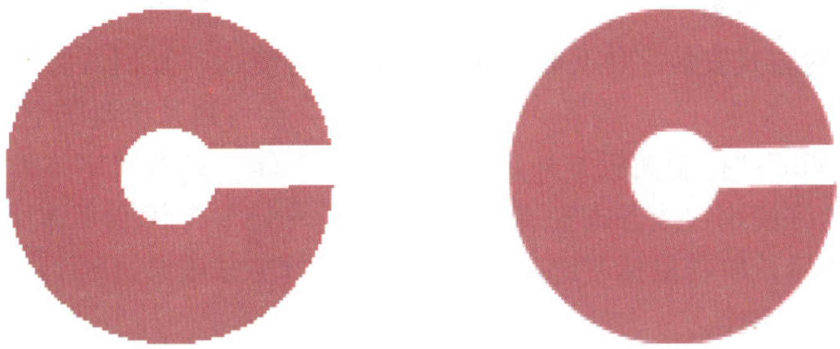

无　　　　锐利

图 4—45

（二）创建点文字和段落文字

1. 创建点文字

点文字通常指的是水平或垂直的较少文字组成的文本行，选择工具箱中的“横排文字工具”T，然后设置字体、字号和颜色，如图 4—46 所示。

图 4—46

在画板空白处单击，鼠标指针则会变成I形状，然后输入文字，同时“图层”面板中也会生成一个文字图层，如图 4—47 所示。

图 4—47

2. 创建段落文字

选择工具箱中的“横排文字工具”T，然后将鼠标放在画板空白处，当鼠标指针变成I形状时，按住鼠标左键并向画板右下角拖曳鼠标，此时会出现一个文本框，在其中输入文本后，按“Ctrl+Enter”组合键即可创建段落文本，如图 4—48 所示。

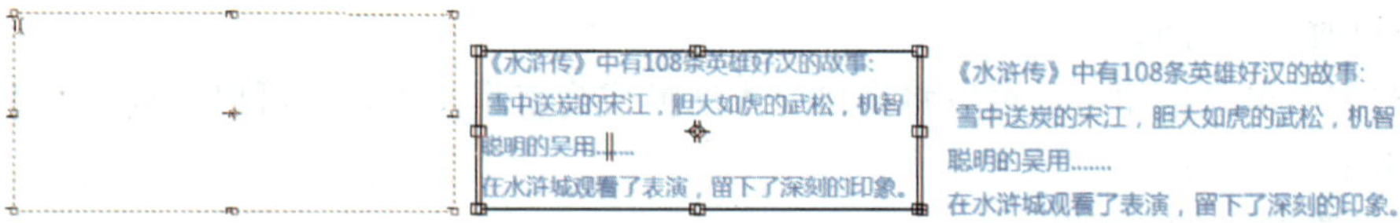

图 4—48

（三）文字样式的添加

Win7 中用快捷方式安装字体可以节省空间，因为使用“复制的方式安装字体”会将字体全部拷贝到 C：\ Windows \ Fonts 文件夹当中，会占用系统盘的空间。

首先，通过 Win7“控制面板 \ 外观和个性化 \ 字体”点击“字体设置”进入字体设置界面，勾选“允许使用快捷方式安装字体（高级）（A）”再找到字体所在的文件夹，选择需要安装的字体后，单击鼠标右键，选择“作为快捷方式安装（S）”，就可以进行 Win7 系统的快捷方式安装字体。

常用的中文字体有：方正大黑简体、方正正中黑简体、蒙纳简超刚黑、汉仪菱心简体、华康俪金黑、方正粗谭黑简体、方正博雅宋、方正清刻本悦宋简体、方正宋刻本秀楷简体、方正综艺简体、方正兰亭纤黑简体、造字工坊悦黑体。

常用的英文字体有：高端大气、国际范的 Didot 体，适合打折促销数字的 Century Gothic 体，用于电话号码排列的 Georgia 体，用于长篇英文排列的 Myriad Pro 体，如图 4—50 所示。

图 4—50

（四）文字的变形

变形文字只是对文字进行如扇形、拱形等简单的形状处理。

1. 创建变形文字

执行“图层”＞“文字”＞“文字变形”命令，在弹出的“文字变形”对话框中，单击“样式”右边的下拉按钮，在弹出的下拉菜单中选择“变形”选项，如图 4—51 所示。

2. 设置变形选项

在“变形文字”对话框中可以选择不同的变形选项，每种变形选项都有不同的效果，“鱼形”效果如图 4—52 所示。还可以通过对“弯曲”、“水平扭曲”、“垂直扭曲”数值的设置来控制不同选项的效果。

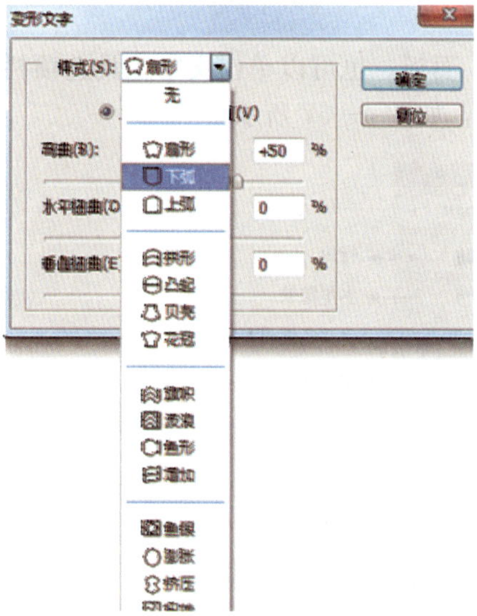

图 4—51

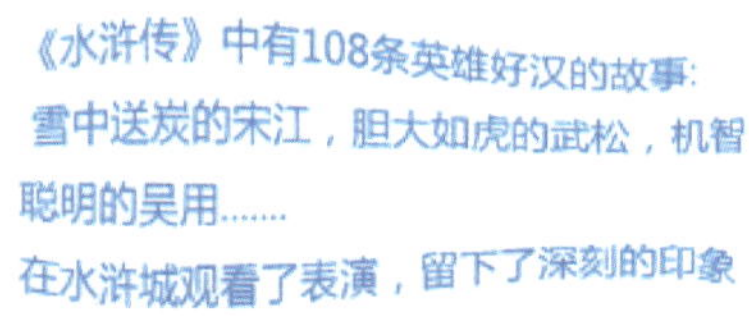

图 4—52

（五）路径文字

路径文字指的是沿路径的轮廓形状排列的文字，创建路径文字可以使文字在设计中更加活泼生动，吸引读者。

1. 创建路径文字

选择工具箱中的“钢笔工具”绘制一段路径，然后选择“横排文字工具”，将鼠标指针放在路径上，鼠标指针会变成形状，单击并输入文字，按“Ctrl＋Enter”组合键即可创建路径文字，如图 4—53 所示。在路径文字上右击，在弹出的对话框中勾选“垂直”复选框，如图 4—54 所示。

图 4—53

图 4—54

2. 移动和翻转路径文字

选择工具箱中的“直接选择工具”或者选择“路径选择工具”，将鼠标指针放在路径上，当鼠标指针变成形状后，单击并沿着路径轮廓形状拖曳可以移动文字，如图 4—55 所示。

在路径上单击，当鼠标指针变成形状后，向路径另一方向拖曳文字，可以翻转文字，如图 4—56 所示。

图 4—55

图 4—56

（六）使用“字符”面板设置文字属性

执行“窗口”>“字符”命令，打开“字符”面板，也可以单击文字工具选项栏中的“切换字符和段落面板”按钮来打开“字符”面板，如图4—57所示。

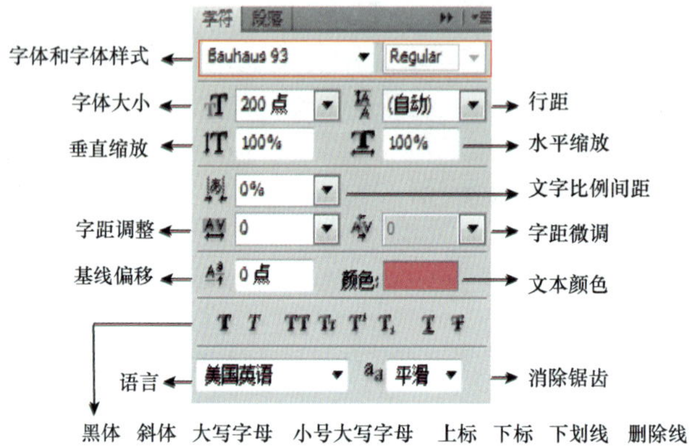

图 4—57

1. 行距

“行距”指的是行与行之间的距离，通过调整 的数值大小，可以改变文字行之间的距离，如图4—58所示。

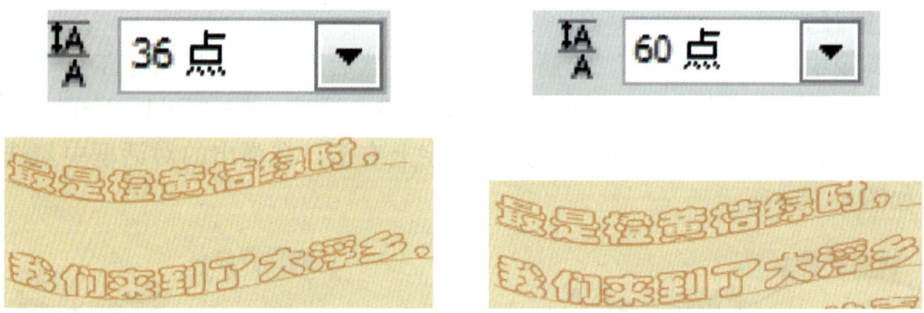

图 4—58

2. 水平/垂直缩放

“水平/垂直缩放”用来调整文字的宽高比例，如图4—59所示。“水平缩放” 通过调整宽度来改变文字的宽高比例；“垂直缩放” 通过调整高度来改变文字的宽高比例。

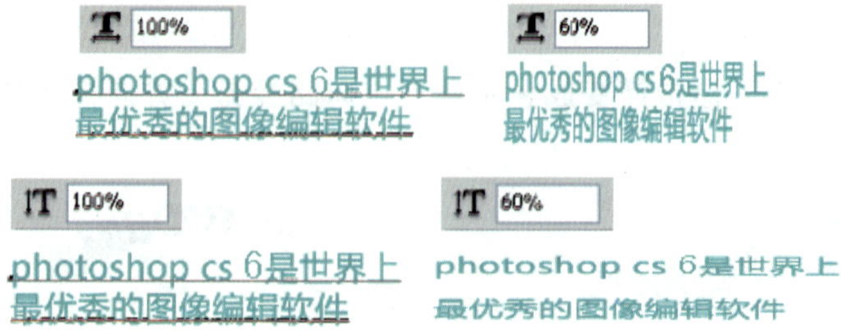

图 4—59

3. 字距微调和字距调整

“字距调整”和“字距微调”相对于“比例间距”来讲可以使得字符距离产生更大的效果。“字距调整”用于设置多个字符之间的距离；“字距微调”用于设置两个字符之间的距离。这两个选项针对的字符数量不同，因此它们选取文字的方式也不同，如图 4—60 所示。

图 4—60

提示：字符间距的调整默认情况下是 5 的整数倍像素，如果要进行微调，按“Alt”和左右键即可调整 1 像素的字符间距。

（七）使用“段落”面板设置段落属性

“字符”面板只能对已经选择的文字进行处理，但是在“段落”面板中，无论是否选择了文字，都会针对段落进行处理。

使用“横排文字工具”在文档中按住鼠标左键并拖曳，绘制出一个文字定界框，然后输入文字，得到一个段落文本。对于段落文字，使用“段落”面板可以很方便地设置段落的属性。执行“窗口”>“段落”命令，打开“段落”面板，也可以单击属性栏中的按钮来打开“段落”面板，如图 4—61 所示。

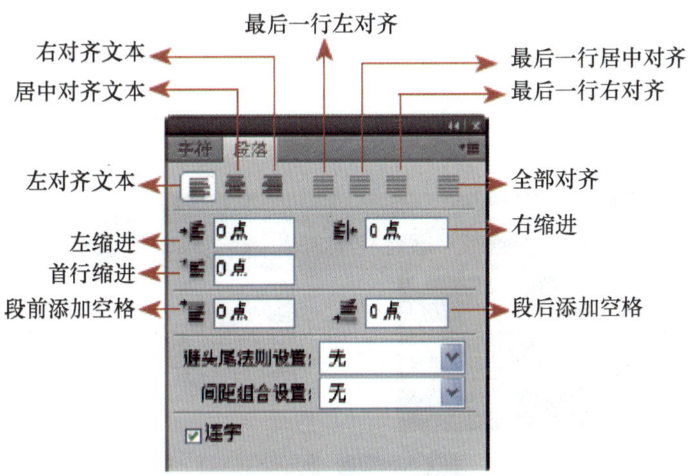

图 4—61

单击段落对齐方式的图标，可以设置段落不同的对齐方式，如图 4—62 所示。

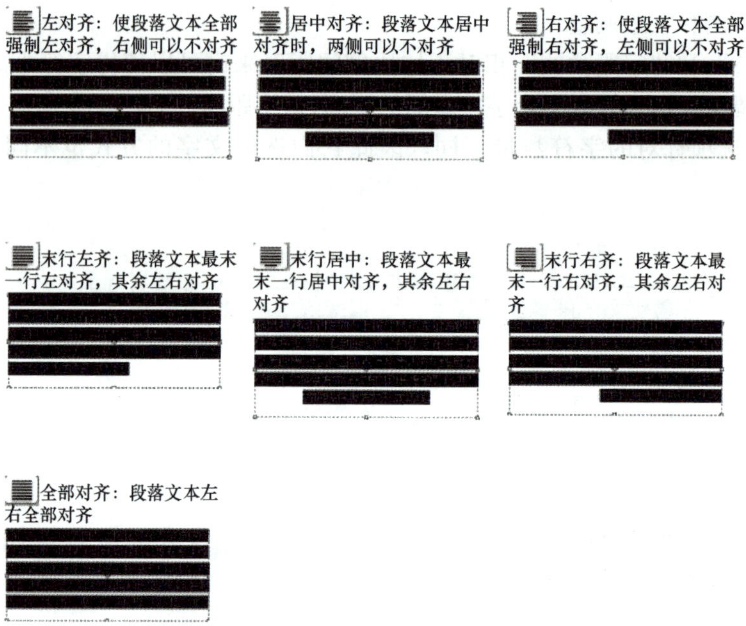

图 4—62

实践任务： 舍得坊宣传页的设计与制作

任务背景

根据所给素材制作“舍得坊”餐饮店的宣传页，尺寸设置：976 像素×943 像素。

任务要求

正确使用素材制作图片，突出特色菜肴和就餐环境，设计图美观大方。

任务素材

任务参考效果图

模块五　图层知识的综合应用
——设计制作现代风格网页

任务参考效果图

能力目标

（1）能利用图层样式调整设计效果。

（2）能使用形状图层设计现代风格网页。

知识目标

（1）掌握图层的概念和分类。

（2）掌握图层样式的参数设置。

模拟制作任务

任务名称：现代风格网页的设计制作

任务背景

崇安寺是无锡著名的商业中心，为了进行网络宣传与推广，需要设计制作具有现代风格的网页首页。

任务要求

要求设计的网页首页紧扣商业主题，突出现代、时尚的风格。

任务分析

考虑使用图层样式的、大色块形状图层设计制作具有现代气息的导航按钮。

任务难点

（1）图层样式的参数设置。

（2）大色块的使用。

操作步骤详解

步骤 1： 执行“文件”＞“新建”命令，如图 5—1 所示，在弹出的“新建”对话框中设置“宽度”和“高度”分别为“1 600”和“1 200”像素，设置完成后单击“确定”按钮，创建新文件。

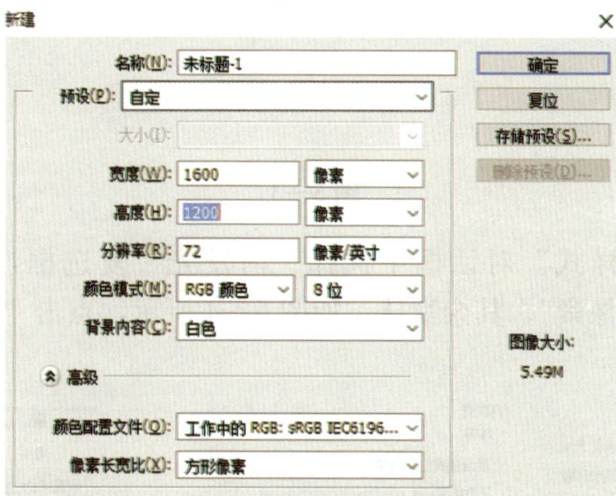

图 5—1

步骤 2： 打开“素材 \ 模块五 \ 背景. jpg”文件，将其移动到新建的背景图层上，如图 5—2 所示，调整宽度和高度，使其刚好覆盖背景图层后，按回车键。

图 5—2

步骤 3：选择圆角矩形工具绘制圆角矩形。点击“图层”＞“图层样式”＞“投影”图层样式（或者双击图层，打开“图层样式”对话框，在“投影”选项上单击鼠标左键，右侧选项框随之改变成投影设置选项框）。设置“混合模式”为“正片叠底”，“不透明度”为“75％”，“角度”为“120 度”，“距离”为“5 像素”，“大小”为“5 像素”，如图 5—3 所示，点击“确定”按钮。

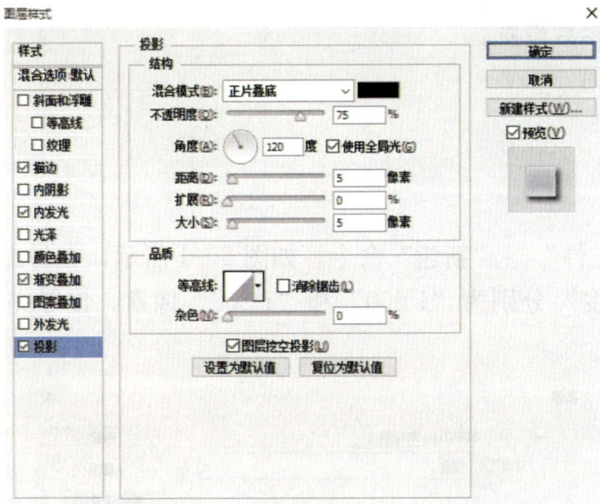

图 5—3

步骤 4：在“图层样式”对话框中选择“内发光”复选框，设置“不透明度”为“40％”，“大小”为“7 像素”，其余默认，如图 5—4 所示，点击“确定”按钮。

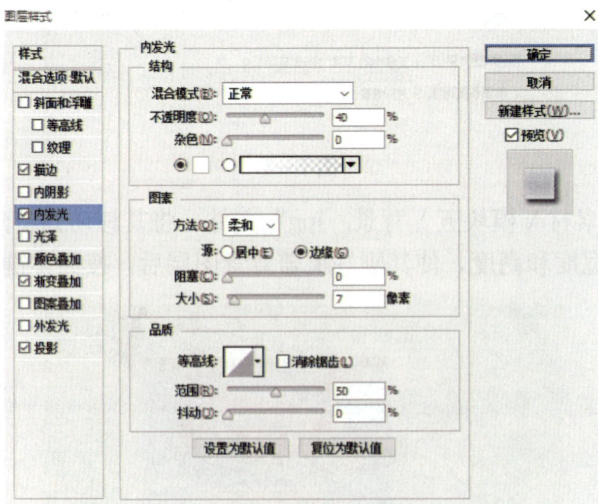

图 5—4

步骤 5：在“图层样式”对话框中选择“渐变叠加”复选框，弹出如图 5—5 所示的对话框，单击选项栏中的“渐变”选项，在弹出的“渐变编辑器”对话框中进行设置：由白色到浅灰色再到白色，单击“确定”按钮并填充渐变色，如图 5—6 所示。

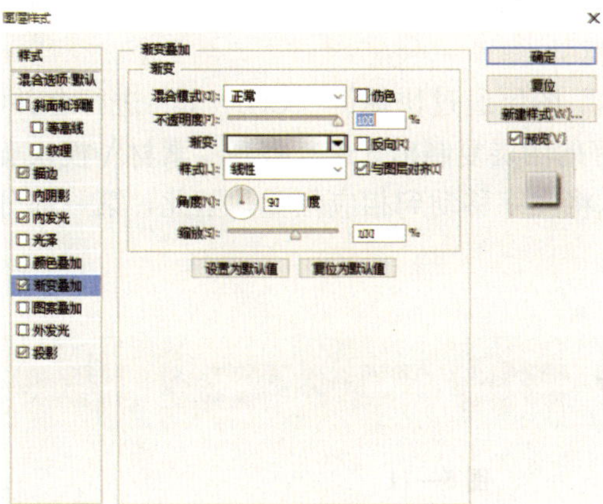

图 5—5

图 5—6

步骤 6：在“图层样式”对话框中选择“描边”复选框，单击选项栏中的“颜色”选项，在弹出的“选取描边颜色”对话框中选取灰色，大小为 1 像素，如图 5—7 所示。

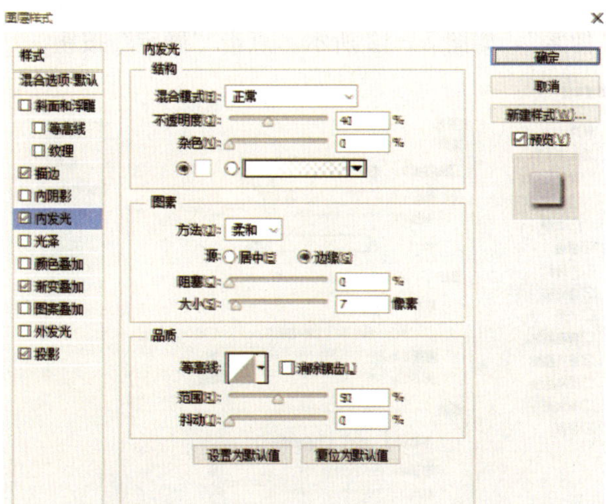

图 5—7

步骤 7：选择“形状 1”图层，按快捷键“Ctrl＋J”复制出一个一样大小的图层，参照图 5—8，使用移动工具将该图层下移。在复制好的图层缩览图上，右击选择“栅格化图层”，使用工具箱中的“矩形选框工具”，参照图 5—9 所示选取，按“Delete”键即可。

图 5—8

图 5—9

步骤 8：执行“图层”＞“图层蒙版”＞“显示全部”命令，使用工具箱中的“渐变工具”，在“渐变编辑器”对话框中选择预设中的“黑，白渐变”，“确定”后，形成新的图层“形状 1 副本”。

步骤 9：将“形状 1”图层与“形状 1 副本”图层通过快捷键“Ctrl＋E”进行合并，如图 5—10 所示。按快捷键“Ctrl＋J”将合并好的图层复制出 5 个。打开“素材 \ 模块五任务 1 \ 导航文字 .jpg”文件，如图 5—11 所示将文字移动到相应位置，至此，第一部分的导航条完成。

图 5—10

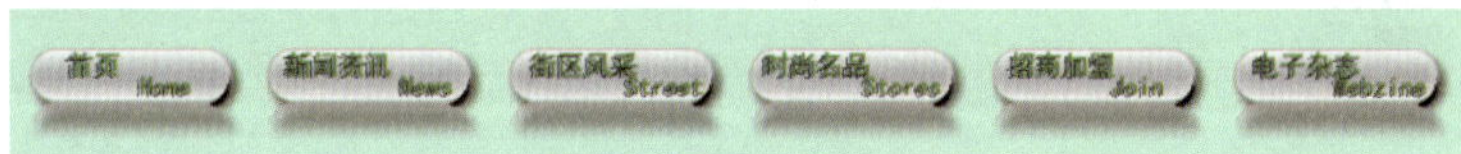

图 5—11

步骤 10：选择工具箱中的“圆角矩形工具”，绘制圆角矩形，生成图层“形状 2”。双击“形状 2”的图层缩览图，弹出“图层样式”对话框，在对话框中勾选“投影”选项，为图像添加投影效果，参数设置如“步骤 3”。

步骤 11：在“图层样式”对话框的左侧选择“内发光”选项，设置“不透明度”为“93”，“大小”为“2 像素”，如图 5—12 所示，点击“确定”按钮。

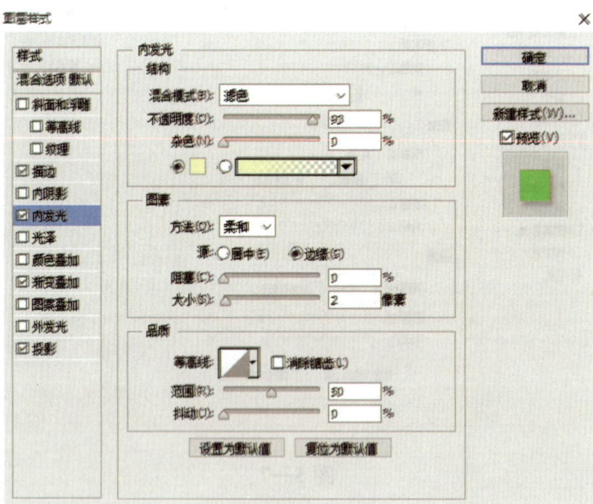

图 5—12

步骤 12：在对话框中勾选“颜色叠加”选项，设置颜色为“R：0，G：208，B：2”，如图 5—13 所示。在对话框中勾选“描边”选项，颜色选取深青色，大小设置为 1 像素。如图 5—14 所示。

步骤 13：右击“形状 2”图层，按快捷键“Ctrl＋J”复制图层，双击复制好的图层“形状 2 副本”，在弹出的“图层样式”中勾选“渐变叠加”选项，单击“渐变”选项栏，在弹出的“渐变编辑器”中将渐变颜色设置为“R：255，G：30，B：106”，如图 5—15 所示。

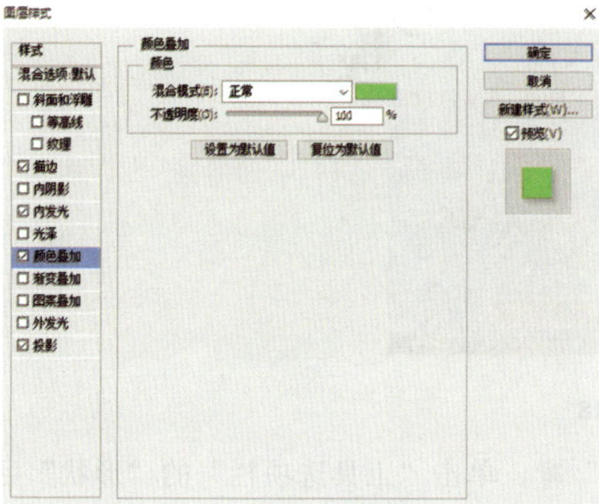

图 5—13

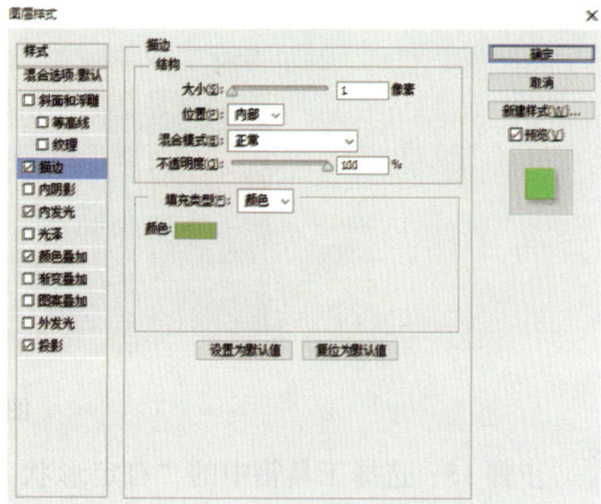

图 5—14

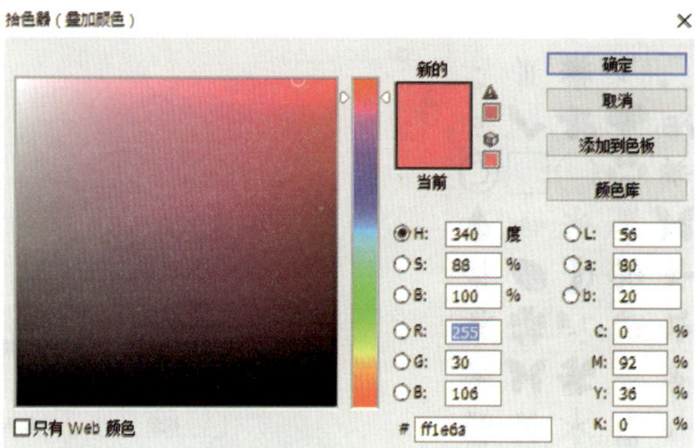

图 5—15

步骤 14： 重复"步骤 13"，再复制两个图层，并编辑"颜色叠加"图层样式，设置"R：231，G：25，B：255"，如图 5—16；设置"R：18，G：153，B：239"，如图 5—17 所示。初步效果如图 5—18 所示。

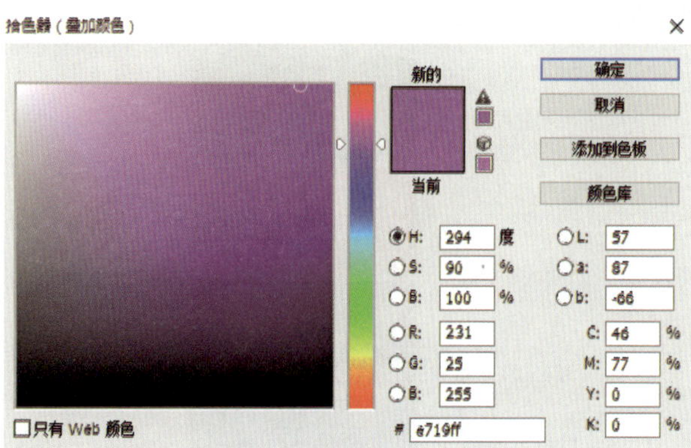

图 5—16

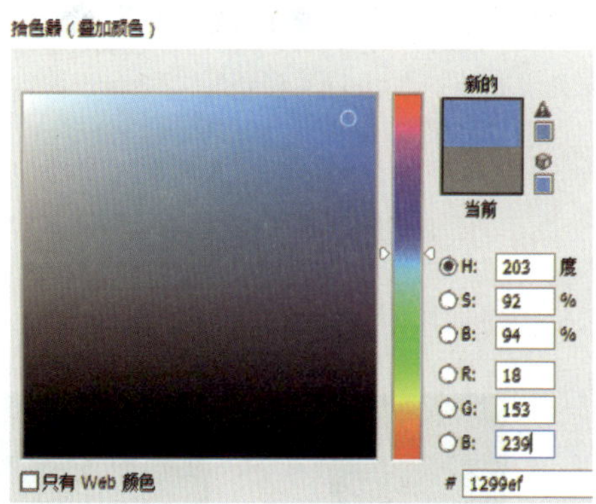

图 5—17

图 5—18

步骤 15：选择工具箱中的“自定形状工具”，单击“工具选项栏”的“形状”后的下拉键，弹出“自定义形状拾色器”。单击右侧的下拉键，如图 5—19 所示。选择“全部”选项，在弹出的如图 5—20 所示的对话框中，单击“追加”，则完成自定义形状的添加。

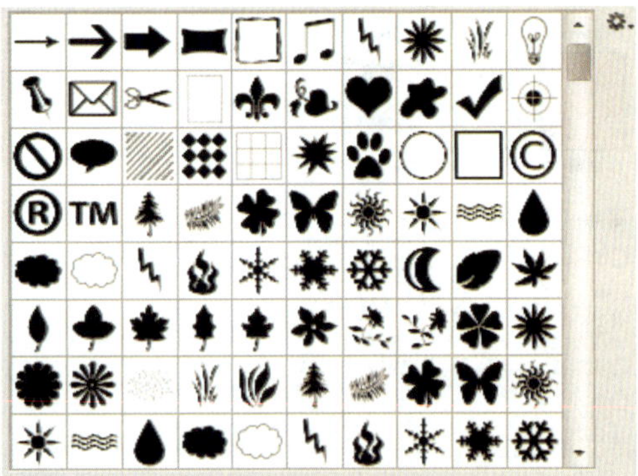

图 5—19

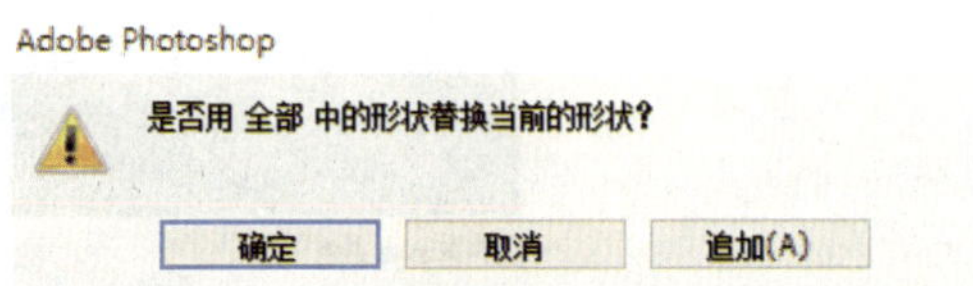

图 5—20

步骤 16：在“形状”下拉列表中选择“蝴蝶”，按“Ctrl+T”向右旋转，按“Enter”键即出现如图 5—21 所示的变换效果。在“图层调板”中将“不透明”调整为 50%，并按快捷键“Ctrl+J”再复制三个小草，移动到合适的位置。在下拉列表中先后选择“草”、“太阳”以及“花”，绘制效果如图 5—22。

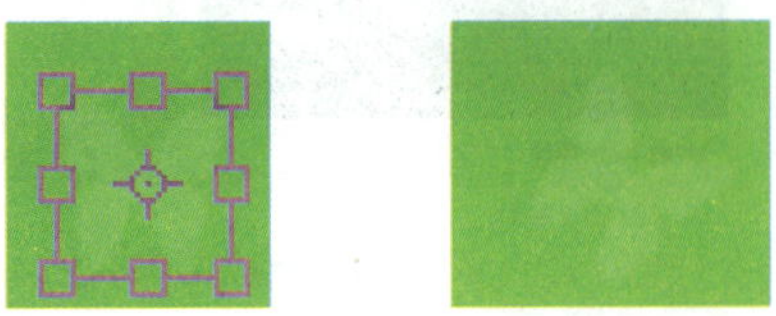

图 5—21

图 5—22

步骤 17：使用矩形工具▭，绘制如图 5—23 所示大小的矩形图像，并编辑图层样式。双击当前图层右侧空白处，在弹出的图层样式中选择“渐变叠加”对话框，参照编辑“渐变”颜色参数，如图 5—24 所示。

步骤 18：编辑“描边”图层样式，颜色设为“深黄色”，“大小”为“1 像素”。编辑“内发光”图层样式，设置参数如图 5—25、图 5—26 所示。按“Ctrl+J”复制 9 个该图层，效果如图 5—27 所示。

图 5—23

图 5—24

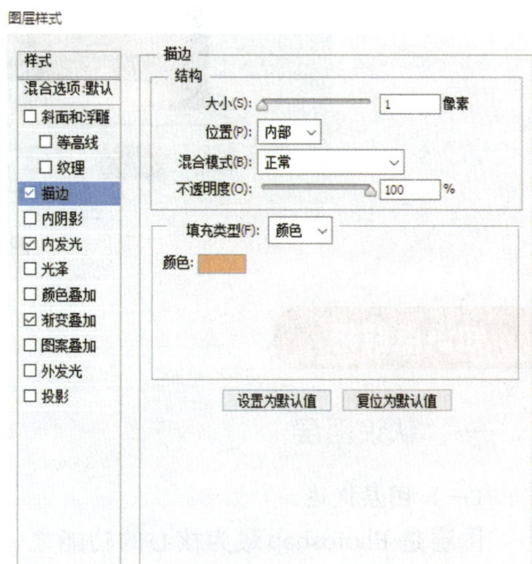

图 5—25

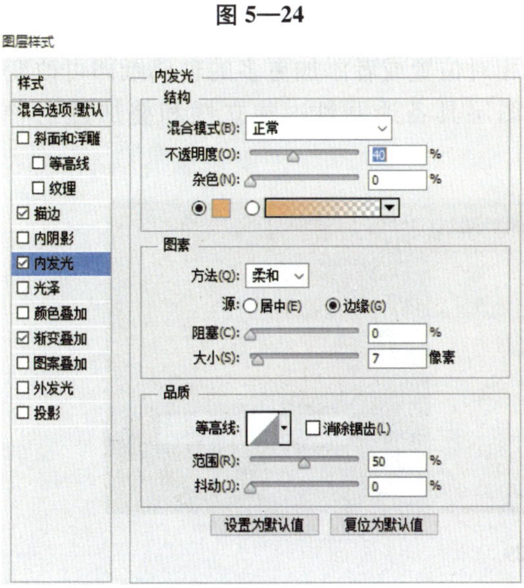

图 5—26

图 5—27

步骤 19：打开“素材\模块五\右侧文字.jpg”文件，将其移动到合适位置，最终效果如图 5—28 所示。

图 5—28

知识点解析

一、认识图层

（一）图层概述

图层是 Photoshop 最为核心的功能之一，可以把图层看作一张张透明的玻璃纸，对每个图层上的图像进行单独的编辑，透过上层的玻璃纸可以看见下层玻璃纸上的内容，但是无论在上一层如何设计都不会影响到下一层的玻璃纸，只会遮挡住下层的图像，最后将玻璃纸叠加起来，通过移动各层玻璃纸的相对位置或者添加更多的玻璃纸即可改变最后的合成效果，如图 5—29 所示。因此，图层具备透明性、独立性和叠加性三种特性。

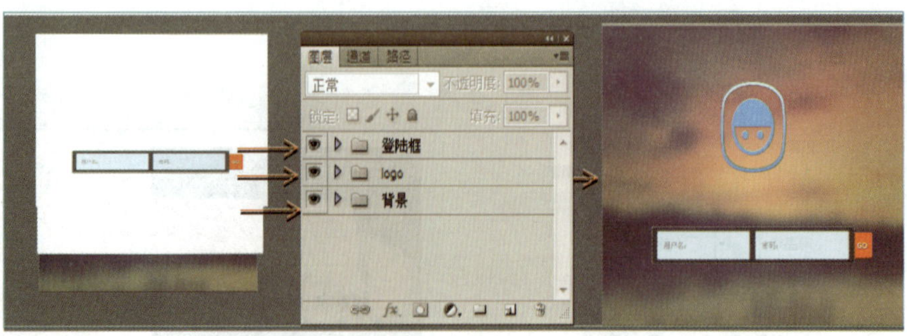

图 5—29

（二）图层面板

“图层”面板可用来创建、编辑和管理图层，以及为图层添加样式、设置图层的不透明度和混合模式。选择“窗口”>“图层”命令或者按“F7”键，打开“图层”面板，如图 5—30 所示。所有的图层都存储在“图层”面板中，图层的所有信息都会在“图层”面板中显示。

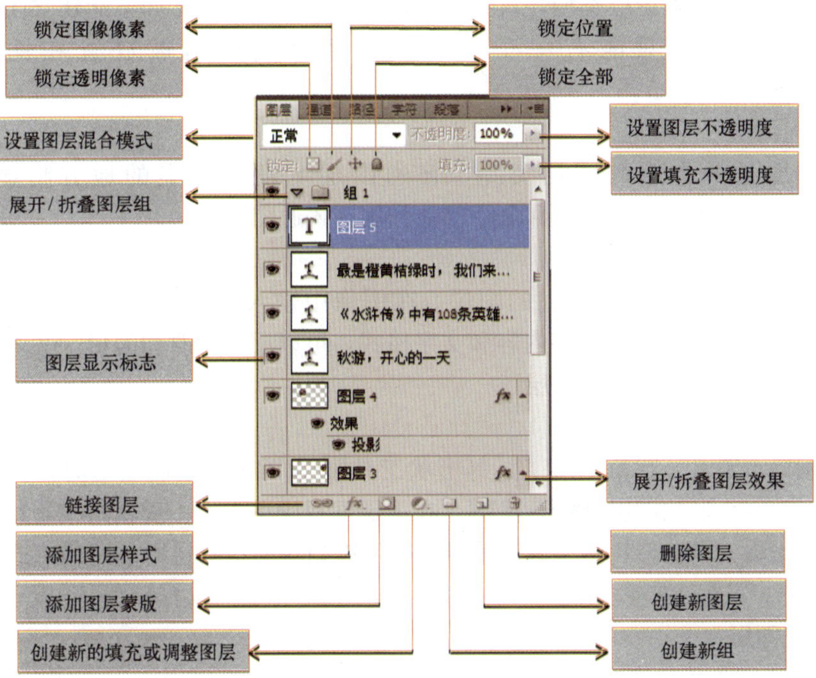

图 5—30

单击“图层”面板右侧的按钮，弹出命令菜单，如图 5—31 所示，可以完成如下命令：新建图层、复制图层、删除图层、删除隐藏图层等。选择“图层”面板中的“面板选项”命令，弹出“图层面板选项”对话框，如图 5—32 所示，在该对话框中可以设置图层缩览图的大小，也可以在“图层”面板中图层下方空白处右击，在弹出的快捷菜单中设置缩览图的效果。

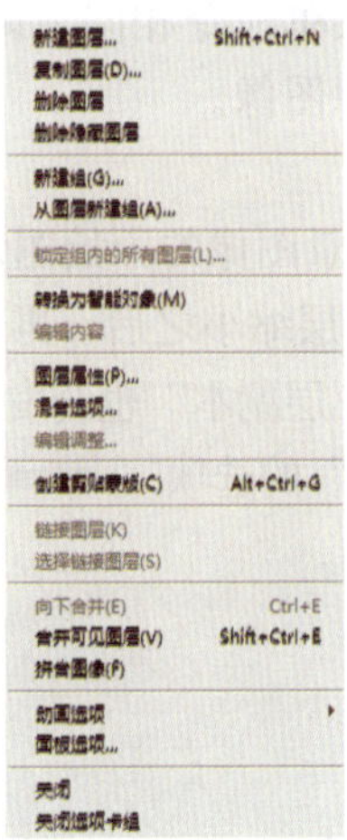

图 5—31

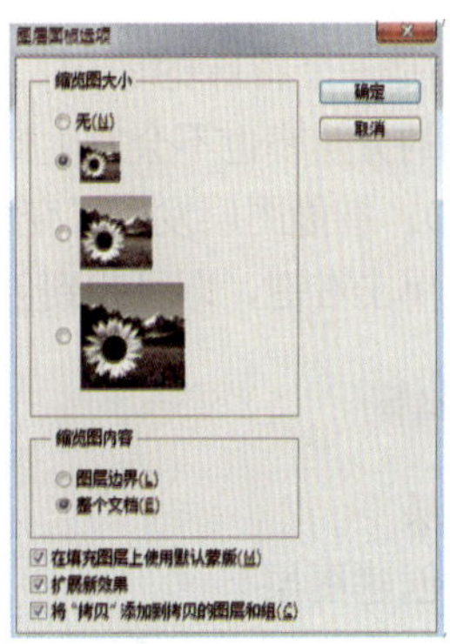

图 5—32

（三）图层类型

“图层”面板中每个类型图层的作用和适用范围都不一样，分为背景图层、普通图层、文本图层、形状图层、填充图层、调整图层和智能对象图层等图层类型。

1. 背景图层

背景层是最基本的图层类型，背景层的很多操作被限制（比如不能建立图层蒙版等），一个图像文档最多只能有一个背景层，背景层永远被放置在面板的最下层。

2. 普通图层

普通图层是最常用的图层类型，普通图层上没有图案的地方将显示为透明，绝大多数的工具和命令都能作用在普通图层上。

3. 文本图层

文本图层是用文本工具建立的图层。在图像中输入文字，就会自动产生文本图层。文本图层含有文字内容和文字格式，可以反复修改和编辑。文本图层可以通过“栅格化文字”转换成普通图层。

4. 形状图层

当使用矩形工具、圆角矩形工具等形状工具在图像中绘制图形时，就会在图层面板中自动产生一个形状图层。在图层面板中单击选中剪辑路径预览缩略图，通过各种路径编辑工具对形状图层进行编辑，也可以删除形状图层中的路径，或者隐藏和关闭路径。

5. 填充图层

填充图层主要用于对图像进行颜色调整，在图层的上方作用于下方所有图层的颜色，有纯色、渐变和图案三种样式。填充图层可以使用不同的颜色调整方式来调整下方图层中图像的颜色，源图像不会被破坏，填充图层可以随时更改或删除。填充图层结合铅笔工具，可以制作斜纹背景。

6. 调整图层

调整图层用来生成一个独立的色彩调整图层，比如调整亮度/对比度。调整图层可以对图像进行各种色彩调整，效果与执行调整菜单命令相同。调整图层为独立的图层，作用于下方图层，可以随时更改或删除，不影响源图像。

7. 智能对象图层

智能对象图层是一个特殊的图层，用于保存位图或矢量图像的原始图像数据，对其放大缩小之后，该图层的分辨率也不会发生变化（区别：普通图层缩小之后，再去放大变换，就会发生分辨率的变化）。智能图层发生了变化，对应的“智能图层副本”也会发生相应的变化。在图层的文字名称上单击右键，即可找到创建“智能对象图层”的选项。

二、图层操作

（一）新建图层

1. 通过按钮创建图层

单击“图层”面板下方的“创建新图层”按钮，如图 5—33（1）所示，即可在现有图层的上方创建一个新的图层，所得到的新建图层自动成为当前图层，如图 5—33（2）所示。

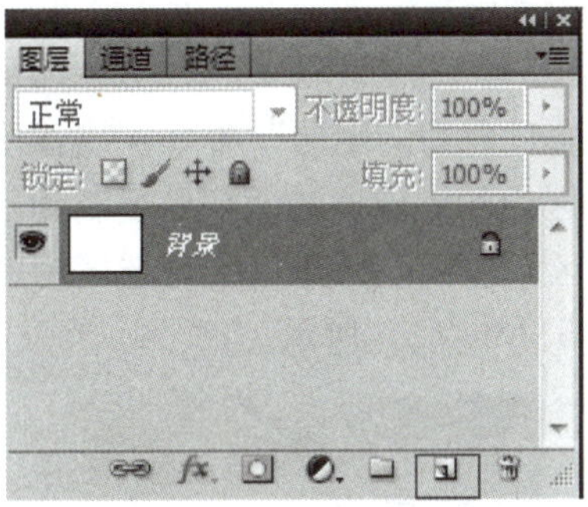

(1)

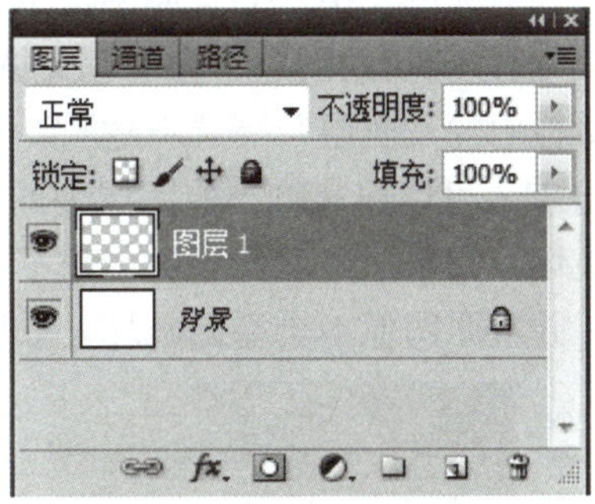

(2)

图 5—33

> 提示：所有图层都是显示在“背景”图层上方的，在“背景”图层下面不能创建图层。如果需要在某一图层的下方创建新图层（背景层除外），则按住 Ctrl 键的同时单击“新建图层”按钮即可。

2. 通过“新建”命令创建图层

在创建图层的时候，如果需要设置图层的名称、颜色、混合模式等图层属性，可以通过执行“图层”>“新建”>“图层”命令来完成，或者按住“Alt”键单击“创建新图层”按钮，在弹出的“新建图层”对话框中进行设置，如图 5—34 所示。

新建图层时，如果要设置图层颜色，可以在“新建图层”对话框中的颜色来标记不同的图层，或者在图层左侧的显示标志处右击，如图 5—35 所示，这种颜色标记图层的方法在 Photoshop 中被称为颜色编码。不同属性的图层颜色编码不同，以方便区别其他图层。

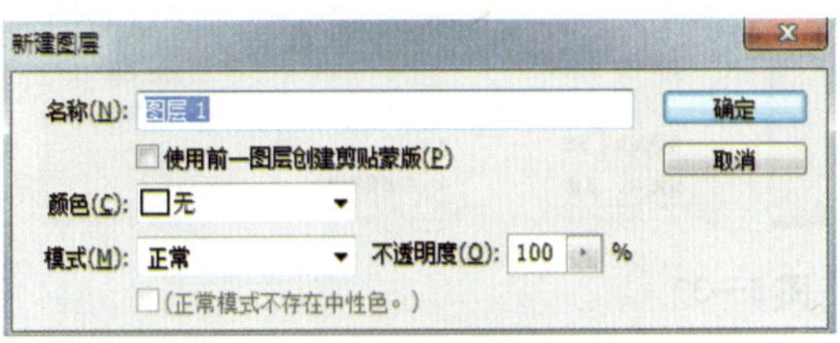

图 5—34

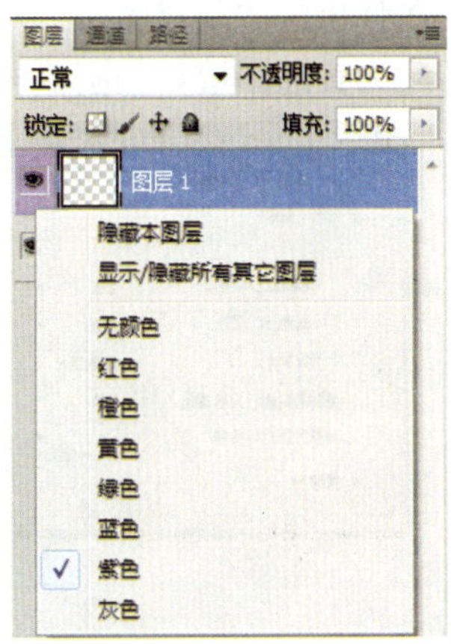

图 5—35

3. 使用“通过复制的图层”命令创建图层

选择菜单栏中的“图层”>“新建”>“通过拷贝的图层”命令，或者使用“Ctrl+J”

组合键，可以快速复制当前图层。如果在当前图层中创建了选区，执行该操作后会将选区中的内容复制到新建图层中，并且原图像不会受到破坏，如图 5—36（1）所示。

4. 使用“通过剪切的图层”命令创建图层

选择菜单栏中的“图层”＞“新建”＞“通过剪切的图层”命令，或者使用“Shift＋Ctrl＋J”组合键，可以快速将当前图层中的选区内的图像通过剪切后复制到新图层中，此时原图像被破坏。如果在当前图层中创建了选区，执行该操作后会将选区中的内容复制到新建图层中，并且原图像不会受到破坏，如图 5—36（2）所示。

(1)　　　　(2)

图 5—36

（二）背景图层转换为普通图层

在新建文档时，会弹出“新建”对话框，可以通过选择对话框“背景内容”中的选项来创建白色、透明、背景色三种背景图层。背景图层不能设置任何图形属性，也不能添加任何效果。如果要对背景图层添加属性或效果，必须将其转化成普通图层。可以双击背景图层，在弹出的“新建图层”对话框中输入新建图层的名字，单击“确认”按钮，背景图层就转化为普通图层，如图 5—37 所示。

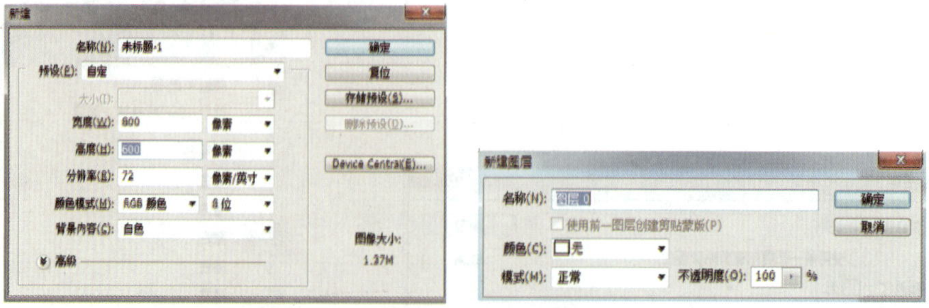

图 5—37

提示：按“Alt”键并双击“背景图层”，可以不必打开“新建图层”对话框而直接将其转化为普通图层。

（一）选择图层

1. 选择多个图层

如果想要选择多个相邻的图层，可以单击第一个图层，然后按“Shift”键再单击最后一个图层，如图 5—38 所示。如果想要选择多个不相邻的图层，可以按“Ctrl”键单击所需图层，如图 5—39 所示。

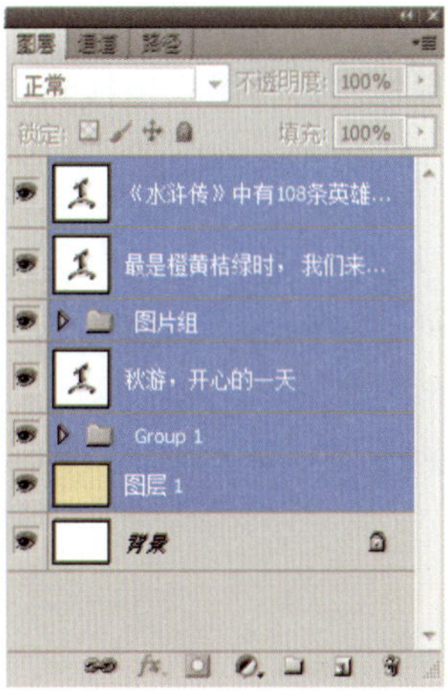

图 5—38

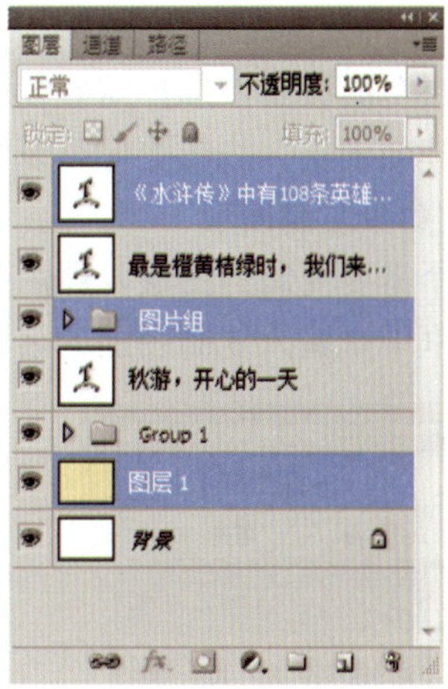

图 5—39

提示：执行“选择”>“所有图层”命令，可以选中“图层”面板中的所有图层；执行“选择”>“相似图层”命令，可以选中“图层”面板中的所有属性相似的图层。

2. 选择链接的图层

选择需要将其链接在一起的图层，然后单击“图层”面板下方的链接按钮，可以链接多个相邻的图层，也可以链接多个不相邻的图层，如图 5—40 所示。

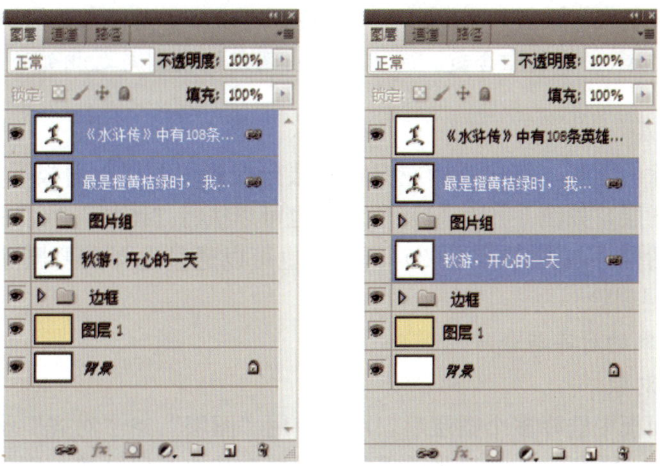

图 5—40

提示：如果要取消链接图层，单击“图层”面板下方的链接按钮，即可取消链接。如果不想选择任何图层，可在“图层”面板空白处单击或者执行“选择”>“取消选择图层”命令。

（二）复制图层

1. 在面板中复制图层

在“图层”面板中，选择需要复制的图层，按住鼠标左键将图层拖拽到“图层”面板下方的“创建新图层”按钮上即可复制图层，如图5—41所示。

2. 通过命令复制图层

选择一个需要复制的图层，然后执行“图层”>“复制图层”命令，在弹出的“复制图层”对话框中，输入复制图层的名称，单击“确认”按钮即可，如图5—42所示。

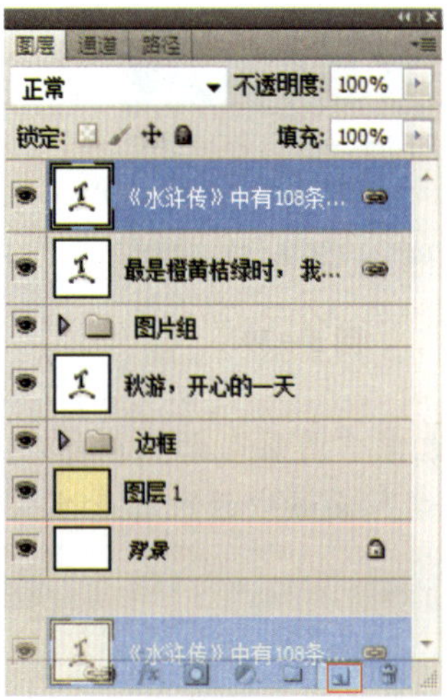

图 5—41

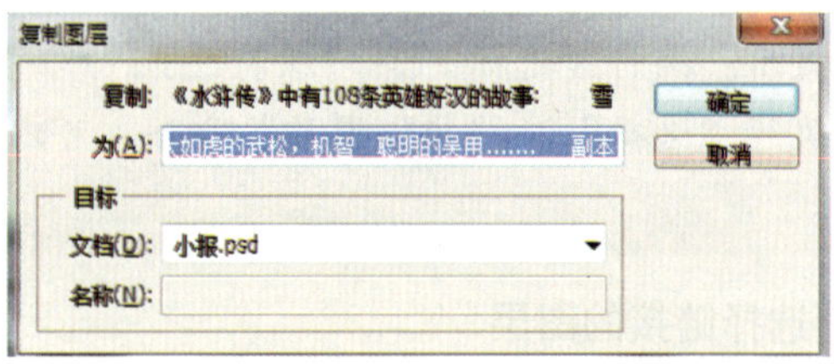

图 5—42

提示：英文模式下，按“Alt+]”组合键，可以从当前图层切换到与之相邻的上一个图层；按“Alt+［”组合键，可以从当前图层切换到与之相邻的下一个图层。

（三）删除图层

选择需要删除的图层，按住鼠标左键将图层拖拽到“图层”面板下方的“删除图层”按钮上即可删除图层，如图5—43（1）所示；也可以执行“图层”>“删除”下拉菜单中的命令，弹出对话框，如图5—43（2）所示；也可以通过选择需要删除的图层，然后按“Delete”键将图层删除。

（四）图层对象的对齐与分布

1. 对齐图层对象

在“图层”面板中选择多个图层后，可以使用“图层”>“对齐”子菜单中的命令将它们对齐，如图5—44所示。如果当前选择的图层与其他图层链接，则可以对齐与之链接的所有图层。顶边、左边对齐效果如图5—45、图5—46所示。

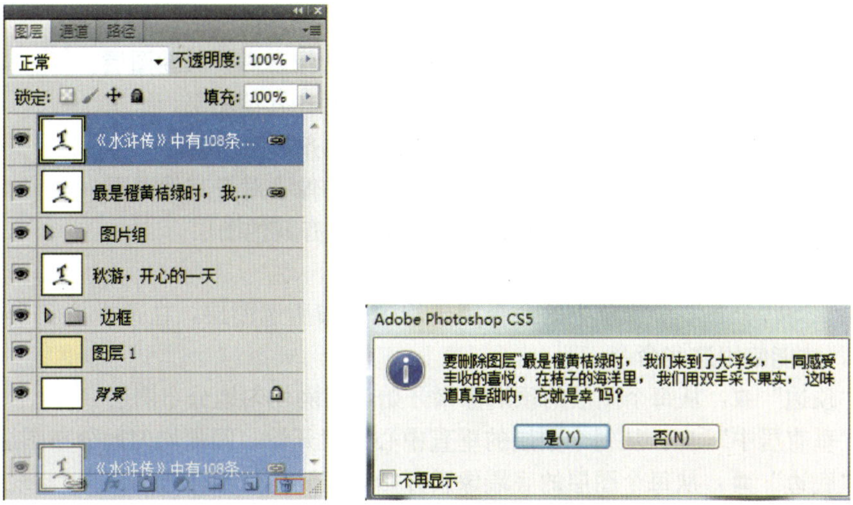

图 5—43

图 5—44

图 5—45

图 5—46

(1)“顶边”：基于所选图层中最顶端的像素对齐其他图层。

(2)“垂直居中”：基于所选图层中垂直中心的像素对齐其他图层。

(3)“底边”：基于所选图层中最底端的像素对齐其他图层。

(4)“左边”：基于所选图层中最左侧的像素对齐其他图层。

(5)“水平居中”：基于所选图层中水平中心的像素对齐其他图层。

(6)“右边”：基于所选图层中最右侧的像素对齐其他图层。

2. 分布图层对象

“图层”>“分布”子菜单中的命令用于均匀分布所选图层，在选择了三个或者更多的图层时，才能使用这些命令。

(1)“顶边”：从每个图层的顶端像素开始，间隔均匀地分布图层。

(2)“垂直居中”：从每个图层的垂直中心像素开始，间隔均匀地分布图层。

(3)“底边”：从每个图层的底端像素开始，间隔均匀地分布图层。

(4)“左边”：从每个图层的左端像素开始，间隔均匀地分布图层。

(5)“水平居中”：从每个图层的水平中心开始，间隔均匀地分布图层。

(6)“右边”：从每个图层的顶端像素开始，间隔均匀地分布图层。

(五) 图层组

1. 创建图层组

如果要创建一个新的图层组，可以通过单击“图层”面板中的“创建新组”按钮完成，也可执行“图层”>“新建”>“组”命令，在弹出的“新建组”对话框中进行设置，如图 5—47 所示。

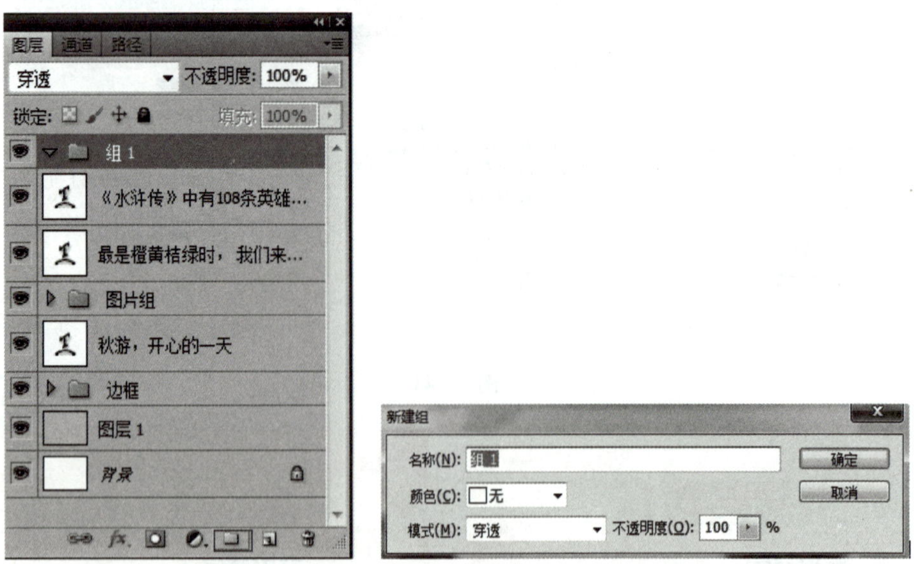

图 5—47

2. 将图层移入和移出图层组

(1) 选择要移入组的图层，然后将这些图层拖拽至组中，如图 5—48 所示。

(2) 选择要移出组的图层，然后将这些图层拖拽出组外，如图 5—49 所示。

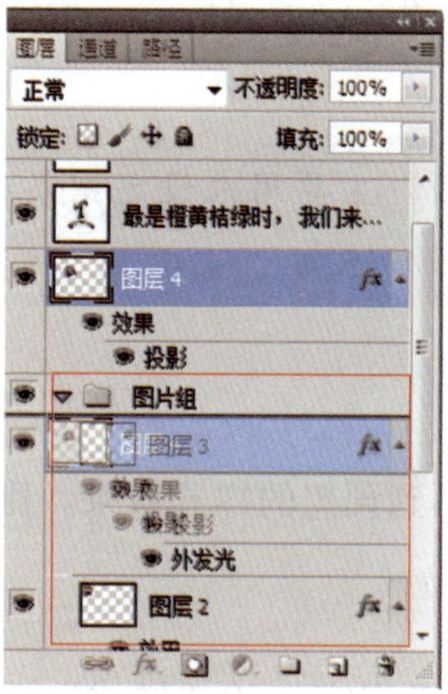

图 5—48

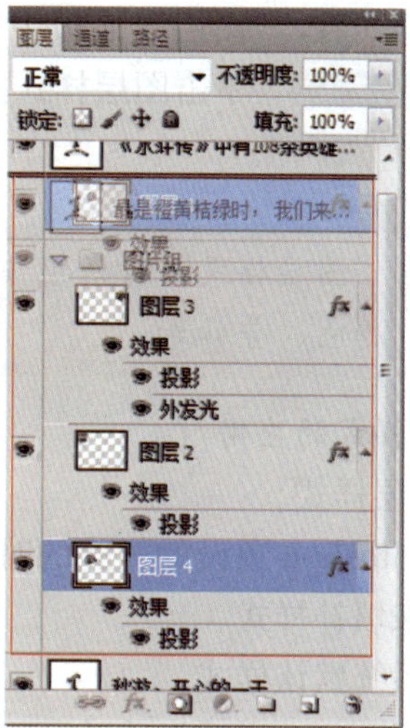

图 5—49

三、图层样式

Photoshop CS6 中的图层样式是对图层本身做的一些修饰和效果，例如阴影、外发光、描边、浮雕等。运用图层样式对图层进行的效果编辑是不破坏原图像的效果的，这可以使设计者在使用 Photoshop CS6 时更加灵活自如。图层样式可以应用于所有的普通图层，但是“背景图层”和图层组是不可以应用图层样式的，要应用图层样式须先将“背景图层”转化为普通图层，然后再应用图层样式。

（一）图层样式的介绍

选择图层，执行“图层”>“图层样式”命令，在下拉菜单中选择某个效果，或者双击该图层，在弹出的“图层样式”对话框中包括两个部分：各种图层样式效果和每种样式的具体设置，如图 5—50 所示。或者选择图层后，在“图层”面板的下方按钮区单击“添加图层样式”按钮 fx，在打开的下拉菜单中选择某个效果，如图 5—51 所示。

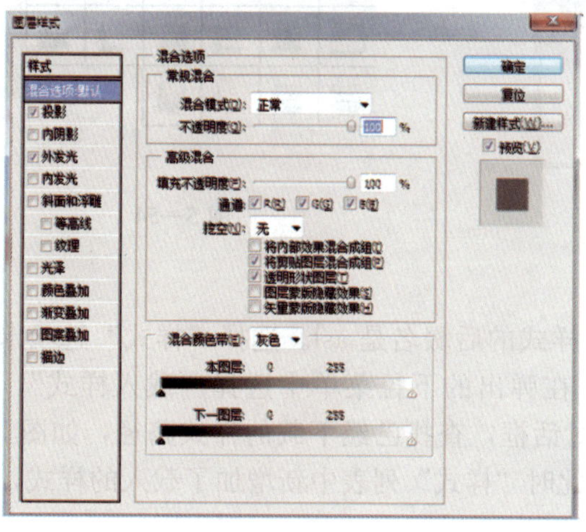

图 5—50

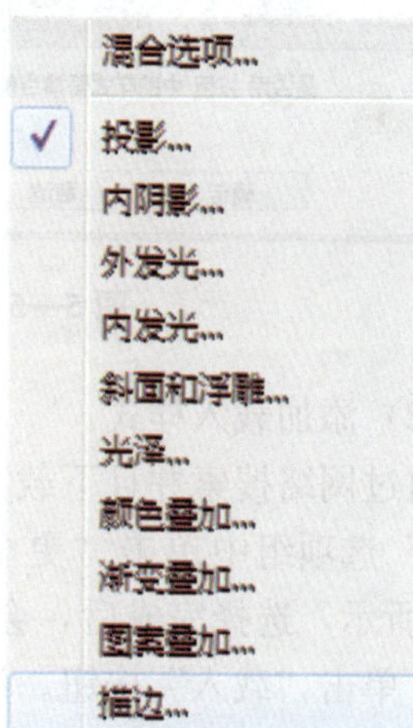

图 5—51

选择图层样式后，“图层”面板中的图层上将会出现图层样式图标和包含使用过的图层列表，单击图层样式图标右侧的按钮，可以将图层中使用过的图层样式列表折叠或展开。

> 提示：在“图层样式”对话框中，“混合选项”主要用来设定图层的混合模式，如正片叠底、滤色、叠加等。

（二）图层样式的应用

1. 添加图层样式

在使用 Photoshop 预设的样式的时候，如果找不到预想的样式效果，则可以通过创建新的图层样式来填补样式。

（1）添加系统默认样式。

执行“图层”>“样式”命令，或者直接选择操作窗口的“样式”选项卡，在“样式”选项组中单击“更多”按钮，如图 5—52 所示，在弹出的下拉菜单中可以根据需要选择样式。选择完成后，会弹出提示对话框，如图 5—53 所示，单击“追加”按钮。设置完成后，此“样式”列表中新增加了刚才设置的样式，如图 5—54 所示。

图 5—52

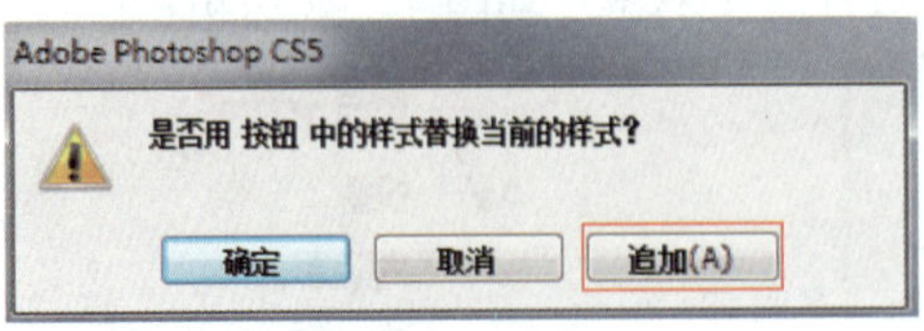

图 5—53

图 5—54

（2）添加载入样式。

通过网络搜索并且下载需要的样式，样式的后缀名是 asl。选择“样式”选项卡，在“样式”选项组中单击“更多”按钮，在弹出的下拉菜单中选择“载入样式”，如图 5—55所示，选择完成后，会弹“载入”对话框，查找已经下载的样式路径，如图 5—56 所示，单击“载入”按钮。设置完成后，此时“样式”列表中新增加了载入的样式，如图 5—57 所示。

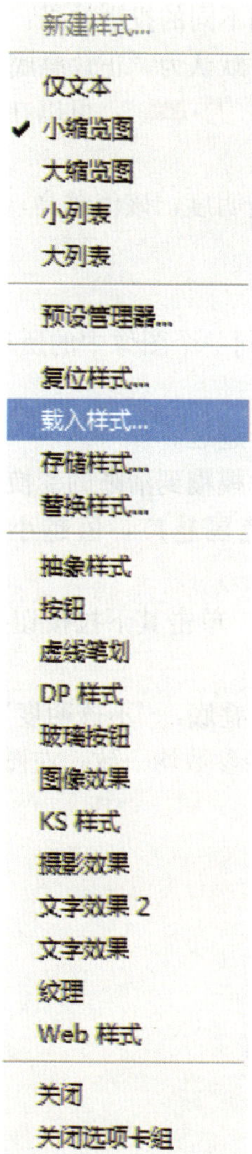

图 5—55

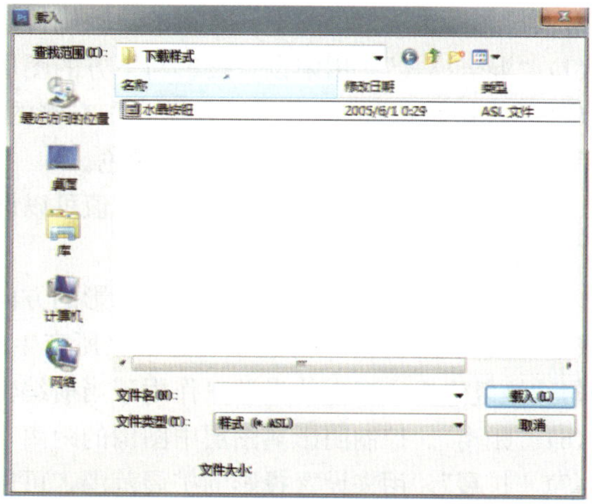

图 5—56

图 5—57

2. 投影

“投影”效果就是通过对角度的设置来模仿光照效果，给图形添加阴影，使其产生立体的效果，打开素材“顾恺”，对“投影颜色”、“距离”、“大小”进行参数设置，如图 5—58 所示。

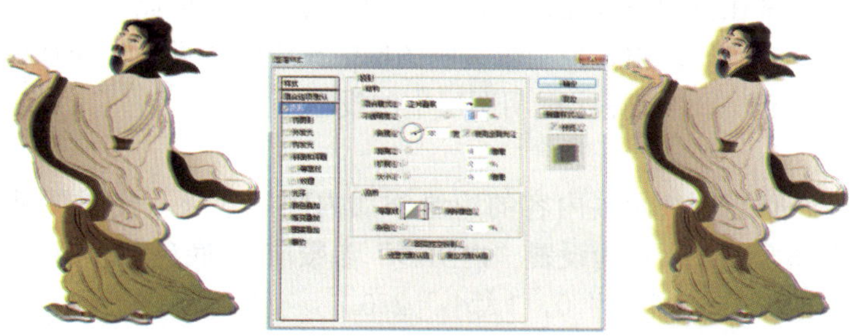

图 5—58

通过对“投影”选项栏里的不同选项的参数进行设置，可以得到不同的投影效果：

（1）“混合模式”。用来设置投影与下方的图层的混合方式，默认为“正片叠底”。

（2）“投影颜色”。单击“混合模式”右侧的色块，可以在弹出的“选择阴影颜色”对话框中设置投影的颜色。

（3）“不透明度”。拖动滑块或输入数值可以设置投影的不透明度，该值越高，投影越深；值越低，投影越浅。

（4）“角度”。用来设置光照角度及投影的方向。

（5）“使用全局光”。勾选该复选框，所产生的光源作用于同一个图像中的所有图层。取消勾选该复选框，产生的光源只作用于当前编辑的图层。

（6）“距离”。控制阴影离图层中图像的距离，值越高，投影越远。

（7）“扩展”。用来设置投影的扩展范围，可以使边界进行由模糊到清晰的变换。

（8）“大小”。用来设置投影的模糊范围，值越高模糊范围越广，值越小投影越清晰。

（9）“等高线”。应用这个选项可以使图像产生立体的效果。单击其下拉按钮会弹出等高线窗口，从中可以根据图像选择适当的模式。

图 5—59 是不同等高线设置的对比结果。“混合模式”正片叠底，“不透明度”70%，“角度”90，“距离”17 像素，“扩展”0，“大小”20 像素，这些参数均一致，左图是默认情况下的等高线设置结果，右图是调整后的等高线设置结果。

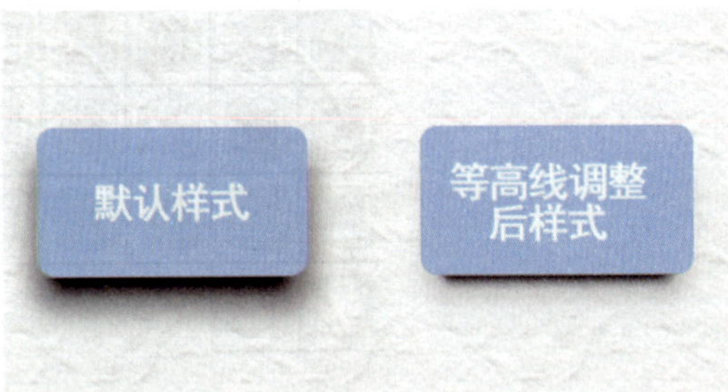

图 5—59

等高线设置如图 5—60 所示，对比如下：

（1）“消除锯齿”。勾选该复选框，在用固定的选区做一些变化时，可以使变化的效果不至于显得很突然，可使效果过渡变得柔和。

（2）“杂色”。用来在投影中添加杂色，该值较高时，投影将显示为点状。

（3）“用图层挖空投影”。用来控制半透明图层中投影的可见性。勾选该复选框后，如果当前图层的填充小于 100%，则半透明图层中的投影不见。

3. 内阴影

应用“内阴影”可以围绕图层内容的边缘添加内阴影效果，使图层呈凹陷的外观效果，增强精致感。图 5—61 所示为设置“内阴影”参数前，“底色”#8a0f08；图 5—62 所示为添加内阴影后的图层，“距离”0，“大小”250。

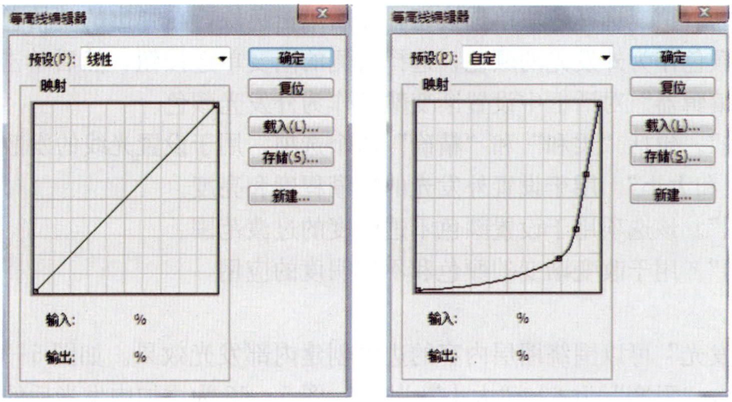

图 5—60

图 5—61

图 5—62

提示：与投影相比，对话框中的参数只有“扩展”改成了“阻塞”，这是一个和扩展相似的功能，但它是扩展的逆运算。扩展是将阴影向图像或选区的外面扩展，而阻塞则是向图像或选区的里边扩展。

4. 外发光

应用“外发光”可以围绕图层内容的边缘创建外部发光效果，打开素材“草莓”，进行外发光参数设置，“不透明度”为 70，“扩展”为 70，“大小”为 7，如图 5—63 所示。

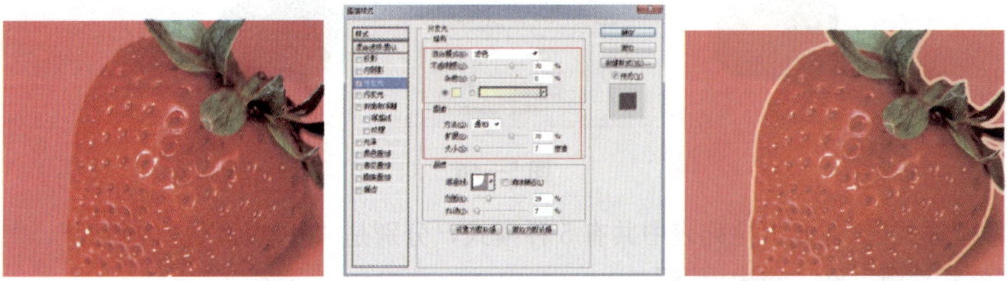

图 5—63

外发光界面中各项的含义如下：

（1）“可选颜色”。选择色块单选按钮，然后单击色块，在弹出的“拾色器”对话框中可以选择一种颜色作为外发光的颜色；选择右侧的渐变单选按钮，然后单击渐变条，可在弹出的“渐变编辑器”对话框中设置渐变颜色作为外发光颜色。

（2）“方法”。包括“柔和”和“精确”两个选项，用于设置光线的发散效果。

（3）“扩展和大小”。用于设置外发光的模糊程度和亮度。

（4）“范围”。该选项用于设置颜色不透明度的过渡范围。

（5）“抖动”。用于改变渐变的颜色和不透明度的应用。

5. 内发光

应用“内发光”可以围绕图层内容的边缘创建内部发光效果。如图 5—64 所示，设置“内发光”参数，“阻塞”为 69，“大小”为 68；图 5—65 为添加内发光后的效果。

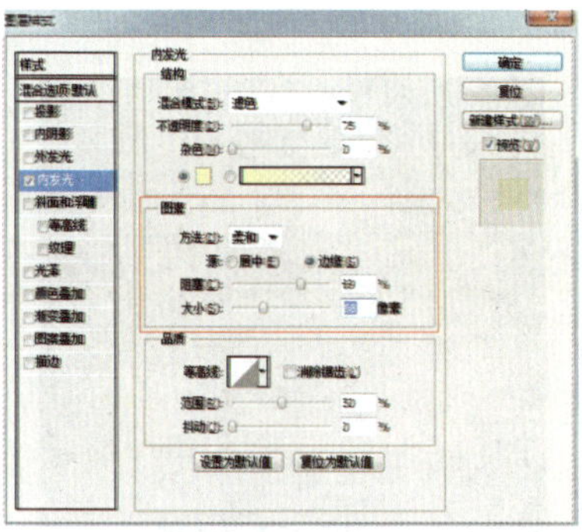

图 5—64

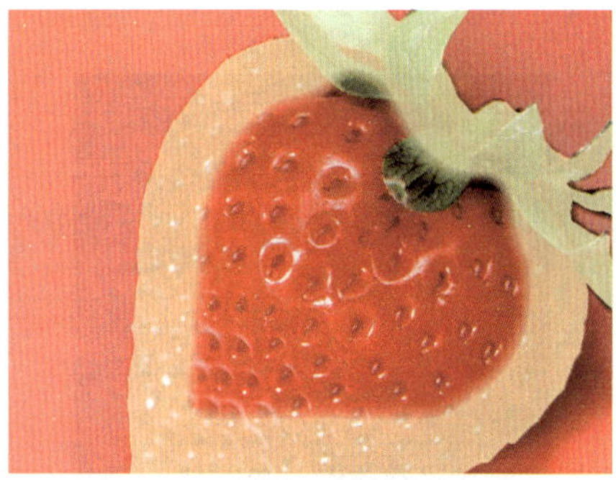

图 5—65

提示：与“外发光”相比，对话框中的参数“扩展”改成了“阻塞”。

6. 斜面和浮雕

效果是通过对图像添加高光和阴影，使其显示出一种立体的效果。打开素材“绿叶”，进行参数设置，“样式”为内斜面，“方法”为雕刻清晰，“深度”为 200，“方向”为上，“大小”为 20，如图 5—66 所示。

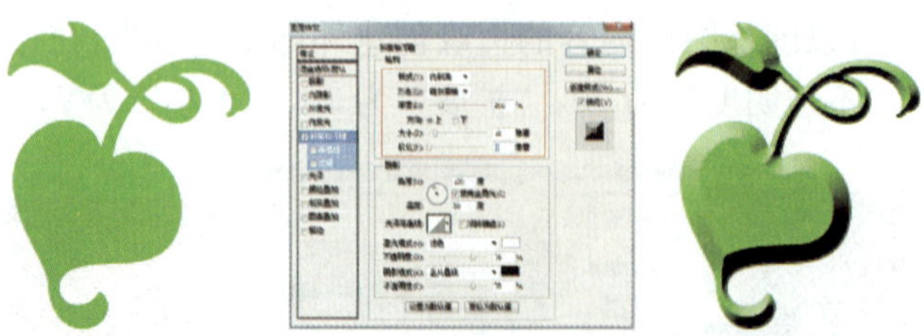

图 5—66

（1）“样式”。在此下拉列表中共有 5 种模式，分别是“外斜面”、“内斜面”、“浮雕效果”、“枕状浮雕”和“描边浮雕”。

（2）“方法”。在此下拉列表中有 3 个选项，分别是“平滑”（边缘过渡柔和）、“雕刻清晰”（边缘变化明显）、“雕刻柔和”（边缘色彩变化柔和）。

(3)“深度”。控制效果的颜色深度，数值越大，得到的阴影越深；数值越小，得到的阴影颜色越浅。

(4)“方向”。包括上下两个方向，用来切换亮度和阴影的方向。

(5)“大小”。设置斜面和浮雕中阴影面积的大小。

(6)“软化”。设置斜面和浮雕的柔和程度，该值越高，效果越柔和。

(7)“高度”。光源与水平面的夹角。

(8)“使用全局光”。决定应用于图层效果的光照程度。可以定义一个全角，应用到图像中所有的图层效果，也可以指定局部角度，仅应用于指定的图层效果。使用全角可以制造出一种连续光源照在图像上的效果。

(9)“光泽等高线”。这个选项的编辑和使用方法与“投影”等高线的编辑方法一样。

(10)“消除锯齿”。勾选该复选框，可以使在用固定的选区做一些变化时，变化的效果不至于显得很突然，可使效果过渡变得柔和。

(11)“高光模式”。相当于在图层的上方有一个带色光源，光源的颜色可以通过右边的颜色方块来调整，它会使图层达到多种不同的效果。

在对话框的左侧勾选“等高线”复选框，可以切换到“等高线”设置界面，如图5—67所示，设置的凹陷、凸起三种效果如图 5—68 所示。

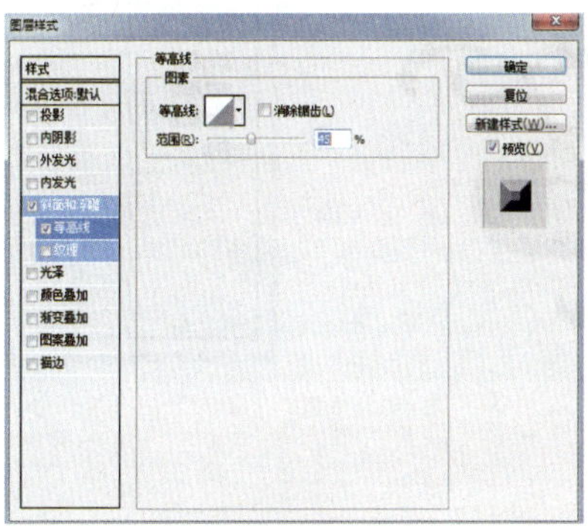

图 5—67

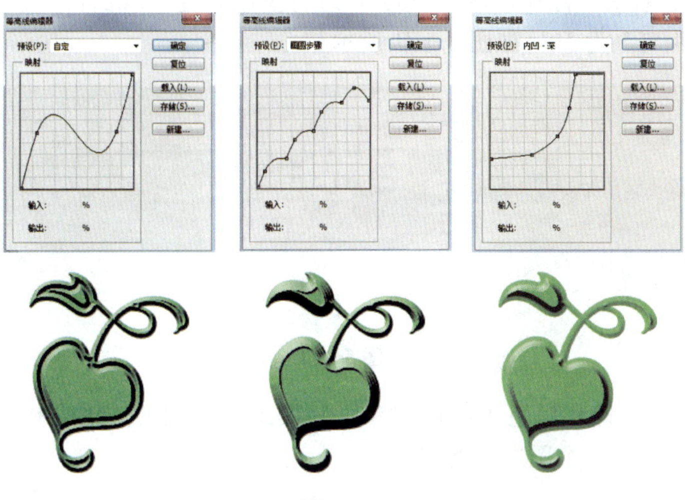

图 5—68

使用“斜面和浮雕”界面的“纹理”可以进行图案的添加，如图 5—69 所示。

在“图案”的下拉列表中选择合适的图案，效果就是按照图案的颜色或者它的浮雕模式进行的，如图 5—70 所示。

(1)“贴紧原点”。单击此按钮可使图案的浮雕效果从图像或者文档的角落开始。

(2)“缩放”。拖动滑块或输入数值可以调整图案的大小。

(3)“深度”。设置图案的纹理应用程度。

(4)“反相”。反转图案纹理的凹凸方向。

(5)“与图层链接”。勾选该复选框可以将图案链接到图层，此时对图层进行变换操作时，图案也会一起变换。在该选项处于勾选状态时，单击“紧贴原点”按钮，可以将图案的原点对齐到文档的原点。如果取消勾选该复选框，则单击“紧贴原点”按钮，可以将原点放在图层的左上角。

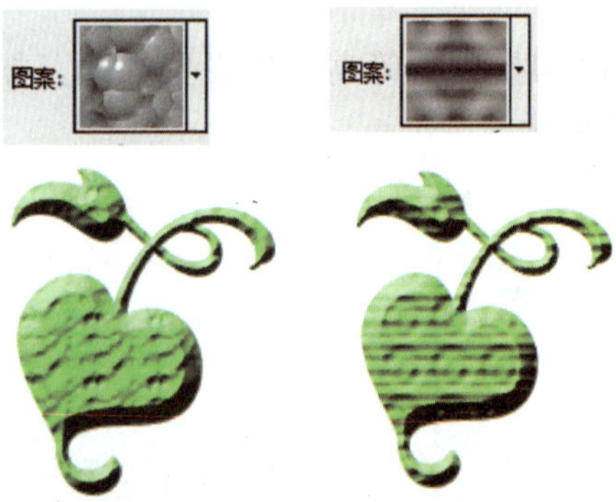

图 5—69

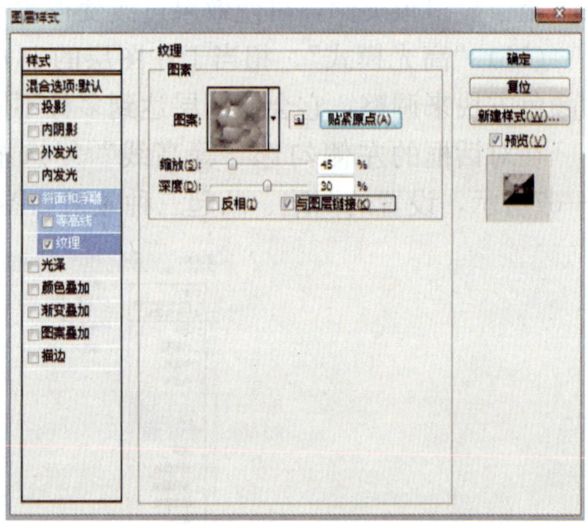

图 5—70

7. 光泽

“光泽”效果可以模拟光线在物体表面产生的映射效果，使图像表面产生像丝绸或金属一样的光滑质感效果，打开素材“圣诞”，进行参数设置，“混合模式”为差值，“不透明度”为 50，“距离”为 10，如图 5—71 所示。

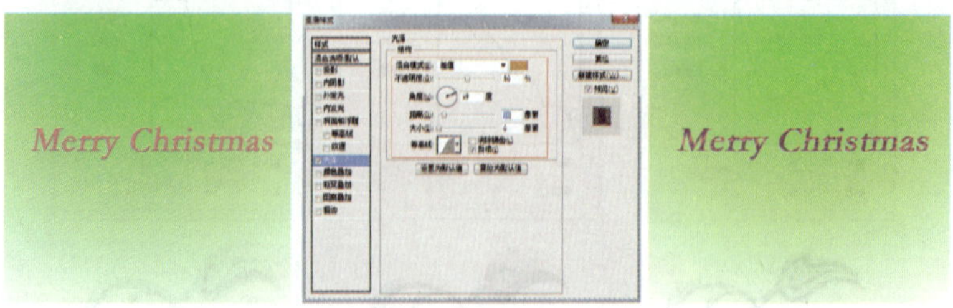

图 5—71

“混合模式”以图像和黑色为编辑对象，其模式与图层的“混合模式”一样，在此，Photoshop 将黑色当做一个图层来处理。

(1)“不透明度”。调整混合模式中颜色图层的不透明度。

(2)“角度”。光照射的角度，控制阴影所在的方向。

(3)“大小”。光照的大小，控制阴影的大小。

(4)“距离”。数值越小，图像上被效果覆盖的区域越大。

(5)“等高线”。同投影。

8. 颜色叠加

“颜色叠加”效果就是将图层原有的颜色与“颜色叠加”选项组中的颜色进行叠加，通过调整不透明度，可以得到新的颜色，如图 5—72 所示。

图 5—72

9. 渐变叠加

“渐变叠加”效果就是将图层原有的颜色与“渐变叠加”选项组中的渐变类型进行叠加以得到新效果，如图 5—73 所示。

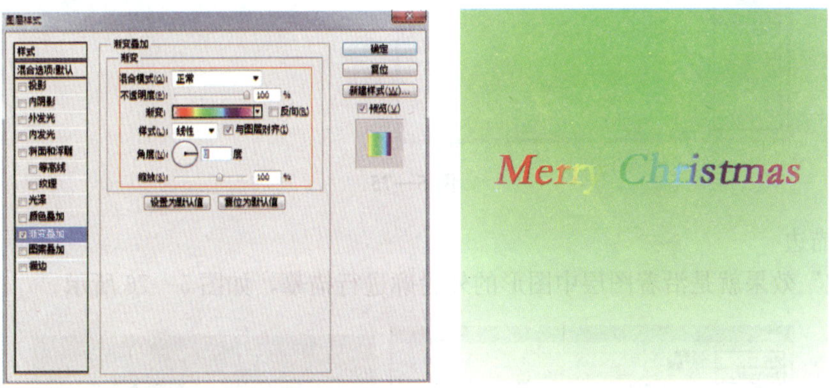

图 5—73

背景的设计经常会使用渐变叠加效果。例如，设置“宽度”和“高度”分别为 1 600 像素和 1 200 像素的文件，背景填充任意颜色，双击背景图层打开混合选项面板，点击“渐变叠加”设置如下参数：“色标”＃fffafa、＃ e3dbce，“样式”径向，“角度”90，效果如图 5—74 所示。

图 5—74

10. 图案叠加

“图案叠加”就是将图层原有的颜色与“图案叠加”选框中的图案进行叠加以得到新效果，如图 5—75 所示。

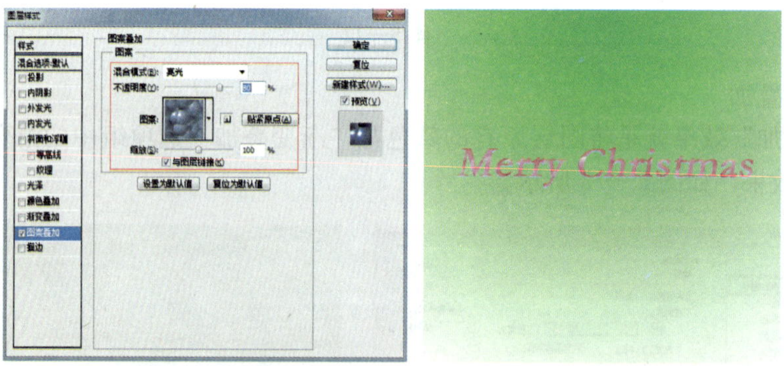

图 5—75

11. 描边

“描边”效果就是沿着图层中图形的外轮廓进行描摹，如图 5—76 所示。

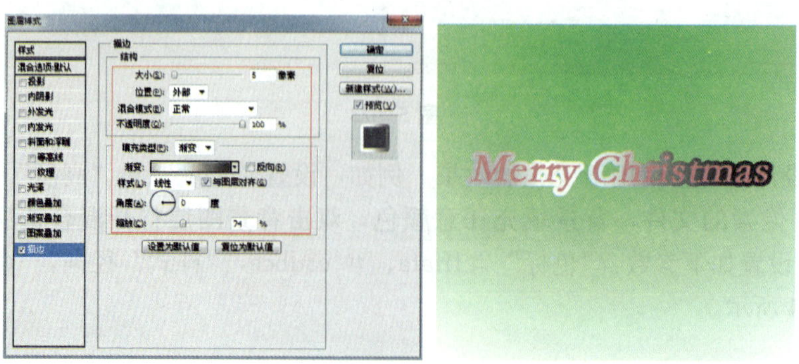

图 5—76

提示：使用“描边”效果时，不仅可以用线条对图形外轮廓进行描摹，还可以使用不同的颜色、图案、渐变对图像进行描边。

立体阴影 Banner（即卷边）的设计在网络媒体中较为常见，如图 5—77 所示。背景条纹的制作参照模块三铅笔工具“条纹背景”的说明，接着进行如下操作：

（1）选择“图层”＞“图层样式”＞“投影”，设“角度”为 90。

（2）分离图层样式：“图层”＞“图层样式”＞“创建图层”。

（3）在图层面板上选定“图层的投影”，按组合键“Ctrl＋T”进行“变形”，将中间部分向上推或者将两边往下拉，“不透明度”调整为 40%。

（4）给该图层添加蒙版，选择“黑白径向渐变”，用鼠标点击中间部分，按“Shift”键向旁边拖拉，将该图层与主图贴合到合适位置。

图 5—77

四、混合模式

混合模式是 Photoshop CS6 的核心功能之一，在混合模式中可以将其分为组合模式组、加深模式组、减淡模式组、对比模式组、比较模式组、色彩模式组六个组，如图 5—78所示。通过选择这几个组中的选项，可以使图像产生很多特殊的效果。

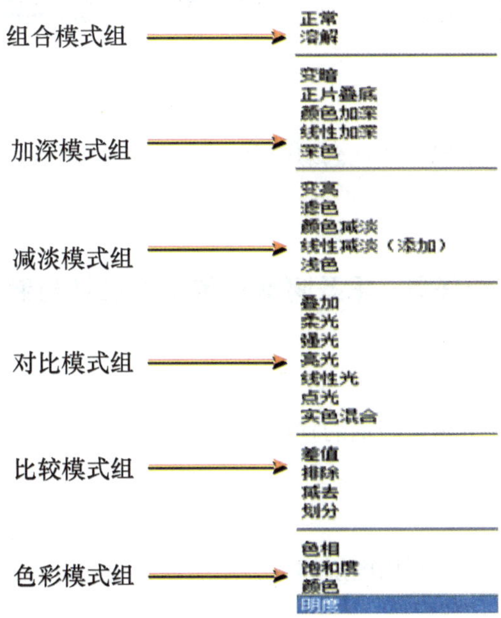

图 5—78

组合模式组是默认设置，其中包含“正常”和“溶解”，它们是通过调整图层的“不透明度”来产生效果的。

加深模式组是将图层中的图像变暗。

减淡模式组是将图层中的图像变亮。

对比模式组可以增加图层的对比使其反差强烈。

比较模式组可以将当前的图像与底层图像进行比较，黑色一般是相同的区域，灰色或色彩是不同区域，如果当前图层包含白色，白色区域将与底层图像相反。

色彩模式组可以对图像的色彩进行调节。

打开“顾恺之作品”(如图 5—79 所示)，双击“顾恺之作品”图层，使之转化为普通图层，复制“顾恺之作品”，得到“顾恺之作品副本”，设置其“图层样式”的混合模式为“强”，不透明度为“80”，混合效果如图 5—80 所示。

图 5—79

图 5—80

提示：在模块二中，图像通过色彩调整达到的“亮度”效果，通过混合模式的参数设置也能够完成。

实践任务：乐圣阿炳宣传页的设计与制作

任务背景

根据所给素材制作一个乐圣阿炳的宣传页。

任务要求

正确使用素材制作图片，利用图层样式、图层混合模式、不透明度进行调整，使得宣传页具有较强的观赏性。

任务素材

任务参考效果图

模块六　蒙版知识的综合应用
——设计制作天猫首页轮播图

任务参考效果图

能力目标

（1）能利用快速蒙版创建选区。
（2）能使用图层蒙版合成图像。
（3）能利用剪贴蒙版展示商品特点。

知识目标

（1）理解蒙版中黑、白、灰的作用。
（2）掌握不同蒙版的使用方法。

模拟制作任务

任务名称：天猫首页轮播图的设计与制作

任务背景

某婴童用品公司于 3 月 8 日推出促销系列活动，现需要设计首页轮播图。

任务要求

要求设计的首页轮播图色彩明快、促销信息明确，突出手机专享的优惠信息，符合婴童用品的特征。公司提供了电子素材，要求将所提供的任务素材和背景素材完美融合，尺寸为“1 920×551 像素”。

任务分析

运用蒙版设计图片，考虑多采用形状工具进行制作。

任务难点

（1）线条末端蒙版虚化效果设置。
（2）蒙版效果的调整。

（3）剪贴蒙版的使用。

操作步骤详解

步骤 1： 执行“文件”＞“新建”命令（快捷命令“Ctrl＋N”），在弹出的“新建”对话框中设置名称为“淘宝首页轮播图”，“宽度＊高度”为“1 920×551 像素”，“分辨率”为“72 像素”，“颜色模式”为“RGB”，设置完成后单击“确定”按钮，创建新文件。拖动“素材\模块六\任务 1 素材\底图”文件至新建文件中，如图 6—1 所示，拖动自由变换定界框的矩形小框，直至覆盖背景层。

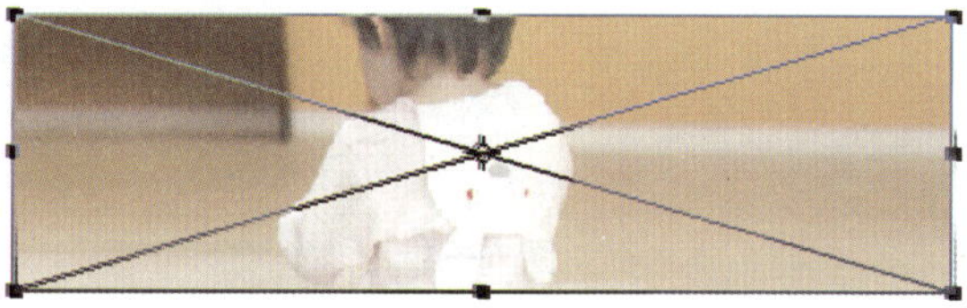

图 6—1

步骤 2： 选择“椭圆工具”，绘制三个大小不一的圆形，填充颜色分别为：“＃e0ad9c、＃c7d3cf、＃cad086”，如图 6—2 所示。

图 6—2

步骤 3： 选择形状工具中的“椭圆工具”，绘制圆形，填充颜色“＃ede3e3”，遮住儿童的背影，如图 6—3 所示。

图 6—3

步骤 4： 拖动“素材\模块六\任务 1 素材\儿童模特”文件至新建文件中，调整至合适大小，完全遮住底图中的儿童背影，双击该图层，在“图层样式”对话框中设置“投影”参数，“不透明度”为“30”，“角度”为“131”，“距离”为“6”，“扩展”为“23”，“大小”为“10”。如图 6—4 所示。

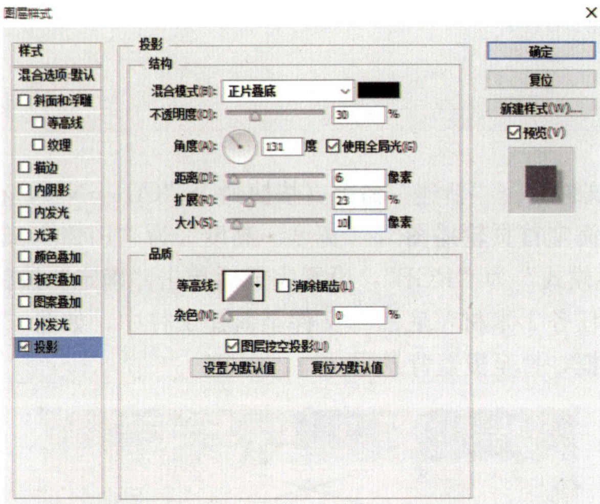

图 6—4

步骤 5: 单击“图层”面板下方的“图层蒙版”按钮，选择“渐变工具”的“由黑到白渐变”，选择合适的部位设置渐变效果，将儿童模特自然融合在底图中。如图 6—5 所示。

图 6—5

知识点 1

步骤 5 中的图层蒙版应用非常广泛，有利于两个或多个图片的自然融合。

步骤 6: 接下来完成促销文字的设计与制作。运用模块四所学的知识与技能，设置“字体”为“微软雅黑”，“颜色”为“＃e04e59”，价格用绿色“＃059a63”突出显示，内容分别为“3 月 8 日 00:00，全场满就送”、“满 138 送手帕 满 238 送肚兜 满 338 送尿垫 满 438 送凉席 满 538 送浴巾”。

步骤 7: 打开“素材\模块六\任务 1 素材\规定字符 psd”，移动至适当位置，效果如图 6—6 所示。

步骤 8: 单击“创建新组按钮”，形成“组 1”，在“组 1”处双击更名为“手机”。选择“圆角矩形工具”、“矩形工具”、“直线工具”，分别填充白色“＃ffffff”、“红色＃e04e59”、“黑色＃c9bfbf”，形成手机框架，选择“链接图层按钮”，链接该三个图层，调整手机形状，输入文字“手机专享前 38 名有惊喜”，如图 6—7 所示。

图 6—6

图 6—7

知识点 2

图层的链接可以控制多个图层之间的相对位置不变，有利于整体调整。

步骤 9： 单击“直线工具”，设置颜色为“＃e04e59”，按 Shift 键，从左至右直线效果，单击“图层”面板下方的“矢量蒙版按钮”，选择“渐变工具”的“由黑到白渐变”，选择合适的部位设置渐变效果，效果如图 6—8 所示。

图 6—8

知识点 3

当鼠标不在直线工具所在的图层上时，直线的颜色才能显示。

步骤 10： 将“前景色”设置为“白色”，选择“椭圆工具”，按 Shift 键，形成一个小圆，按组合键“Ctrl＋J”，复制四个，借助参考线，移动至合适位置，如图 6—9 所示。

图 6—9

步骤 11：最后展示促销商品的图片。单击“圆角矩形按钮”，颜色设置为：“#8e6c5e”，同样按组合键“Ctrl+J”复制四个，借助参考线，移动至合适位置，如图 6—10 所示。

图 6—10

步骤 12：打开商品图片“手帕”、“肚兜”、“尿垫”、“凉席”、“浴巾”，分别右击，选择“创建剪贴蒙版”，移动至合适位置。最终效果如图 6—11 所示。

图 6—11

知识点解析

Photoshop 的四大核心技术包含蒙版（本模块）、通道（见模块七）、路径（见模块四）和选区（见模块一）。蒙版是进行图像合成的重要手法，它可以控制部分图像的显示与隐藏，还可以对图像进行抠图处理。例如，常见的倒影效果就是蒙版的应用。Photoshop 提供了四种用来合成图像的蒙版，分别是快速蒙版、矢量蒙版、剪贴蒙版和图层蒙版，这些蒙版有各自的用途和特点。

一、快速蒙版

快速蒙版能够快速地创建一个不规则的选区，相当于在图像上创建了一层暂时的遮罩层，不会生成相应附加图层，此时可以在图像上利用画笔、橡皮擦等工具进行编辑。被选取的区域和未被选取的区域自动以不同的颜色进行区分。当离开快速蒙版模式时，选取的区域转换成为选区。当抠图对象与背景图层相近，或者需要调整图像的局部亮度、色调时，使用快速蒙版进行操作效果较好。

（一）快速蒙版创建选区

打开素材“荷花”，如图 6—12 所示，在工具箱中先将“前景色”设置为“黑色”，单击工具箱“以快速蒙版模式编辑”按钮（或者按快捷键“Q”），切换到快速蒙版状态；在工具箱中选择“画笔工具”，在工具选项中选择“硬边圆”，并将“不透明度”、“流量”都设置为“100%”，沿着荷花的边缘细心涂抹；使用工具箱中的“油漆桶”工具，在选区的区域内进行单击填充，使蒙版覆盖整个需要的对象，如图 6—13 所示。按“Q”退出快速蒙版模式，未涂抹部分变为选区，按组合键“Ctrl+Shift+I”进行反选，即形成了荷花的选区，如图 6—14 所示。

图 6—12

图 6—13

提示：使用黑色画笔进行涂抹的过程中，容易出现涂抹至对象的外部的情况，此时按将“前景色”切换为“白色”（或者按快捷键“X”），即可擦除多余部分。

（二）快速蒙版执行滤镜

快速蒙版既是选区又是临时通道，可以结合滤镜渲染进行应用。

打开素材“荷花”，单击“椭圆选框工具”（或按“M”）设置选区，按“Q”进入快速蒙版编辑状态，选区呈透明红色，执行“滤镜”>“滤镜库”>“画笔描边”>“喷溅”，在弹出的喷溅对话框中设置“喷色半径”为 25，“平滑度”为 3，确定后按“Q”退出快速蒙版编辑状态，按组合键“Ctrl＋Shift＋I”反选后，单击“Delete”删除，得到的效果如图 6—15 所示。

图 6—14

图 6—15

提示：如果省去进入快速蒙版编辑步骤，其他步骤相同，制作效果则完全不一样，通过对比能够帮助学习者进一步体会蒙版的内涵。

快速蒙版在商品抠图方面的应用非常广泛，“化妆品”素材如图 6—16（1）所示，通过快速蒙版选择后如图 6—16（2），最终选区如图 6—16（3）所示。

(1) (2) (3)

图 6—16

（三）快速蒙版文字蒙版

文字蒙版可以将输入文字直接作为选区然后填充各种背景进行应用。

打开素材“金色童年.psd”，新建图层，选择“横排文字工具”，在空白处点击鼠标后输入“金色童年”，“字体”为“汉仪黛玉简体”，“大小”为 60 点，单击“提交所有当前”按钮，选择渐变工具中的“橙，黄，橙渐变”，双击图层，设置阴影效果，制作效果如图 6—17 所示。

图 6—17

二、矢量蒙版

矢量蒙版是基于矢量对象的蒙版，它是通过路径和矢量形状来控制图像显示区域的，因此矢量蒙版又被称为路径蒙版。为图层添加矢量蒙版（见图 6—18（1））后，在“路径”面板中会自动生成一个矢量蒙版路径，如图 6—18（2）所示，编辑矢量蒙版时需要使用绘图工具。矢量蒙版与分辨率无关，因此，在进行缩放、旋转、扭曲等变换和变形操作时不会产生锯齿，但这种类型的蒙版只能定义清晰的轮廓，无法创建类似图层蒙版那种淡入淡出的遮罩效果。在 Photoshop 中，一个图层可以同时添加一个图层蒙版和一个矢量蒙版，矢量蒙版总是位于图层蒙版之后，如图 6—18（3）所示。

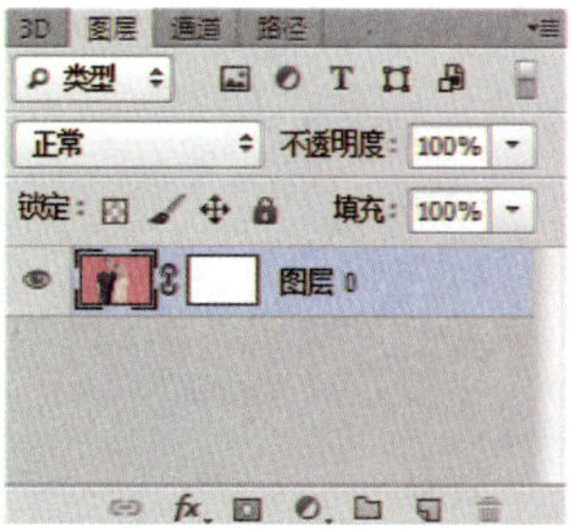

(1)

(2)

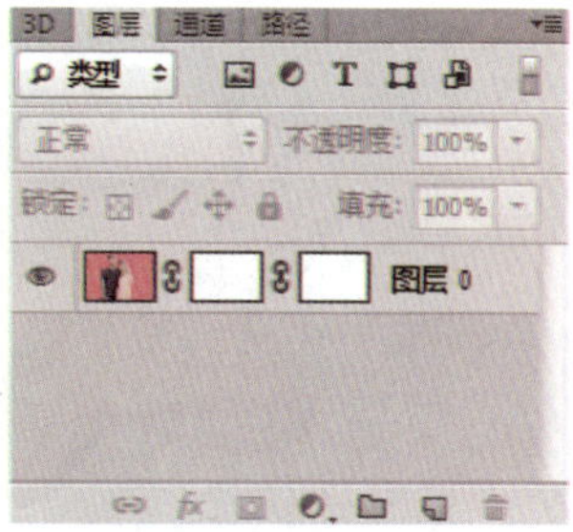

(3)

图 6—18

（一）矢量蒙版基本原理

创建矢量蒙版的方法有四种，分别如下：

方法 1：选择一个图层，然后选择“图层” > “矢量蒙版” > “显示全部”（或按组合键“Alt+L+V”）命令，创建一个白色矢量蒙版。

方法 2：按“Ctrl”单击“添加图层蒙版”按钮，即可创建一个隐藏全部内容的白色矢量蒙版。

方法 3：选择“图层” > “矢量蒙版” > “隐藏全部”命令，创建一个灰色的矢量蒙版。

方法 4：按组合键“Ctrl+Alt”，单击“添加图层蒙版”按钮，创建一个隐藏全部的灰色矢量蒙版。

打开素材“荷花”，单击“钢笔工具”（或按“P”）勾勒出荷花的形状，如图 6—19所示，执行“图层” > “矢量蒙版” > “当前路径”，“图层”面板中发现路径被粘贴至矢量蒙版中了，效果如图 6—20 所示，双击图层面板，设置“斜面和浮雕”和“外发光”效果，为了显示设置效果，添加图层，填充“颜色”设置为“#49eff1”，最终效果如图 6—21 所示。

> 提示：与钢笔工具和快速蒙版工具抠图相比，矢量蒙版可以保证原图不受损，可以随时用钢笔工具修改，且形状无论拉大多少都不会失真，如图 6—22 所示。

图 6—19

图 6—20

图 6—21

图 6—22

（二）矢量蒙版合成图片

打开素材“风景 1”、“风景 2”、“风景 3”，如图 6—23、图 6—24、图 6—25 所示，素材“风景 2”拖动至素材“风景 1”中，选择“椭圆工具”，在工具选项栏中选择「路径」，在适当位置按 Shift 绘制半径为“28.5 厘米”的正圆，移动“图层 1”，微调正圆内部的图像，继续选择“椭圆工具”后单击工具选项栏的“蒙版”按钮「蒙版」，正圆外部的图像立即消失了。单击“图层样式”按钮 fx，设置“描边”颜色为“fefdfd”，移动到合适位置，效果如图 6—26。将素材“风景 3”拖动至素材“风景 1”，进行相同的操作，选择不同的位置绘制正圆，形成“图层 2”，效果如图 6—27 所示。最后选择“直排文字工具”，输入文字“能不忆江南?”，“字体”为“华文隶书”，“颜色”为“＃082c1c”，“大小”为“200 点”，保存图片，一副具有江南烟雨风格的图片即完成，效果如图6—28所示。

图 6—23

图 6—24

图 6—25

图 6—26

图 6—27

图 6—28

三、剪贴蒙版

剪贴蒙版通过下层图层中图像的形状限制上层图像的显示范围，按照下一层的图案所在区域，把上一层的超出下层图案的部分剪掉，只保留上一图层和下一图层重叠的部分。其余超出的部分并不是被删除了，只是被创建的蒙版遮挡住看不见了。

（一）剪贴蒙版合成图片

打开素材“照片 1”、“照片 2”、“照片 3”，如图 6—29 所示，打开素材“剪贴蒙版模板 .psd”，如图 6—30（1）所示，拖动“照片 1”至“剪贴蒙版模板”的相框处，生成“相框 1”组内的“图层 1”，右击该图层选择“创建剪贴蒙版”，“照片 1”自动嵌入“相框 1”，按组合键“Ctrl＋T”自由变换选区，按“Shift”调整图像至合适大小。“照片 2”和“照片 3”的操作同上。最终效果如图 6—30（2）所示。

图 6—29

(1)　　　　(2)

图 6—30

提示：剪贴蒙版根据下层图层的不同，可以呈现不一样的视觉效果。

打开素材“墨汁”，如图 6—31 所示，拖动素材“荷花”至该操作窗口，右击“荷花”图层创建剪贴蒙版，按组合键“Ctrl＋T”自由变换选区，按 Shift 键调整图像至合适大小。新建图层，设置渐变效果，效果如图 6—32 所示。

图 6—31

图 6—32

新建文件，“宽度 * 高度”为“1 240×1 748 像素”，“背景”为“透明”，置入素材“女装”，如图 6—33（1）所示；选择“圆角矩形工具”绘制，“填充”为“白色”，“半径”为“20 像素”，“不透明度”为“50%”，如图 6—33（2）所示；移动“图层 1”至图层“圆角矩形 1”的上方，右击，选择“创建剪贴蒙版”命令。选中“图层 1”、图层“圆角矩形 1”移动至“创建新组” ，形成了“组 1”，复制三个形成副本，调整圆角矩形的位置。在“图层 0”的上方添加图层，填充为白色，最终效果如图 6—34（2）所示。

(1)

(2)

图 6—33

(1)

(2)

图 6—34

用在产品发布上的页面效果如图 6—35 所示。

图 6—35

（二）剪贴蒙版图案文字

新建文档，选择“文字工具” T，输入“CAFÉ”，“字体”为“Algerian”，“颜色”为“e42b2b”，如图 6—36（1）所示。置入素材“咖啡豆”，右击该图层创建剪贴蒙版，效果如图 6—36（2）所示。

(1)　　(2)

图 6—36

图像通过剪贴蒙版应用在文字上能够带来吸引眼球的效果。打开素材“崇安寺 Banner. psd”，如图 6—37 所示，选中文字图层“崇安寺”，置入素材“瓷盘”，如图 6—38，右击“瓷盘”图层选择“创建剪贴蒙版”命令，形成的效果如图 6—39 所示。应用效果参见网址 http://www. 1street. com. cn/en/。

图 6—37

图 6—38

图 6—39

四、图层蒙版

图层蒙版是所有蒙版中最常用的一个工具，快速蒙版可以用来产生各种选区，而图层蒙版是覆盖在图层上面，用来控制图层中图像的透明度的。利用图层蒙版可以制作图像的融合效果，或者遮挡图像上某个部分，或者可使图像上某个部分变成透明。

图层是用黑白灰来表现透明状态的。在蒙版中的黑色就是蒙住当前图层的内容，显示当前图层下面的图层的内容，蒙版中的白色则是显示当前层的内容。蒙版中的灰色则是半透明状，当前图层下面的图层的内容则若隐若现。图层蒙版相当于一块能使物体变透明的布，在布上涂黑色时，物体变透明，在布上涂白色时，物体显示，在布上涂灰色时，半透明。

（一）图层蒙版叠加效果

打开素材“合照”，如图 6—40（1）所示，按“Alt”双击背景层转换成普通图层“图层 0”，拖入素材“花背景”，如图 6—40（2）所示。按组合键“Ctrl＋A”、“Ctrl+C”，然后选中“图层 0”，单击添加图层按钮，按“Alt”的同时鼠标点击“图层蒙版缩略图”处，按“Ctrl＋V”，可见灰色的合照出现在图层蒙版缩略图中。点击“指示图层可见处”，移动“图层 0”至“花背景”图层之上，按组合键“Ctrl+D”取消选区，效果如图 6—40（3）所示。

(1)　(2)　(3)

图 6—40

（二）图层蒙版淡入效果

打开素材“太湖”，如图 6—41（1）所示，按“Alt”键双击背景层转换成普通图层“图层 0”，置入素材“灵山大佛”，如图 6—41（2）所示，按“Enter”键。单击“图层”面板下方的“添加蒙版”按钮，选择“渐变工具”的“由黑到白渐变”，选择合适的部位设置渐变效果，将两张图片自然融合。如图 6—42 所示。

(1)　(2)

图 6—41

图 6—42

提示：当进行一次图层蒙版后，需要在该图层进行第二次图层蒙版操作时，右击图层，选择“转换为智能对象”，即可继续操作。

实践任务：新品展示图的设计与制作

任务背景

某家居用品公司新品上市，现需设计能够展现商品细节的图片。

任务要求

利用剪贴蒙版进行设计，突出商品特点。

任务素材

任务参考效果图

Product
Details
产品细节
01
杯盖
进口食品级PP材料，不含双酚A。
人性化椭圆按位拧合。可当饭盒、可放置茶叶、小包调料。
02
硅胶圈
密封设计，旋转杯盖，强力密封，滴水不漏，锁住营养、锁住健康。
03
杯口
大口径光滑杯口，便于放置食物、便于清洗。
04
内胆
进口优质食品级304不锈钢材料，保温性强，经久耐用，无异味，耐腐蚀，抗冲击、防损坏。
05
杯身
进口优质不锈钢，烤漆层采用进口无毒无味环保油漆，光洁明亮，不留指纹。

模块七　滤镜知识的综合应用
——设计制作放射光芒促销广告

任务参考效果图

能力目标

能使用滤镜制作特殊效果图。

知识目标

（1）掌握常用的滤镜种类。
（2）掌握滤镜的使用方法。

任务名称：个性电子台历的设计与制作

任务背景

某电子商务公司需要设计“季末特惠聚划算”促销广告。

任务要求

要求设计的促销广告具有视觉冲击力。

任务分析

运用滤镜工具的极坐标、光影效果、镜头光晕，突出视觉冲击力，吸引顾客眼球。广告尺寸：800 像素×800 像素。

任务难点

（1）极坐标的使用。

（2）光影效果和镜头光晕的设计。

操作步骤详解

步骤 1： 执行“文件”＞“新建”命令（或按“Ctrl＋N”），创建“宽度×高度”为“30×5 像素”的新文件。按“Ctrl”＋“＋”组合键将“图像窗口”放大到“1 600%”，按“Ctrl+R”调出标尺，单击“移动工具”从竖行移出参考线至正中位置，选择“矩形选框工具”，“创建新图层”，填充颜色分别为“＃d56420”、“＃e3a51c”，如图 7—1 所示。单击“编辑”＞“定义图案”，在弹出的“图案名称”对话框中输入名称“条纹”，单击“确定”按钮，如图 7—2 所示。

图 7—1

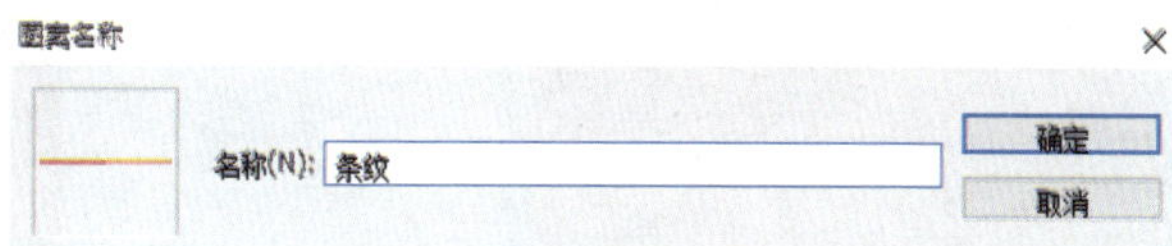

图 7—2

知识点 1

“宽度和高度”的设置将会影响步骤 3 中“极坐标”的效果。

步骤 2： 按“Ctrl＋N”创建新文件，在弹出“新建”对话框中设置“名称”为“放射光芒促销广告”，“宽度×高度”为“800×800 像素”，“分辨率”默认为“72 像素”，“颜色模式”为“RGB”，单击“确定”按钮，形成了新的图像窗口。单击“创建新图层”，选择“编辑”＞“填充”（或按“Shift＋F5”），在打开的“填充”对话框中，在“内容”中使用“图案”为“自定图案”，如图 7—3 所示，点击“确定”后，效果如图 7—4 所示。

步骤 3： 执行“滤镜”＞“扭曲”＞“极坐标”命令，弹出“极坐标”对话框，默认情况下，选择“平面坐标到极坐标”，如图 7—5 所示，单击“确定”按钮，效果如图 7—6 所示。

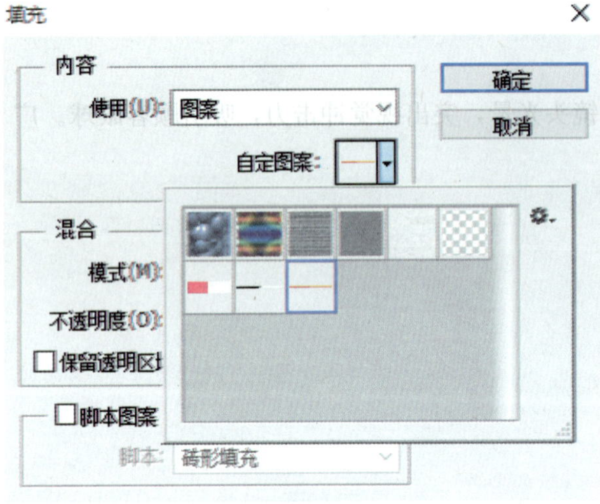

图 7—3

图 7—4

图 7—5

图 7—6

步骤 4：按“Ctrl+J”复制“图层 1”，形成 ，按“Ctrl+T”旋转，在工具选项栏中设置旋转“10 度” ，如图 7—7 所示，设置“图层样式”为“叠加” ，如图 7—8 所示。

步骤 5：选中“图层 1”、“图层 1 副本”，按“Ctrl+E”合并图层。选择“滤镜”>“模糊”>“径向模糊”命令，在弹出的“径向模糊”对话框（见图 7—9）中设置“数量”为“20”，“模糊方法”为“缩放”，“品质”为“最好”，单击“确定”按钮，效果如图 7—10 所示。

步骤 6：执行“滤镜”>“渲染”>“光照效果”，属性如图 7—11 所示，设置为“无限光”，“强度”为“20”，“曝光度”为“100”，“光泽”为“20”，“金属质感”为“30”，点击工具选项栏的“确定”按钮 ，效果如图 7—12 所示。

图 7—7

图 7—8

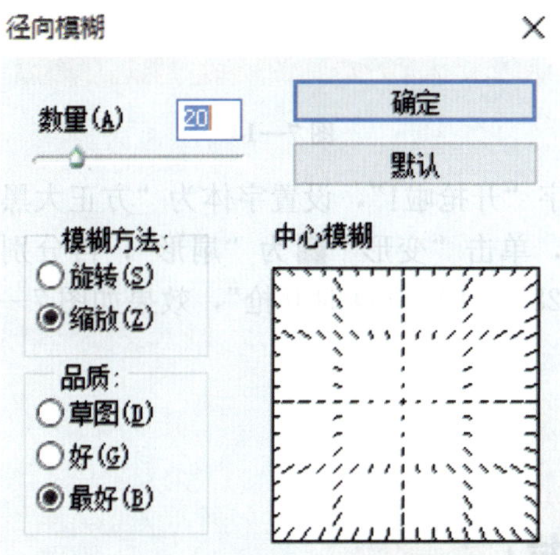

图 7—9

图 7—10

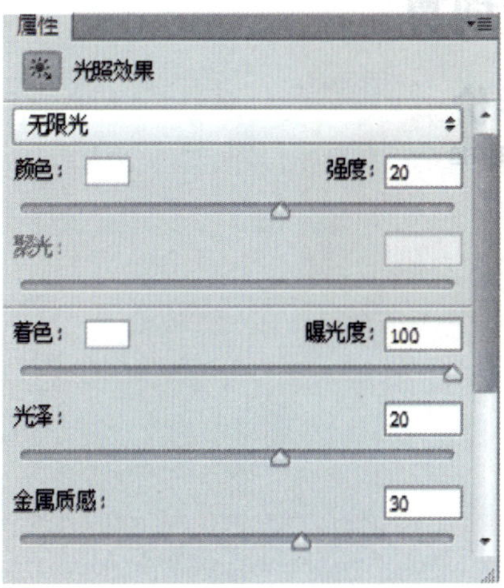

图 7—11

图 7—12

步骤 7: 执行“滤镜”＞“渲染”＞“镜头光晕”，弹出“镜头光晕”对话框，如图 7—13 所示。设置“亮度”为“80”，“镜头类型”为“105 毫米变焦”，单击“确定”按钮，效果如图 7—14 所示。

图 7—13

图 7—14

步骤 8: 选择“文字工具”按钮，输入文字“开抢啦!”，设置字体为“方正大黑简体”、“方正兰亭粗黑简体”，“大小”为“72 点”，单击“变形”为“扇形”；再分别输入“季末特惠聚划算”、“第二件享半价”、“8 月 28 日/10:00 准时开抢”，效果如图 7—15 所示。

图 7—15

知识点解析

Photoshop 中的滤镜工具组就像是一个能把普通的图像制作成油画、水彩、素描、浮雕等非凡视觉艺术作品的魔术师。滤镜原本是安装在照相机前用来改变照片的拍摄方式从而产生特殊效果的一种摄影器材。Photoshop 中的滤镜则是一种插件模块，它通过改变图像上原有的像素位置或颜色来生成各种特殊效果。

一、滤镜的种类和主要用途

滤镜可以分为内置滤镜和外挂滤镜两种。内置滤镜就是 Photoshop 自身安装的各种滤镜；而外挂滤镜则是由第三方厂商开发的以插件的形式安装在 Photoshop 中才能使用的各种滤镜。Photoshop 的内置滤镜主要用于创建具体图像特效和编辑图像。外挂滤镜不仅可以轻松完成各种特效，还能创造出 Photoshop 内置滤镜无法实现的其他神奇效果，深受广大 Photoshop 使用者的喜爱。

提示：在 Photoshop 中使用滤镜来处理图像时，图像若是 CMYK 模式，许多滤镜功能将不能被使用。如果要对位图、索引或 CMYK 模式的图像应用一些特殊的滤镜，可以先将它们转换为 RGB 模式再进行处理。

二、滤镜库

Photoshop 将“风格化”、“画笔描边”、“扭曲”、“素描”、“纹理”和“艺术效果”滤镜组中的主要滤镜整合在一个对话框中，这个对话框就是“滤镜库”。通过“滤镜库”可以将多个滤镜同时应用于图像，也可以对同一图像多次应用同一滤镜，我们还可以使用其他滤镜替换原有的滤镜。

打开“马赛克拼贴效果图”，选择“滤镜”>“滤镜库”命令，弹出“滤镜库”对话框，如图 7—16 所示。对话框的左侧是滤镜效果预览区，中间是 6 组滤镜列表，右侧是参数设置区和效果图层编辑区。

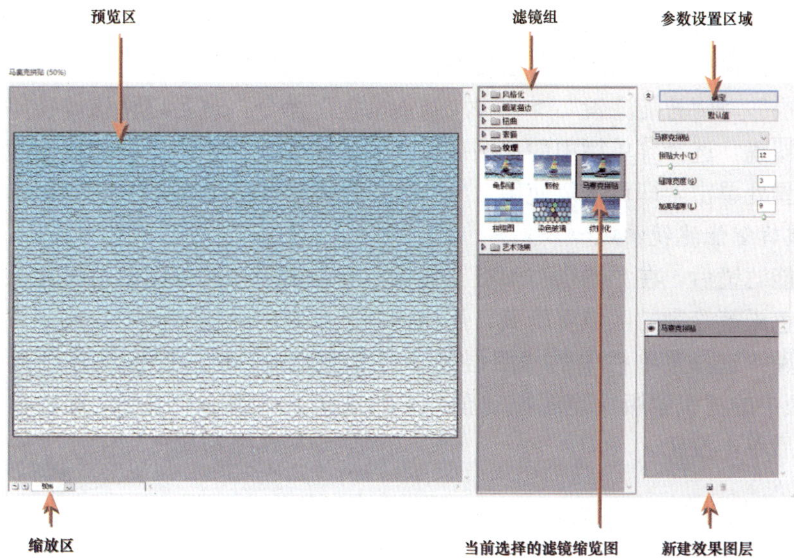

图 7—16

提示："滤镜组"中包含 6 组滤镜，单击某个滤镜组前的按钮，就可以展开该滤镜组，单击滤镜组中的一个滤镜，即可使用该滤镜，与此同时，右侧的参数设置区内会显示该滤镜的参数选项。

三、智能滤镜

智能滤镜是一种非破坏性的滤镜，它可以单独存在于"图层面板"中，并且可以对其进行操作，还可以随时进行删除或者隐藏，所有的操作都不会对图像造成破坏。

（一）创造智能滤镜

打开"素材 \ 模块七 \ 知识点解析 \ 彩色圆球"，如图 7—17 所示。选择菜单栏中的"滤镜"＞"转换为智能滤镜"命令，此时会弹出系统提示对话框，单击"确定"按钮，将图层中的对象转换为智能对象，然后选择菜单栏中的"滤镜"＞"模糊"＞"高斯模糊"对话框，在该对话框中设置"半径"为"4 像素"，设置完成单击"确定"按钮，效果及"智能滤镜"图层如图 7—18 所示。

图 7—17

图 7—18

（二）停用、启用智能滤镜

单击"高斯模糊"前的图标可以使滤镜不应用，图像恢复为原始状态，或者选择菜单栏中的"图层"＞"智能滤镜"＞"停用智能滤镜"命令，也可以将该滤镜停用。如果需要恢复使用滤镜，选择菜单栏中的"图层"＞"智能滤镜"＞"启用智能滤镜"命令，或者在图标位置处单击，即可恢复使用。

（三）编辑智能滤镜蒙版

应用智能滤镜后，在"图层"面板图像下方会显示一个缩览图，可以在该蒙版中进行绘制，用黑色画笔绘制的区域将隐藏，用白色画笔绘制的区域将显示，删除智能滤镜蒙版的方法有三种：选择菜单栏中的"图层"＞"智能滤镜"＞"删除滤镜蒙版"命令；将"图层"面板中的滤镜蒙版缩览图拖动至下方的按钮上；单击"图层"面板中的滤镜蒙版缩览图，然后单击按钮。

四、镜头校正

镜头校正滤镜可修复常见的镜头瑕疵、色差和晕影等，也可以修复由于相机垂直或水平倾斜而导致的图像透视现象。例如拍摄建筑物体时，在建筑边缘、以天空为背景的细小树枝的边缘常常会出现紫边现象，紫边是由于被摄体与背景反差较大，在高光与低光交界处出现色斑的现象。紫边出现的原因与相机镜头的色散、感光元件成像面积过小和相机内部的信号处理算法等有关。紫边现象可以通过“镜头校正”标签中的“色差”功能修复。

打开“素材\模块七\知识点素材\镜头矫正”文件，选择“滤镜”>“镜头校正”命令，此时会弹出“镜头校正”对话框，如图 7—19 所示。其中左侧是工具栏，中间部分是预览窗口，右侧是参数设置区域。在工具栏中选择“拉直工具”，点击“移动网格工具”，然后在图像预览窗口中拖动鼠标绘制一条直线，释放鼠标后，图像以该直线为基准进行角度校正，校正前后的效果如图 7—20 所示。

图 7—19

图 7—20

五、液化与消失点

“液化滤镜”可用于推、拉、旋转、折叠和膨胀图像的任意区域。利用“消失点”滤镜将以立体方式在图像中的透视平面上工作。当使用“消失点”滤镜来修饰、添加或移去图像中的内容时，结果将更加逼真，因为系统可以正确确定这些编辑操作的方向，并且将它们缩放到透视平面。

打开素材“心叶 .jpg”，选择“滤镜”、“液化”命令，弹出“液化”对话框，勾选右侧“高级模式”前的复选框 ☑高级模式 ，如图 7—21 所示。

图 7—21

（一）使用变形工具

“液化”对话框中包含各种变形工具，选择这些工具后，在对话框中和图像上单击并拖动鼠标涂抹即可进行变形处理，变形效果将集中在画笔区域的中心，并且会随着鼠标在某个区域中的重复拖动而得到增强。工具的具体作用如下：

（1）“向前变形工具”：可以在拖动鼠标时向前推动像素，如图 7—22（1）所示。

（2）“重建工具”：可在变形的区域单击或拖动鼠标时进行涂抹，可以恢复图像，如图 7—22（2）所示。

（3）“顺时针旋转扭曲工具”：在图像中单击或拖动鼠标可以顺时针旋转扭曲像素，如图 7—22（3）所示；按住“Alt”键操作则逆时针旋转扭曲像素。

(1)　(2)　(3)

图 7—22

（4）“褶皱工具”：在图像中单击或拖动鼠标可以使像素向画笔区域的中心移动，使图像产生向内收缩的效果，如图7—23（1）所示。

（5）“膨胀工具”：在图像中单击或拖动鼠标可以使像素向画笔中心以外的方向移动，使图像产生向外膨胀的效果，如图7—23（2）所示。

（6）“左推工具”：垂直向上拖动鼠标时，像素向左移动，如图7—23（3）所示。向下拖动，则像素向右移动。围绕对象顺时针拖动时，则可增加其大小；逆时针拖动时，则减小其大小。

(1)　　(2)　　(3)

图7—23

（7）“冻结蒙版工具 /解冻蒙版工具”：在对部分图像进行处理时，如果不希望影响其他区域，可以使用“冻结蒙版”工具，在图像上绘制出冻结区域（要保护的区域），然后使用变形工具处理图像，被冻结区域内的图像就不会受到影响了。如果要解除冻结，可以用（解冻蒙版）工具涂抹冻结区域。如图7—24所示。

图7—24

（8）“缩放工具/抓手工具”：用于缩放图像和移动画面。

（二）设置工具选项

“液化”对话框中的“工具选项”选项组用来设置当前选择的工具的属性。具体为：

（1）“画笔大小”用来设置扭曲工具的画笔大小。

（2）“画笔密度”用来设置画笔边缘的羽化范围，增加该值可以使画笔中心的效果增强，边缘的效果减轻。

（3）“画笔压力”用来设置扭曲速度，范围为“1～100”。较低的压力可以减慢变形速度，因此，更易于对变形效果进行控制。

（4）“画笔速率”用来设置按下鼠标并保持静止不动时的扭曲速度。该值越高，扭曲的速度越快。

（三）消失点

“消失点”是一个特殊的滤镜，它可以在包含透视平面（如建筑物侧面或任何矩形对象）的图像中进行透视校正。编辑使用“消失点”滤镜时，首先要在图像中指定透视平面，然后进行绘画、仿制、复制或粘贴以及变换等操作，所有的操作都采用该透视平面来处理。Photoshop 可以确定这些编辑操作的方向，并将它们缩放到透视平面，因此，可以使编辑结果更加逼真。“消失点”对话框如图 7—25 所示，其中“消失点”各项参数如下：

图 7—25

（1）“编辑平面工具”：用来选择、编辑、移动平面的节点以及调整平面的大小。

（2）“创建平面工具”：用来定义透视平面的 4 个角节点后，可以移动、缩放平面或重新确定其形状。按住“Ctrl”键拖动平面的边节点可以拉出一个垂直平面。在定义透视平面的节点时，如果节点的位置不正确，可按下“Backspace”键将该节点删除。在定义透视平面时，定界框和网格会改变颜色，以指明平面的当前情况。蓝色的定界框为有效平面，但有效的平面并不能保证具有适当透视的结果，还应该确保定界框和网格与图像中的几何元素或平面区域精确对齐；红色的定界框为无效平面，“消失点”滤镜无法计算平面的长宽比，因此，不能从红色的无效平面中拉出垂直平面，尽管可以在红色的无效平面中进行编辑，但将无法正确对齐结果的方向；黄色的定界框同样为无效平面，Photoshop 无法解析平面的所有消失点，尽管可以在黄色的无效平面中拉出垂直平面或进行编辑，但将无法正确对齐结果的方向。

（3）“选框工具”：在平面上单击并拖动鼠标可以选择图像。选择图像后，将鼠标指针移至选区内，按住“Alt”键拖动可以复制图像。按住“Ctrl”键拖动选区，则可以用原图像填充该区域。

（4）“图章工具”：选择该工具后，按住“Alt”键在图像中单击设置取样点，然后在其他区域单击并拖动鼠标可复制图像。按住“Shift”键单击可以将描边扩展到上一次单击处。选择图章工具后，可以在对话框顶部的选项中选择一种“修复模式”。如果要绘画而不与周围像素的颜色、光照和阴影混合，应选择“关”；如果要绘画并将描边与周围像素的光照混合，同时保留样本像素的颜色，应选择“亮度”；如果要绘画并保留样本图像的纹理，同时与周围像素的颜色、光照和阴影混合，应选择“开”。

（5）“画笔工具”：可在图像上绘制选定的颜色。

（6）“变换工具”：使用该工具时，可以通过移动定界框的控制点来缩放、旋转和移动浮动选区，类似于在矩形选区上使用自由变换命令。

（7）“吸管工具”：可拾取图像中的颜色作为画笔工具的绘画颜色。

（8）“测量工具”：可在平面中测量项目的距离和角度。

（9）“抓手工具”：放大图像的显示比例后，使用该工具可在窗口内移动图像。

（10）“缩放工具”：在图像上单击，可放大图像的视图；按住“Alt”键单击，则可缩小视图。

打开“素材 \ 模块七 \ 知识点素材 \ 公路”，选择菜单栏中的“滤镜”>“消失点”命令，此时会弹出“消失点”对话框。单击“创建平面工具”按钮，然后连续单击，在公路分界线上创建一个矩形框，并对其进行适当调整，如图 7—26 所示。调整完成后，单击“选框工具”按钮，在绘制的矩形框中单击并拖动创建一个矩形选框，创建完成后，按住“Alt”键的同时单击并拖动，将其放置在合适的位置。拖动完成后单击“变换工具”按钮，调出变换控制框，拖动句柄对控制框进行调整，使其和路面相吻合。调整完成后单击“确定”按钮结束操作，退出“消失点”对话框，完成后的效果如图 7—27 所示。

六、“风格化”滤镜

“风格化”滤镜组中包含 8 种滤镜，它们可以置换像素，查找并增加图像的对比度，产生绘画和印象派风格的效果。它们分别是：查找边缘、等高线、风、浮雕效果、扩散、拼贴、曝光过度、凸出、照亮边缘。常用的有等高线、风、拼贴、凸出、照亮边缘等。

（一）等高线

“等高线”滤镜可以查找并为每个颜色通道淡淡地勾勒主要亮度区域的转换，以获得与等高线图中的线条类似的效果。

打开“素材 \ 模块七 \ 知识点素材 \ 等高线”文件，如图 7—28 所示。选择“滤镜”>“风格化”>“等高线”命令，在弹出的“等高线”对话框中设置参数，如图 7—29 所示。设置完成后对其进行确定，至此就完成了对图片添加等高线的效果。

图 7—26

图 7—27

图 7—28

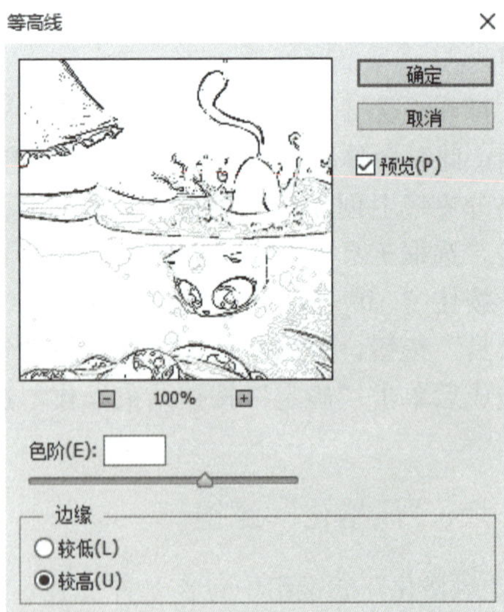

图 7—29

（二）风

“风”滤镜可在图像中增加一些细小的水平线来模拟风吹效果，风吹方向包括向左吹和向右吹，选择“滤镜”>“风格化”>“风”命令。

新建大小为“800×800”的文件，填充颜色为“#8aof08”，新建图层，绘制白色矩形，选择“滤镜”>“风格化”>“风”命令，参数设置和设置结果如图 7—30、图 7—31 所示。

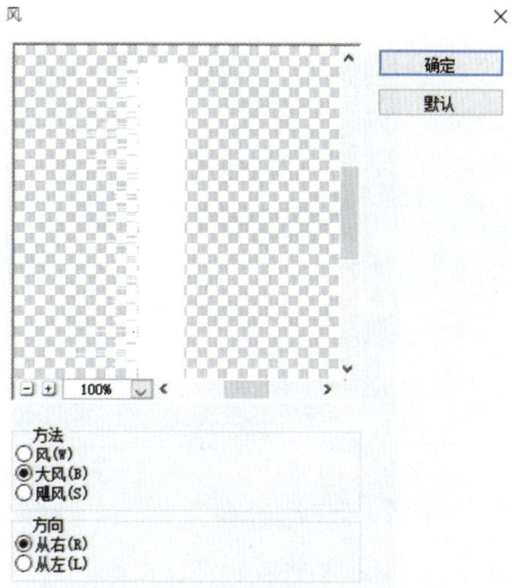

图 7—30

图 7—31

（三）拼贴

“拼贴”滤镜可将图像划分成大小不等的方框，进而产生类似于拼画的效果。下面来学习一下“拼贴”滤镜的使用方法。

继续使用上面的等高线素材文件，然后选择“滤镜”>“风格化”>“拼贴”命令，在弹出的“拼贴”对话框中设置其参数，如图 7—32 所示。其中“拼贴数”设置图像进行拼贴的拼贴块的数量，“最大位移”用来设置拼贴块之间的间隙；“填充空白区域用”可以设置拼贴块的间隙颜色。拼贴效果如图 7—33 所示。

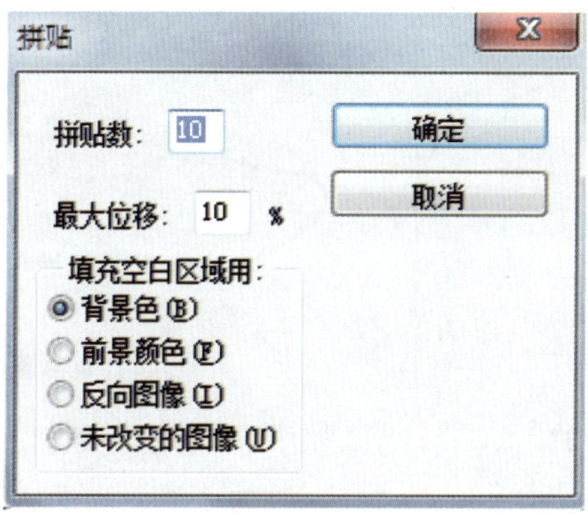

图 7—32

图 7—33

（四）凸出

“凸出”滤镜能自动将图像转换为块状或者金字塔状的凸出效果，图 7—34 所示为“凸出”对话框，图 7—35 所示为添加“凸出”滤镜的效果。其中“类型”用于设置图像凸出的类型，“大小”用来设置正方体或者椎体底面的大小，“深度”用来设置凸出体的高度。

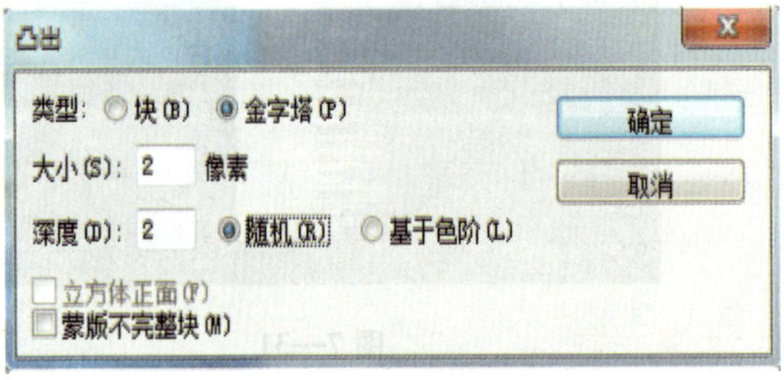

图 7—34

图 7—35

（五）照亮边缘

“照亮边缘”滤镜可以描绘图像的轮廓、调整轮廓的亮度、宽度等。

打开“素材\模块七\知识点素材\运动鞋”文件，如图 7—36 所示。选择“滤镜”>“风格化”>“照亮边缘”命令，设置参数值，如图 7—37 所示，按“Ctrl + Shift + U”去色，按“Ctrl + I”反相，添加文字，最终效果如图 7—38 所示。

图 7—36

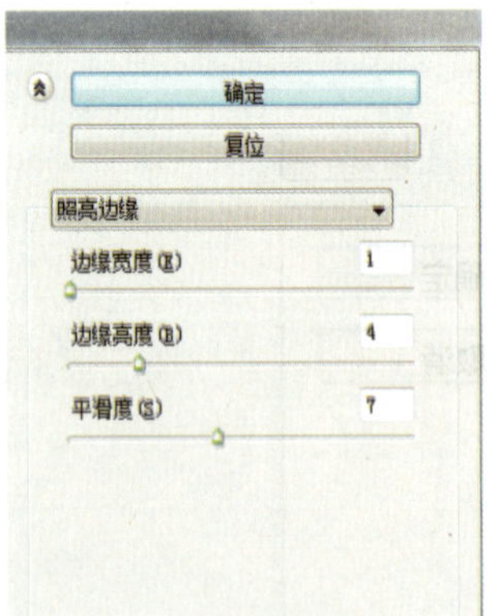

图 7—37

图 7—38

七、“画笔描边”滤镜

“画笔描边”滤镜组中包含了 7 种滤镜，它们当中的一部分滤镜通过不同的油墨和画笔勾画图像产生绘画效果，有些滤镜可以添加颗粒、绘画、杂色、边缘细节或纹理，这些滤镜不能用于 Lab 和 CMYK 模式的图像。使用“画笔描边”滤镜组中的滤镜时，将打开滤镜库，常用的“画笔描边”滤镜有成角的线条、喷溅、强化的边缘、深色线条。

（一）成角的线条

“成角的线条”滤镜可以用一个方向的线条绘制亮部区域，用相反方向的线条绘制暗部区域，通过对角描边重新绘制图像。

打开“素材\模块七\知识点素材\夏日记忆”文件，如图7—39所示。选择“滤镜”＞“画笔描边”＞“成角的线条”命令，图7—40所示为对其参数的设置，设置完成后点击“确定”。至此就完成了对该图像添加“成角的线条”滤镜效果。

图7—39

图7—40

（二）喷溅

“喷溅”滤镜能够模拟喷枪，使图像产生笔墨喷溅的艺术效果。图7—41所示为滤镜参数，图7—42所示为执行该滤镜命令后的图像效果。

图7—41

图7—42

（三）强化的边缘

“强化的边缘”滤镜可以强化图像的边缘，图7—43所示为该滤镜的参数选项。图7—44为添加该滤镜后的效果。当“边缘亮度”值较高时，强化效果类似于白色粉笔；该值较低时，强化效果类似于黑色油墨。

图 7—43

图 7—44

（四）深色线条

“深色线条”滤镜会将图像的暗部区域与亮部区域分别进行不同的处理，暗部区域将会用深色线条进行绘制，亮部区域将会用长的白色线条进行绘制。图 7—45 所示为其参数设置，添加后的效果如图 7—46 所示。

图 7—45

图 7—46

八、“模糊”滤镜

“模糊”滤镜组中包含了 11 种滤镜，它们可以降低相邻像素的对比度并柔化图像。在去除图像或者创建特殊效果时经常用到此类滤镜，主要的模糊滤镜有表面模糊、动感模糊、径向模糊、镜头模糊和高斯模糊。

（一）表面模糊

“表面模糊”滤镜能够在保留边缘的同时模糊图像，该滤镜可用来创建特殊效果并消除杂色或颗粒。下面来学习一下“表面模糊”滤镜的使用。

打开“素材\模块七\知识点素材\树”文件，如图 7—47 所示。选择“滤镜”>“模糊”>“表面模糊”命令，弹出“表面模糊”对话框。在该对话框中设置参数，如图 7—48 所示，设置完成后对其进行确定。在“表面模糊”对话框中，“半径”决定了模糊取样区域的大小；“阈值”则控制相邻色素调制与中心像素值相关多大时才能成为模糊的一部分，色调值差小于阈值的像素将被排除在模糊之外。

图 7—47

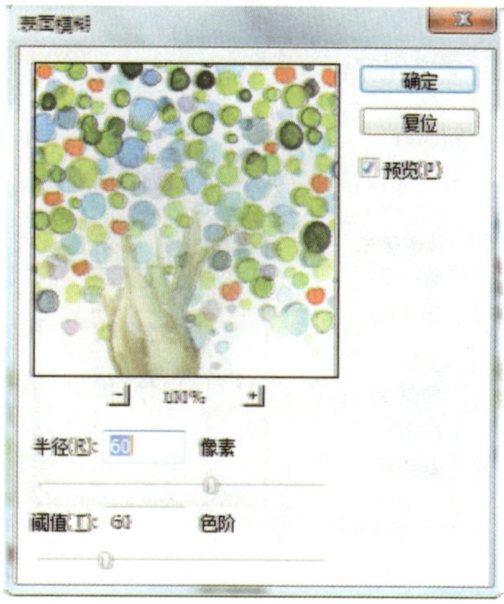

图 7—48

（二）动感模糊

“动感模糊”滤镜可以沿指定的方向（－360°～＋360°），以指定的强度（1～999）模糊图像，产生的效果类似于固定的高光时间给一个移动的对象拍照，在表现对象的速度感时经常用到该滤镜。打开“素材\模块七\知识点素材\空中飞人”文件，如图 7—49 所示。图 7—50 所示为设置该滤镜的参数。设置完成后，对其进行确定，至此就完成了对该图像添加“动感模糊”滤镜的效果。

图 7—49

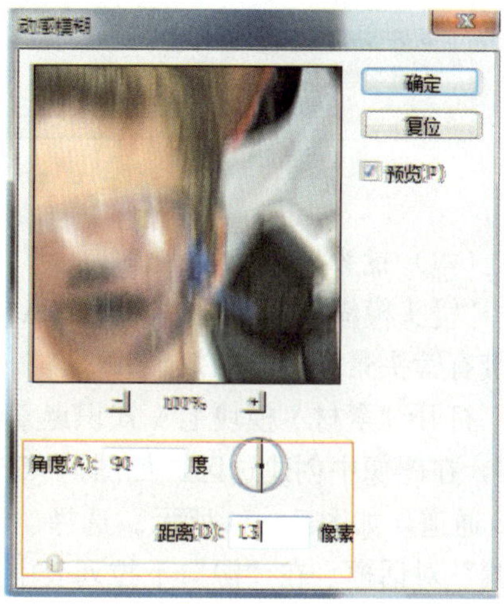

图 7—50

（三）径向模糊

“径向模糊”滤镜可以模拟缩放或旋转的相机所产生的模糊效果。该滤镜包含两种模糊方法，选择“旋转”单选按钮，然后指定旋转的“数量”值，可以沿同心圆环线模糊，如图 7—51 所示；选择“缩放”单选按钮，然后指定缩放“数量”值，则沿着径向线模糊，图像会产生放射状的模糊效果，如图 7—52 所示。

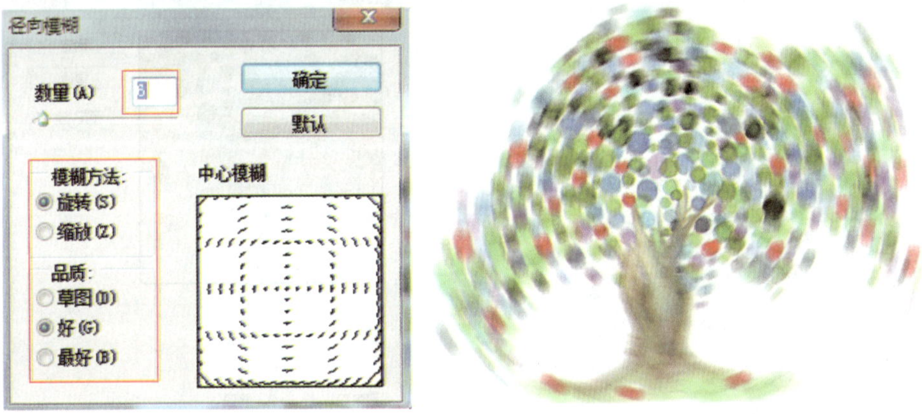

图 7—51

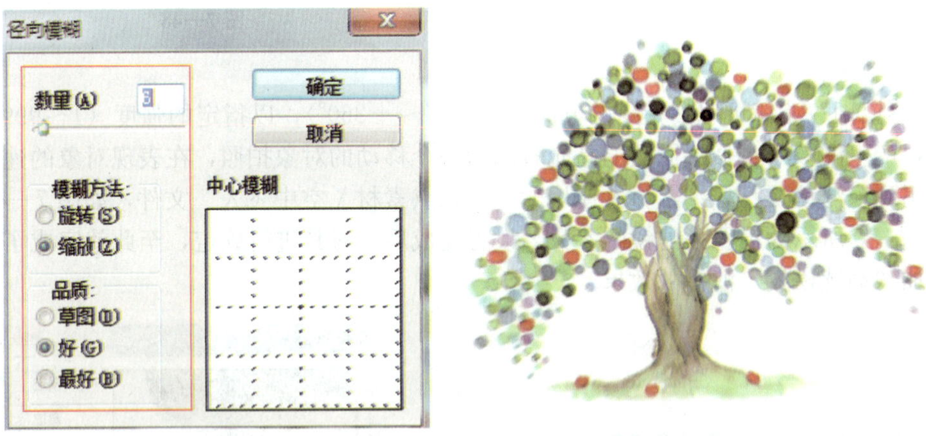

图 7—52

（四）镜头模糊

“镜头模糊”滤镜通过图像的 Alpha 通道或图层蒙版的深度值来映射像素的位置，产生带有镜头景深的模糊效果。

打开“素材 \ 模块七 \ 知识点素材 \ 空中飞人”文件，在工具箱中选用“椭圆选框工具”，在图像中创建选区，如图 7—53 所示。创建完选区后，将选区载入通道并保存为 Alpha 通道，如图 7—54 所示。选择“滤镜”＞“模糊”＞“镜头模糊”命令，弹出“镜头模糊”对话框。在“源”下拉列表中选择该通道，如图 7—55 所示。设置完成后对其进行确定，至此就完成了添加镜头模糊效果，如图 7—56 所示。

图 7—53

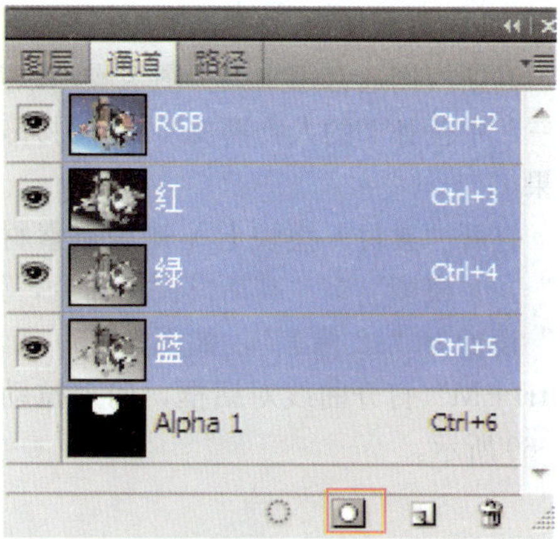

图 7—54

图 7—55

图 7—56

（五）高斯模糊

高斯模糊通常用来减少图像噪声以及降低细节层次，它可以用来修饰皮肤，参考“模块三”中任务 1 的人物磨皮步骤，另外，应用高斯模糊再结合曲线可以设计出立体质感的效果。

打开“素材 \ 模块七 \ 知识点素材 \ 彩色圆球”文件，如图 7—57 所示。选择“滤镜”＞“模糊”＞“高斯模糊”命令，弹出“高斯模糊”对话框，如图 7—58 所示，“半径”设置为“12 像素”，如图 7—59 所示。选择多边形套索工具画出一个三角形，按“Ctrl＋M”打开曲线对话框，向上拉动控制点，提亮选区，经过若干次操作，效果如图 7—60 所示。

图 7—57

图 7—58

图 7—59

图 7—60

九、“扭曲”滤镜

“扭曲”滤镜组中包含了 12 种滤镜，它们可以对图像进行几何扭曲，创建 3D 或其他整形效果。在处理图像时，该滤镜会占用大量内存。常用的扭曲滤镜有波浪、极坐标、球面化和水波。

（一）波浪

“波浪”滤镜可以在图像上创建波状起伏的图案，生成波浪效果。

打开“素材\模块七\知识点素材\树叶”文件，如图 7—61 所示。选择“滤镜”>“扭曲”>“波浪”命令，在弹出的“波浪”对话框中，“生成器数”用于控制产生波浪效果的震源总数；“波长”是指从一个波峰到下一个波峰的距离；“波幅”是指最大和最小的波浪幅度；“比例”用于控制水平和垂直方向的波动幅度。设置参数后对其进行确定，至此就完成了对该图像添加“波浪”滤镜效果，如图 7—62 所示。

图 7—61

图 7—62

（二）极坐标

“极坐标”滤镜可以将图像从平面坐标转换到极坐标，或从极坐标转换到平面坐标，该滤镜可以创建圆柱变体（17 世纪流行的一种艺术形式）。结合“波浪”和“极坐标”也可以创建特殊效果。

创建一个新的空白文件，在工具箱中选择“渐变工具”，然后设置渐变颜色，为文件填充渐变颜色，选择“滤镜”>“扭曲”>“波浪”，在弹出的“波浪”对话框中设置参数，设置完成后单击“确定”按钮，效果如图 7—63 所示。选择“滤镜”>“扭曲”>“极坐标”命令，在弹出的“极坐标”对话框中设置参数，设置完成后单击“确定”按钮，效果如图 7—64 所示。

图 7—63

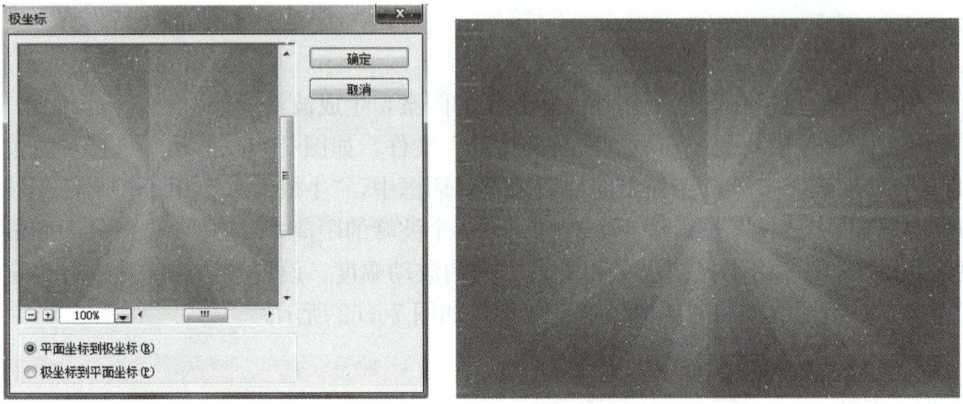

图 7—64

（三）球面化

“球面化”滤镜通过将选区折成球形，扭曲和伸展图像以适合选中的曲线，使图像产生3D效果。打开“素材\模块七\知识点素材\建筑物”文件，选择“滤镜”>“扭曲”>“球面化”命令，图 7—65 所示为“球面化”对话框，图 7—66（1）所示为效果设置“数量”值为 100%的扭曲效果，图 7—66（2）所示为设置“数量”值为“−100%”的扭曲效果。

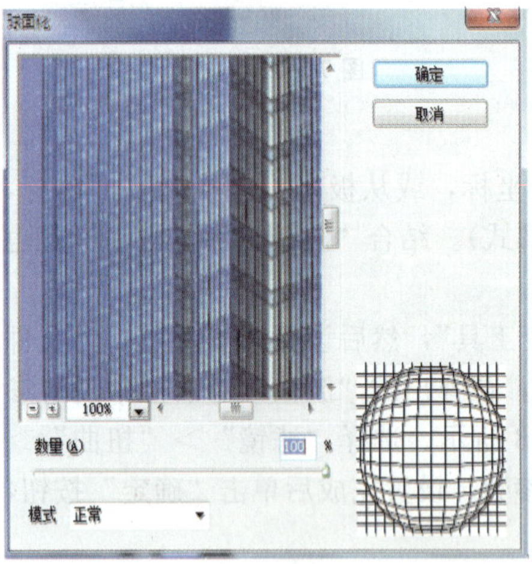

图 7—65

(1) (2)

图 7—66

（四）水波

“水波”滤镜可以模拟水池中的波纹，在图像中产生类似于向水池中投入石子后水面的变化形态。

打开“素材\模块七\知识点素材\水波”文件，如图 7—67 所示。选择“滤镜”>“扭曲”>“水波”命令，弹出“水波”对话框，在“样式”下拉列表中可以设置波纹形成的方式。选择“围绕中心”样式，可围绕图像的中心产生波纹，如图 7—68 所示；选择“从中心向外”样式，波纹从中心向外扩散，如图 7—69 所示；选择“水池波纹”样式，则使图像产生同心状波纹，如图 7—70 所示。

图 7—67

图 7—68

图 7—69

图 7—70

十、“锐化”滤镜

“锐化”滤镜组中包含了 5 种滤镜，可以通过增强相邻像素间的对比度来聚焦模糊的图像，使图像变得清晰。

（一）USM 锐化

“USM 锐化”滤镜可以查找图像中颜色发生显著变化的区域，然后将其锐化。“锐化边缘”滤镜只锐化图像的边缘，同时保留总体的平滑度。打开“素材\模块七\知识点素材\吉他”文件，如图 7—71 所示，选择“滤镜”＞“锐化”＞“USM 锐化”命令，弹出“水波”对话框，设置参数“数量”为 150，“半径”为 7，“阙值”为 5，如图 7—72 所示为使用“USM 锐化”滤镜锐化的效果。

图 7—71

图 7—72

（二）智能锐化

“智能锐化”滤镜与“USM 锐化”滤镜比较相似，但它具有独特的锐化控制功能，通过该功能可设置锐化算法，或控制在阴影和高光区域中进行的锐化能量。在操作时，可以将文档窗口缩放到 100%，以便精确地查看锐化效果。图 7—73 所示为该滤镜参数，图 7—74 所示为添加该滤镜后的效果。

图 7—73

图 7—74

十一、“素描”滤镜

“素描”滤镜组中包含了 14 种滤镜，它们可以将纹理添加到图像，常用来模拟素描和速写等艺术效果或手绘外观。其中大部分滤镜在重绘图像时都要使用前景色和背景色，因此，设置不同的前景色和背景色，可以获得不同的效果。可以通过“滤镜库”来应用所有的素描滤镜，常用的有半调图案、粉笔和炭笔。

（一）半调图案

“半调图案”滤镜可以在保持连续色调范围的同时，模拟半调网屏效果。

打开“素材＼模块七＼知识点素材＼玫瑰”文件，如图 7—75（1）所示，选择“滤镜”＞“素描”＞“半调图案”命令，弹出“半调图案”对话框，在“图案类型”下拉列表中可以选择模拟的网屏，包括“圆形”、“网点”和“直线”，如图 7—76 所示，效果如图 7—75（2）所示。

(1)　　　　(2)

图 7—75

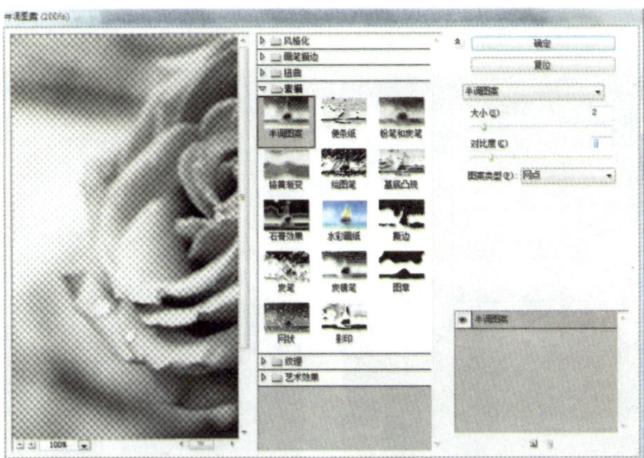

图 7—76

（二）粉笔和炭笔

“粉笔和炭笔”滤镜可以重绘高光和中间调，并使用粗糙粉笔绘制纯中间调的灰色背景。阴影区域中用黑色对角炭笔线条替换，炭笔用前景色绘制，粉笔用背景色绘制。图 7—77 所示为该滤镜参数，图 7—78 所示为添加该滤镜后的效果。

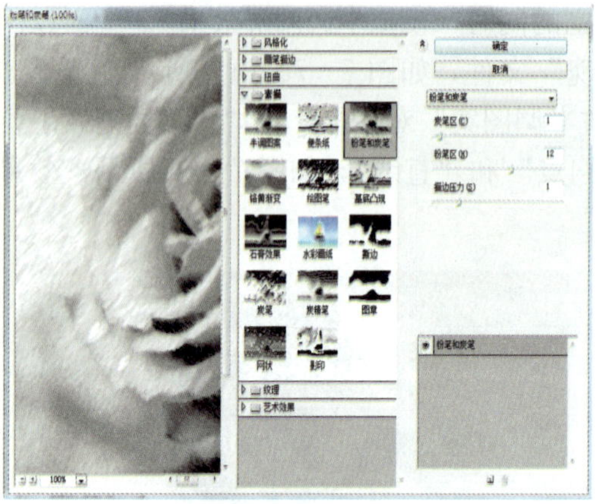

图 7—77

图 7—78

十二、“纹理”滤镜

“纹理”滤镜组中包含了 6 种滤镜，它们可以模拟具有深度感或物质感的外观，或者添加一种气质外观。

（一）龟裂缝

“龟裂缝”滤镜可以将图像绘制在一个高凸现的石膏表面上，以循着图像等高线生成精细的网状裂缝。使用该滤镜可以对包含多种颜色值或灰度值的图像创建浮雕效果。图 7—79（1）所示为原图像，图 7—80 所示为设置该滤镜参数，图 7—79（2）所示为滤镜效果。

(1) (2)

图 7—79

图 7—80

（二）颗粒

“颗粒”滤镜可以使用常规、软化、喷洒、结块、强反差、扩大、点刻、水平、垂直和斑点等不同种类的颗粒在图像中添加纹理。图 7—81 所示为“常规”颗粒效果，图 7—82 所示为“喷洒”颗粒效果。

(1)　　　　(2)

图 7—81

图 7—82

（三）纹理化

“纹理化”滤镜可以在图像中加入各种纹理，使图像呈现纹理质感，可选择的纹理包括“砖形”、“粗麻布”、“画布”和“砂岩”。如果单击“纹理”选项右侧的按钮，在弹出的下拉菜单中选择“载入纹理”命令，则可以载入一个 PSD 格式的文件作为纹理文件。图 7—83 所示为设置该滤镜的参数，图 7—84 所示为“砖形”纹理效果。

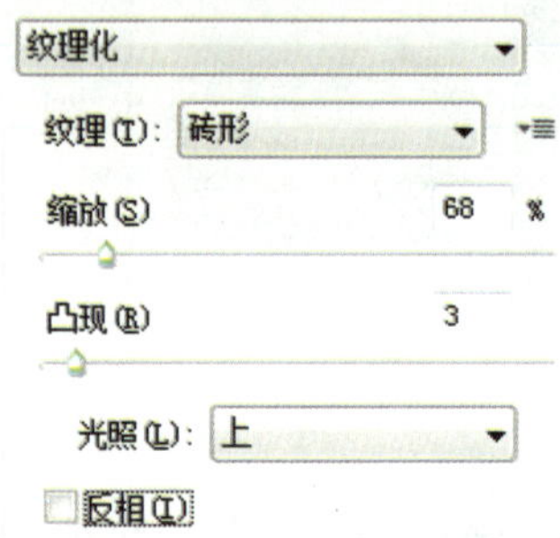

图 7—83

图 7—84

十三、“像素化”滤镜

“像素化”滤镜组中包含了 7 种滤镜，它们可以通过使单元格中颜色值相近的像素结成块来清晰地定义一个选区，可以创建彩块、点状、晶格和马赛克等特殊效果。

（一）彩色半调

“彩色半调”滤镜可以使图像变为网点效果，它先将图像的每一个通道划分出矩形区域，再以和矩形区域亮度成比例的圆形替代这些矩形，圆形的大小与矩形的亮度成比例，高光部分生成的网点较小，阴影部分生成的网点较大。

打开“素材\模块七\知识点素材\秋天”文件，如图 7—85（1）所示，选择“滤镜”>“像素化”>“彩色半调”命令，在弹出的“彩色半调”对话框中设置参数，如图 7—86所示。设置完成后对其进行确定，至此就完成了为该图像添加“彩色半调”滤镜效果，如图 7—85（2）所示。

(1) (2)

图 7—85

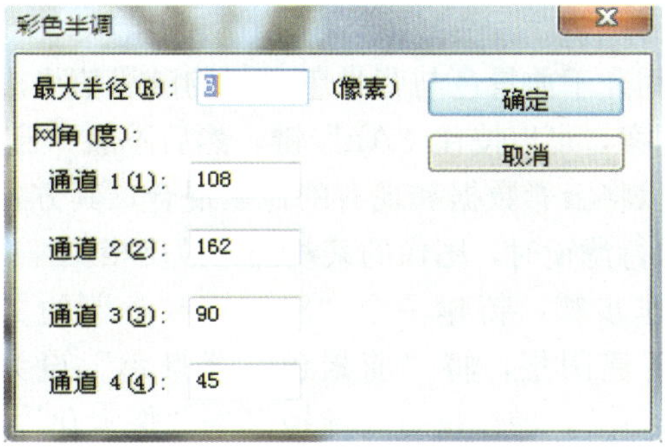

图 7—86

（二）点状化

“点状化”滤镜可以将图像中的颜色分散为随机分布的网点，如同点状绘画效果，背景色将作为网点之间的画布区域。使用该滤镜时，可通过“单元格大小”来控制网点的大小。图 7—87 所示为该滤镜参数设置，图 7—88 所示为添加滤镜后的效果。

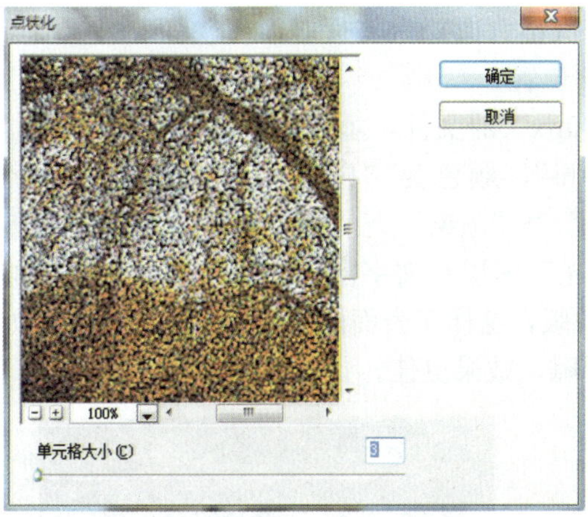

图 7—87

图 7—88

（三）马赛克

“马赛克”滤镜可以使图像分割成若干不规则的小块，组成马赛克效果，使它看起来像是由小的碎片或拼贴组成，然后加深拼贴之间缝隙的颜色。

不规则颜色时尚方块制作步骤：新建“800×800px”的文件，填充“＃27a9df”，执行“滤镜”＞“杂色”＞“添加杂色”，设“数量”为 30％，设“分布”为“平均分布”，执行“滤镜”＞“纹理”＞“马赛克”，设“单元块大小”为“10 方块”。

十四、“渲染”滤镜

“渲染”滤镜组中包含了 5 种滤镜，这些滤镜可以在图像中创建 3D 形状、云彩图案、折射图案和模拟的光反射。

（一）云彩与分层云彩

“云彩”滤镜可以使用介于前景色与背景色之间的随机值生成柔和的云彩图案。要生成色彩较为分明的云彩图案，可以按住“Alt”键，然后添加“云彩”滤镜。

“分层云彩”滤镜可以将云彩数据和现有的像素混合，其方式与“差值”模式混合颜色的方式相同，第一次执行滤镜时，图像的某些部分被反相。

褶皱纸张效果的制作步骤：新建一个“800×160px”的文件，由“#71c51a”至“#1c6b01”左右渐变，新建图层，将“前景色、背景色”设为“黑、白色”，执行“滤镜”>“渲染”>“云彩”，继续执行“滤镜”>“像素化”>“晶格化”，“叠加样式”为柔光，如图7—89所示。

图7—89

（二）镜头光晕

“镜头光晕”滤镜可以模拟亮光照射到相机镜头所产生的折射，通过单击图像缩览图的任一位置或拖动其十字线，指定光晕中心的位置。

广告字体效果制作：新建一个“800×600px”的文件，填充颜色为“#332222”，输入文字“ONLY”，字体选择“Century Gothi”，颜色为“白色”。新建图层，命名为“光”，填充颜色为“#6b5b5b”，执行“滤镜”>“渲染”>“镜头光晕”，参数设置如图7—90所示，按住“Alt”键，将鼠标放在“光”图层和文字图层之间，就会出现的光标，点击之后，文字就会作为“光”图层的蒙版，这样字表面的质感就显示出来了，如图7—91所示。设置文字图层的阴影、斜面与浮雕，效果更佳。

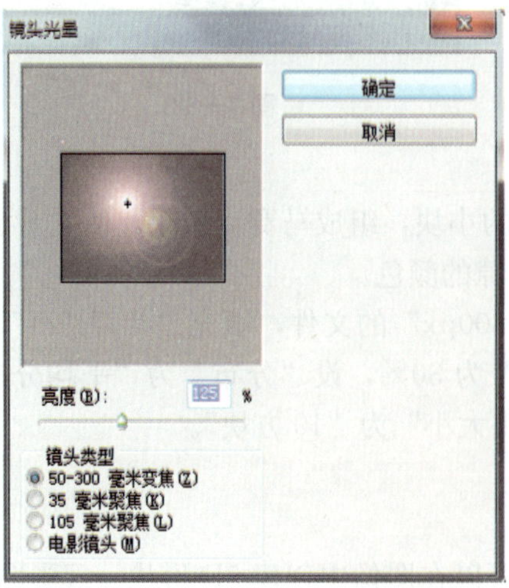

图7—90

图7—91

十五、“艺术效果”滤镜

“艺术效果”滤镜组中包含了15种滤镜，就像一位熟悉各种绘画风格和绘画技巧的艺术大师，可以使一幅平淡的图像变成大师的力作，且绘画形式不拘一格。它能产生油画、水彩画、铅笔画、粉笔画、水粉画等各种不同的艺术效果。

（一）粗糙蜡笔

“壁画”滤镜是模拟用彩色蜡笔在带纹理的图像上描边的效果。打开“素材\模块七\知识点素材\人物”文件，如图7—92所示，选择“滤镜”>“艺术效果”>“粗糙蜡笔”命令，图7—93所示为该滤镜参数设置，图7—94所示为添加该滤镜后的效果。

图7—92

图7—93

图7—94

（二）胶片颗粒

“胶片颗粒”滤镜将平滑的图案应用于阴影和中间色调，将一种更平滑、饱和度更高的图案添加到亮区。在消除混合的条纹和将各种来源的图素在视觉上进行统一时，该滤镜非常有用。图 7—95 所示为该滤镜的参数设置，图 7—96 所示为添加滤镜后的效果。

图 7—95

图 7—96

十六、“杂色”滤镜

“杂色”滤镜组中包含了 5 种滤镜，它们可以添加或去除杂色或带有随机分布色阶的像素，创建与众不同的纹理，也用于去除有问题的区域。使用数码相机拍照时，如果用很高的 ISO 设置、曝光不足或者用较慢的快门速度在黑暗区域中拍照，则可能会导致出现杂色。扫描图像时，扫描传感器也可能导致图像出现杂色。

（一）添加杂色

该滤镜可以将一定数量的杂色以随机的方式添加到图像中。亚麻纹理的背景在很多商业案例中被应用，如一些淘宝商城广告宣传图。具体制作过程如下：

（1）创建“500×500px”的文件，R、G、B 数值均为 128 的图层（简称“50％中性灰”）。执行“滤镜”＞“杂色”＞“添加杂色”，“参数”设为“400％”。

（2）执行“图像”＞“调整”＞“阈值”，“阈值色阶”设为“255”，按“Ctrl”＋

“+”组合键，放大视图。

(3) 执行“选择”>“色彩范围”，然后使用吸管吸取白色的像素，通过色彩范围就选中了所有纯白色的像素作为选区，按“Ctrl+J”，将这些白色选区内容复制到新图层，形成“图层 2”。

(4) 新建“图层 3”，填充“#d4d3c0”，移动至“图层 2”与“图层 1”之间。

(5) 单击“图层 2”，执行“滤镜”>“模糊”>“动感模糊”，“参数”设为“0 度、30 像素”，并将图层更改透明度为“20%”，按“Ctrl+J”，复制图层，然后按“Ctrl+T”旋转 90°。最终效果图如图 7—97 所示。

图 7—97

(二) 中间值

“中间值”滤镜通过混合选区中像素的亮度来减少图像的杂色。该滤镜可以搜索像素选区的半径范围以查找亮度相近的像素，扔掉与相邻像素差异太大的像素，并用搜索到的像素的中间亮度值替换中心像素，这个滤镜在消除或减少图像的动感效果时非常有用。

打开“素材\模块七\知识点素材\小花”文件，如图 7—98 (1) 所示，选择“滤镜”>“杂色”>“中间值”命令，图 7—99 所示为该滤镜的参数设置，图 7—98 (2) 所示为添加该滤镜后的效果。

(1)

(2)

图 7—98

图 7—99

十七、“其他”滤镜

“其他”滤镜组合中包含了 5 种滤镜，它们中有允许用户自定义滤镜的命令，也有使用滤镜修改蒙版、在图像中使选区发生位移和快速调整颜色的命令。

（一）高反差保留

“高反差保留”滤镜可以在有强烈与颜色转变发生的地方按指定的半径保留边缘细节，并且不显示图像的其余部分，该滤镜对于从扫描图像中取出艺术线条和大的黑白区域非常有用。

打开“素材\模块七\知识点素材\小猫”文件，如图 7—100（1）所示，选择“滤镜”＞“其他”＞“高反差保留”命令，在弹出的“高反差保留”对话框中设置参数，如图 7—100（2）所示。设置完成后对其进行确定，至此就完成了对该图像添加“高反差保留”滤镜效果，如图 7—100（3）所示。

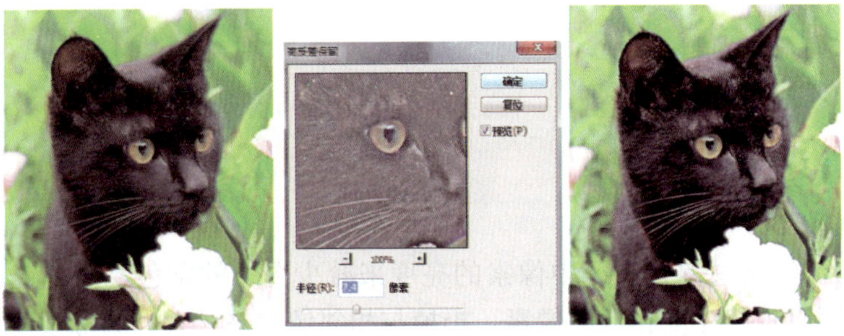

(1)　　(2)　　(3)

图 7—100

> 提示：此种操作方法可以很好地起到锐化作用，非常实用。

（二）位移

“位移”滤镜可以水平或垂直处置偏移图像，对于由偏移生成的空缺区域，还可以用不同的方式来填充。选择“设置为背景”单选按钮，将以背景色填充空缺部分；选择“重复边缘像素”单选按钮，可在图像边界的空缺部分填入溢出图像之外的内容。图 7—101 所示为“位移”对话框，图 7—102 所示为“位移”滤镜效果。

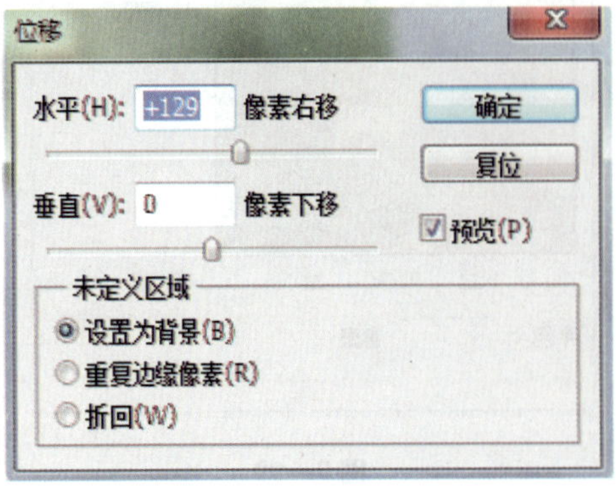

图 7—101

图 7—102

十八、Digimarc 滤镜

Digimarc 滤镜可以在图像中嵌入水印，这样就可以使我们的图像版权受到保护。水印是一种以杂色方式添加到图像中的数字代码，用肉眼无法识别，但是在进行图像编辑时会一直存在。

（一）嵌入水印

选择菜单栏中的“滤镜”>“Digimarc”>“嵌入水印”命令，即可弹出“嵌入水印”对话框，如图 7—103 所示。在嵌入水印前必须要进行注册，同时还要支付一定的费用方可使用。

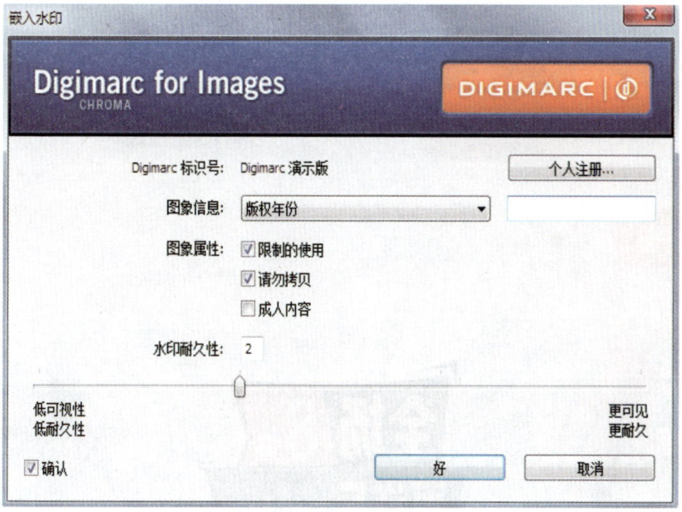

图 7—103

（二）读取水印

该命令主要用来读取水印。当图像中包含设置的水印时，在图像窗口的标题栏和状态栏上会显示 C 状符号。系统会自动链接到 Digimarc 站点并寻找 ID 号码以及相关数据。

实践任务：折扣促销页面的设计与制作

任务背景

某日用品公司需设计促销页面。

任务要求

利用极坐标进行设计，突出促销信息，“宽度×高度”为“1 920×520 像素”。

任务素材

任务参考效果图

模块八　通道知识的综合应用
——设计制作无线端“双 12”活动海报

任务参考效果图

能力目标

（1）能利用通道创建选区。

（2）能使用通道设计海报。

知识目标

（1）理解通道的特性。

（2）掌握通道的使用方法。

模拟制作任务

任务名称：无线端“双12”活动海报的设计与制作

任务背景

某公司需要根据“双12”活动设计无线端海报。

任务要求

要求设计的广告图大气、有深度、突出品牌理念。

任务分析

运用通道抠出模特，提高顾客的点击和购买欲望。图片尺寸：1 920×660像素。

任务难点

使用通道和快速选择工具抠选模特。

操作步骤详解

步骤 1： 执行“文件”＞“新建”命令（快捷键“Ctrl＋N”），在弹出的“新建”对话框中设置“名称”为“无线端‘双 12’活动海报”，“宽度”和“高度”分别为“1 920 像素”和“660 像素”，“分辨率”为“72 像素”，“颜色模式”为“RGB”，设置完成后单击“确定”按钮，创建新文件。按“Alt”键，双击“背景图层”，背景图层转化为普通图层。新建图层形成“图层 1”，填充颜色为“d44b38”。如图 8—1 所示。

图 8—1

步骤 2： 置入“素材＼模块八＼任务 1 素材＼场景图”文件，如图 8—2 所示。

图 8—2

步骤 3： 单击“通道”面板，在“红”通道栏处单击鼠标左键，文档显示为“红”通道的灰度图，依次分别单击“绿”、“蓝”通道，观察灰度图中头发和背景的反差最大的通道，经过比较确定“蓝”通道中反差最大。在“蓝”通道处按住鼠标左键并拖动到“创建新通道”图标，得到一个“蓝副本”通道。

步骤 4： 单击“快速选择工具”，通过工具选项栏中的“添加到选区”按钮不断点击，直至将男女模特和下半部分背景包含在选区之内。通过“从选区减去”按钮，去除杂质。如图 8—3 所示。

图 8—3

步骤5: 点击“图层”面板，点击“场景图”图层，执行“Ctrl+J”得到图层2，隐藏“场景图”，如图8—4所示。单击矩形选框工具，按“Ctrl”，同时在“图层2”图层缩览图处点击一下，即形成选区。点击工具选项上的 调整边缘... ，在弹出的“调整边缘”对话框中进行设置，“智能半径”设为“2像素”，“羽化”设为“2像素”，“对比度”设为“15%”，“移动边缘”设为“−15%”，“输出到”选“新建带有图层的蒙版”，然后点击“确定”，如图8—4所示。

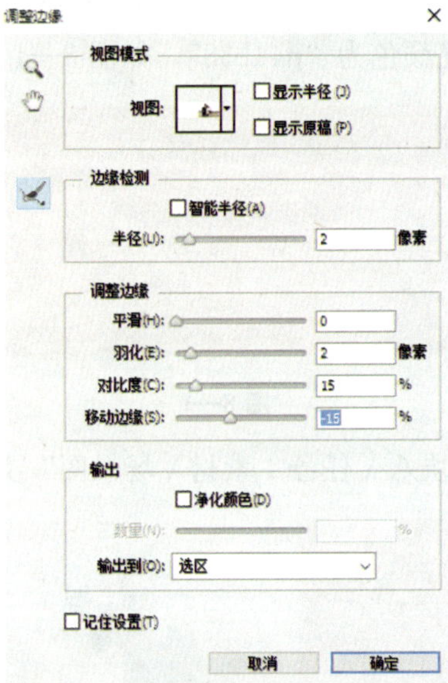

图8—4

知识点1

“调整边缘”的设置是为了使得该图层与其他图层之间更加融合，避免图层周围的白边影响整体设计效果。

步骤6: 将“墙壁”、“全民疯抢”、“12.12万能盛典”置入文件中合适位置，按“Ctrl+T”调整大小。选择“文字工具T”，分别输入“万张春运车票”、“总有你一张”、“先购买 再领券”。字体设置分别为“方正正准黑简体”、“方正兰亭纤黑简体”、“方正兰亭纤黑简体”，调整字体的大小，如图8—5所示。

图8—5

步骤 7：在“万张春运车票”图层之上新建图层，选择多边形套索工具绘制任意多边形，填充颜色为“ec8f8f”。右击该图层，选择“创建剪贴蒙版”，那么该图层即嵌入“万张春运车票”字体图层中。置入“彩色笔刷”、“墙壁”文件，放至合适位置。按“Ctrl+S”保存“无线端双 12 活动海报. psd”文件。如图 8—6 所示。

图 8—6

知识点解析

通道是 Photoshop 中最重要，也是最为核心的功能之一，它用来储存图像的颜色和选区。在 Photoshop 中包含三种类型的通道，即颜色通道、Alpha 通道和专色通道。颜色通道保存了图像的颜色信息，Alpha 通道用来保存选区，专色通道用来存储专色。

一、通道的特性

（一）储存颜色

打开“素材＼模块八＼知识点素材＼海边 .jpg”，执行“窗口”＞“通道”命令，弹出“通道”对话框，如图 8—7 所示。“通道”面板和“图层”面板很相似。通道最上方是一张彩色的缩略图，彩色的缩略图下面分布着黑白的缩略图。彩色缩略图即“RGB”称为复合通道；黑白缩略图即“红”、“绿”、“蓝”称为原色通道。复合通道用来显示当前文档所呈现的所有颜色的信息，所显示的内容是将所有显示的图层叠加之后的显示效果。“RGB”、“红”、“绿”、“蓝”通道统称为颜色通道，代表了所有颜色的信息。

图 8—7

每个缩略图的左边都有一个用来开关通道显示的小眼睛。在“红”通道的眼睛处单击鼠标左键，“红”通道和“复合”通道眼睛消失，观察图像文档，文档颜色发生了变化，如图 8—8 所示。在“复合”通道的眼睛处单击鼠标左键，恢复颜色显示，然后单击“蓝”通道的眼睛，关闭“蓝”通道显示，文档颜色发生了变化，如图 8—9 所示。

图 8—8

图 8—9

通过开关“原色”通道使得图像文档的颜色显示发生改变，可以看出图像文档的所有颜色都分别被存放在各自的通道中，也就是说，通道是用来储存颜色的地方，这是通道的特性之一——储存颜色。

为了方便用户操作通道，默认状态下通道以黑白显示。执行“编辑”＞“首选项”＞“界面”命令，弹出“界面”对话框，在对话框中勾选“用彩色显示通道”，单击“确定”按钮，观察“通道”调板和文档，原来黑白的通道和文档出现颜色。如图 8—10 所示。

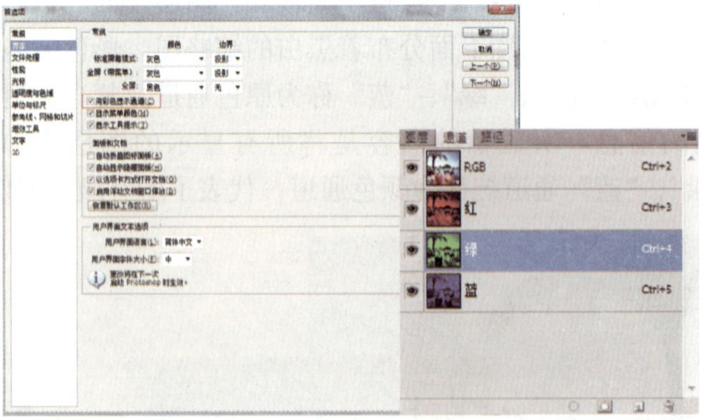

图 8—10

提示：按“Ctrl＋数字键”可以快速选择通道。以 RGB 模式的图像为例，按“Ctrl＋3”组合键可以选择“红色”R 通道，按“Ctrl＋4”组合键可以选择“绿色”G 通道，按“Ctrl＋5”组合键可以选择“蓝色”B 通道。

取消勾选“用彩色显示通道”，恢复黑白显示。观察图层和通道，可以看到图层和通道的对应关系。在“蓝”通道栏处单击鼠标左键可使其蓝显，对比原图像，可以发现“蓝”通道中蓝色位置处是亮的，如图 8—11 所示。因此，图层中某个颜色越多的地方，该颜色通道对应的地方越亮，反之越暗。

图 8—11

（二）储存选区

“通道”面板的最下方分布着一些快捷图标，分别是“将通道作为选区载入”、“将选区存储为通道”、“创建新通道”、“删除当前通道”。

选中“蓝”通道状态下，在“将通道作为选区载入”快捷图标上单击鼠标左键，此时文档上出现选区蚂蚁线，如图 8—12 所示。在“将选区储存成通道”快捷图标上单击鼠标左键，此时出现一个“Alpha1”通道，这表示文档的选区被储存成通道，如图 8—13 所示。激活“图层”面板，双击背景图层转换成“图层 0”，“Ctrl＋J”复制后形成图层 1，如图 8—14 所示，隐藏“图层 0”，即可看到如图 8—15 所示的效果。

提示：按住“Ctrl”键的同时单击某个“原色”通道可以调出选区。

图 8—12

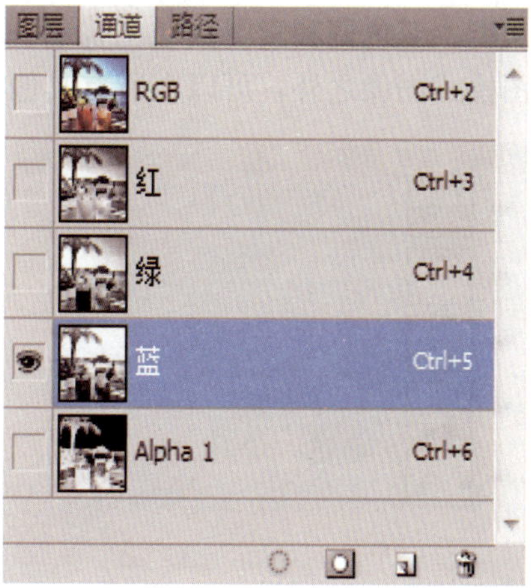

图 8—13

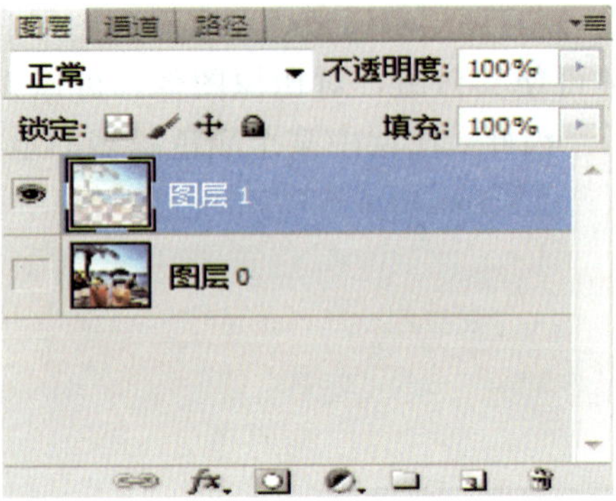

图 8—14

图 8—15

利用通道调出和储存选区，可以明白通道和选区之间的关系：通道包含着选区信息。这是通道的特性之二——储存选区。在通道中，白色代表选区，黑色代表未选区。

二、通道的分类

（一）颜色通道

1. 认识颜色通道

颜色通道可以分别对某种颜色进行调节。例如在 RGB 模式中，如果正常调节如“亮度/对比度”之类的参数时，针对的是整个图像中的所有颜色，而如果只想调节红色通道的“亮度/对比度”之类的参数，在通道中选择 R 通道，然后进行调节，就可以看到整个图像中所有红色的信息都发生了改变。

颜色通道是在打开新图像时自动创建的通道，图像的颜色模式不同，颜色通道的数量也不相同。图像中的默认颜色通道数取决于图像的颜色模式。例如，一个 CMYK 图像至少有 4 个通道，分别代表青色、洋红、黄色和黑色信息，如图 8—16 所示。可将通道看成类似于印刷过程中的印版，即一个印版对应相应的颜色图层。除这些默认颜色通道外，也可以将称为 Alpha 通道的额外通道添加到图像中，以便将选区作为蒙版存储和编辑，并且可以添加专色通道为印刷添加专色印版。一个图像最多可有 56 个通道。默认情况下，位图、灰度、双色调和索引颜色图像有一个通道；Lab 图像有 4 个通道，如图 8—17 所示。除位图模式图像之外，可以在所有其他类型的图像中添加通道。

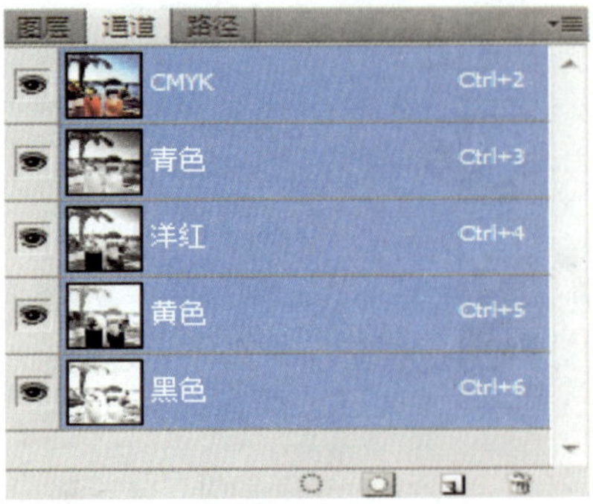

图 8—16

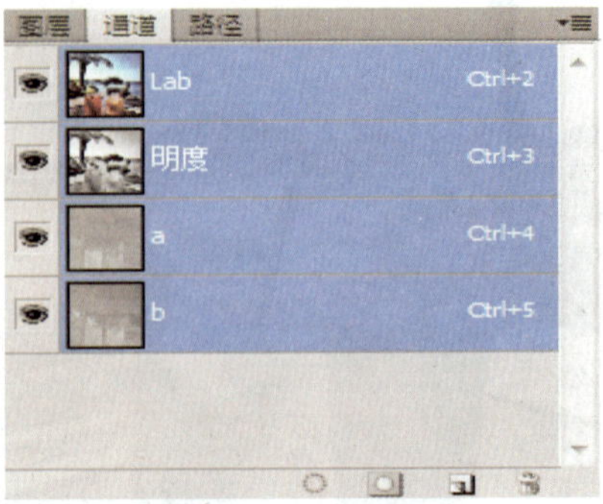

图 8—17

2. 编辑颜色通道

在运用颜色通道的时候，有时一些默认的设置不能满足需要，就要对其进行设置。下面介绍如何对颜色通道进行编辑。

（1）按“Ctrl+O”组合键，在弹出的对话框中选择“素材\模块八\知识点素材\花束.jpg”，单击“打开”按钮，如图 8—18 所示。选择“窗口”>“通道”命令，打开“通道”面板。

（2）在“通道”面板中选择“红”通道，在工具箱中单击“加深工具”按钮，然后在工具选项栏中将“画笔大小”设置为“99px”，将“范围”设置为“阴影”，将“曝光度”设置为 100%，并对图像进行涂抹，效果如图 8—19 所示。

图 8—18

图 8—19

（3）在“通道”面板中，选择 RGB 颜色模式，然后选择“滤镜”>“纹理”>“马赛克拼贴”命令，在弹出的对话框中将“拼贴大小”、“缝隙宽度”以及“加亮缝隙”分别设置为“3”、“5”、“8”，完成对颜色通道的编辑。

（4）设置完成后单击“确定”按钮，完成后的效果如图 8—20 所示。

图 8—20

3. 通道的分离与合并

在 Photoshop 中，可以将多个灰度图像合并为一个图像的通道，进而创建彩色的图像。用来合并的图像必须是灰度模式，具有相同的像素尺寸，而且还要处于打开的状态。

（1）按“Ctrl+O”组合键，在弹出的对话框中选择“素材\模块八\知识点素材\星空.jpg”，单击“打开”按钮，如图8—21所示，然后在菜单栏中选择“窗口”>“通道”命令，打开“通道”面板。

图 8—21

（2）单击“通道”面板右上角的黑下三角按钮，在弹出的下拉菜单中选择“分离通道”命令。将该图像分离为3个灰度模式的文件。

（3）单击“通道”面板右上角的下三角按钮，在弹出的下拉菜单中选择“合并通道”命令，弹出“合并通道”对话框，在“模式”下拉列表中选择“RGB颜色”选项，如图8—22（1）所示，然后单击“确定”按钮，弹出“合并RGB通道”对话框，“绿色通道”中选择“蓝”，“蓝色通道”中选择“绿”，将绿色和蓝色指定的文件进行交换，如图8—22（2）所示。合成后的图像效果如图8—23所示。

(1)

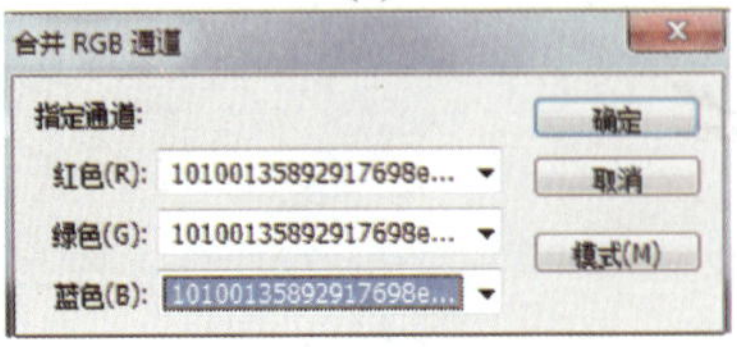

(2)

图 8—22

图 8—23

（二）Alpha 通道

Alpha 通道是用来保存选取区域的。在 Alpha 通道中，黑色表示非选取区域，白色表示被选取区域，不同层次的灰度则表示该区域被选取的百分率。Alpha 通道除了保存选区之外，也可以在 Alpha 通道中编辑选区。

（三）专色通道

专色通道是指一种预先混合好的特定彩色油墨，补充印刷色（CMYK）油墨，如明亮的橙色、绿色、荧光色、金属银色、烫金版、凹凸版、局部光油版等。

实践任务：钻展图的设计与制作

任务背景

某童装新品上市，现需设计钻展图。

任务要求

利用通道抠选模特，“宽度×高度”为“640×220 像素”。

任务素材

任务参考效果图

模块九　Photoshop 知识的综合应用
——静态图片处理实战

静态的照片要求能准确地表现出静态事物的形态、光泽、质地等基本特质，给浏览者愉悦的感受。处理此类照片时要注意对主次关系的把握，力求将静物更加完美地展现出来，突出其真实感。“变形文字”、“图层属性”、“批处理”、“GIF 动画”、“切片工具”是电子商务行业中常用的处理方式。

一、利用“变形文字”加强装饰性

为了让添加的文字起到更好的装饰画面的效果，可对文字进行适当的变形处理并添加上发光样式，让文字更具艺术感，再与其他文字组合，加强照片主题的表达，制作出更具欣赏性的画面。打开“素材\模块九素材\鞋.jpg”，如图 9—1 所示。

图 9—1

(1) 在工具箱中选择“横排文字工具”，打开“字符”面板。设置“字体”为“Didot”、“大小”为“48 点”，“颜色”为“白色 ffffff”。

(2) 在“文字”工具选项栏中选择“创建文字变形”命令，打开“变形文字对话框”，如图 9—2 所示，在选项后的下拉按钮中选择“花冠”，设置“弯曲”选项参数值为“75%”。

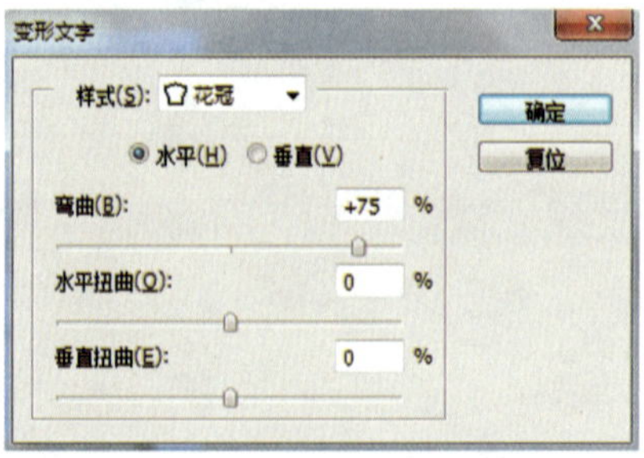

图 9—2

(3) 在“图层”面板中双击文字图层，打开“图层样式对话框”，勾选“样式”为“投影”，设置“角度”为“90°”，“距离”为“6 像素”，“大小”为“2 像素”。“勾选样式”为“外发光”，设置“杂色”为“a3ccf4”，“大小”为“70 像素”。在图像窗口中可以看到，文字边缘出现了柔和的蓝色发光效果，文字更加突出，如图 9—3 所示。

图 9—3

(4) 新建文字图层，输入文字“You are the one my love my destiny”，设置“字体”为“Edwardian Script ITC”、“大小”为“48 点”，“颜色”为“63a0d9”。在图层面板中双击文字图层，打开“图层样式对话框”，勾选样式为“投影”，设置“角度”为“90°”。

(5) 打开“调整”面板，如图 9—4 所示，单击“照片滤镜”按钮，在“滤镜”右侧下拉框中选择“冷却滤镜 (82)”，设置“浓度”为 25%，“颜色”为“00b5ff”。

(6) 选择“画笔工具”，在鞋上进行涂抹，恢复鞋原有色调。置入“素材 \ 模块九 \ 星光”，缩放移动至合适位置，最终效果如图 9—5 所示。

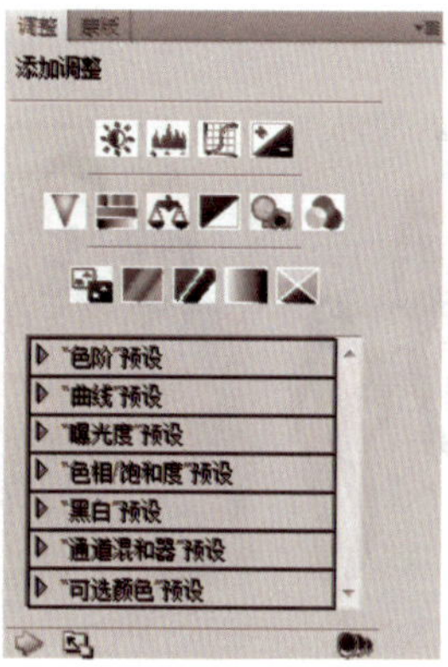

图 9—4

图 9—5

二、利用“图层属性”加强生动性

模特展示产品能给产品赋予内涵。设置 Photoshop 中的“图层属性”，可以制作出更加生动的模特展示效果。

（1）执行“文件”＞“新建”命令（或者按“Ctrl＋N”），在弹出的“新建”对话框中设置“名称”为“模特展示图”，“宽度×高度”为“800×700像素”，“分辨率”为“300像素”，“颜色模式”为“RGB”，设置完成后单击“确定”按钮，创建新文件。

（2）置入“情侣01.jpg”，如图9—6所示。单击“添加图层蒙版”按钮，选择“渐变工具”中的“黑白渐变”，效果如图9—7所示。设置图层“不透明度”为“30”。

图9—6

图9—7

（3）单击“圆角矩形工具”，在图像中拖拽出一个圆角矩形，在路径面板中，按“Ctrl”转换成选区，按“Ctrl＋J”复制，得到“图层1”，设置图层属性。设置“投影”参数：“不透明度”为“30”，“距离”为“5”，“扩展”为“25”，“大小”为“20”；设置“内发光”参数：“不透明度”为“100”，“杂色”为“100”，“阻塞”为“5”，“大小”为“10”；设置“内阴影”参数：“不透明度”为“25”，“距离”为“4”，“阻塞”为“27”，“大小”为“5”。如图9—8所示。

（4）置入“情侣男单.jpg”、“情侣男单.jpg”，双击图层，将“图层属性”设置为“正片叠底”。如图9—9所示。

图9—8

图9—9

三、利用“批处理”处理图片大小

Photoshop特有的图片处理方法——批处理。它的功能就是批量处理相同修改要求的图片，这个功能可以提高工作效率。打开“素材\模块九素材\侧边分类栏\侧边分类一01.jpg”，如图 9—10 所示。按“Ctrl+Alt+I”查看图像大小为“625×146px”，如图 9—11 所示。

图 9—10

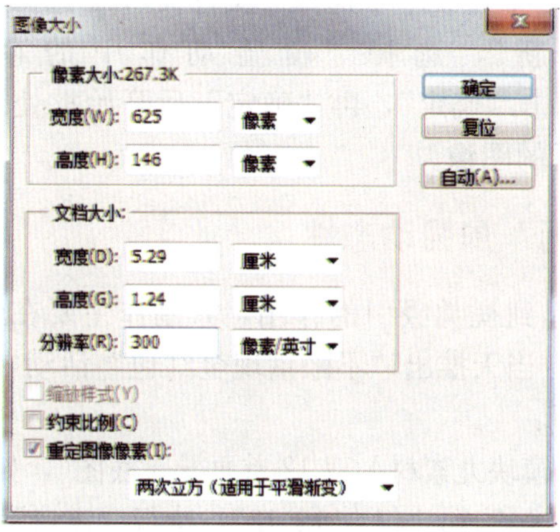

图 9—11

现在需要将“侧边分类栏”文件夹中的所有图片大小调整为“150×20px”。具体操作如下：

（1）打开 Photoshop，选中“窗口”>“动作”命令（或者按“Alt+F9”），打开动作命令窗口，如图 9—12 所示。

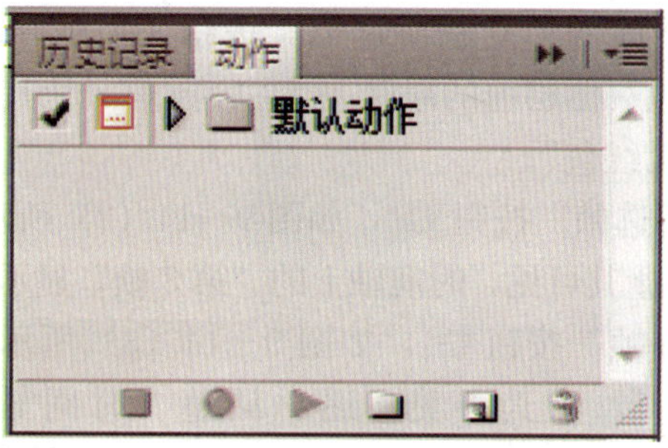

图 9—12

（2）单击动作命令栏“创建新动作”快捷命令图标，弹出“新建动作”对话框，在“名称”栏中默认为“动作 1”，然后单击“记录”按钮。此时，会看到动作面板下面出现一个红色的按钮，表示已经开始录下接下来操作的每一个步骤。

（3）执行“图像”>“图像大小”命令，设置“宽度”为“150px”，“高度”自动更改为“35px”，因为选择了“自动约束比例”约束比例(C)，单击“确定”按钮。

（4）执行“文件”＞“存储为”命令，在“格式”下拉菜单中选择“JPEG 格式”，路径选择“素材\模块九素材\侧边分类栏—新”，单击“保存”，自动打开“JPEG 选项”对话框，在“品质”框下拉菜单中选择“最佳”，单击“确定”。

（5）单击动作命令栏下方的“停止”按钮停止记录。

（6）执行“文件”＞“自动”＞“批处理”，打开批处理命令框。在“动作”下拉菜单中选择“动作 1”，在“源”下拉菜单中选择“文件夹”，“选择”路径为“素材\模块九素材\侧边分类栏”，单击“确定”。单击选中“包含所有子文件夹”复选框 ☑包含所有子文件夹(I)。在“目的”下拉菜单中选择“文件夹”，“选择”路径为“素材\模块九素材\侧边分类栏—新”，选择“覆盖动作中的存储为命令”复选框 ☑覆盖动作中的"存储为"命令(V)，单击“确定”，再“确定”后开始批处理，打开“侧边分类栏—新”文件夹即可看到转化后的图像。

四、利用“GIF 动画”加强动态性

GIF 动画的使用能够起到视觉吸引的作用，其制作主要在于“图层”和“帧”的设置。某电商企业在“双 12”当天推出“不限量现金红包”活动，有“10 元”、“50 元”两种红包，页头动画设置如下：

（1）打开素材“素材\模块九素材\双 12 首页导航底图”，如图 9—13 所示，分别置入素材“10 元红包”、“50 元红包”和“仅在 12.12”，执行“窗口”＞“时间轴”命令，隐藏其他图层，只显示背景层，时间轴上的“第 1 帧”显示的内容就是“不限量现金红包”。

图 9—13

（2）单击“时间轴”下面的“复制所选帧”按钮，形成“第 2 帧”，如图 9—14（1）所示，点击“10 元红包”图层前的眼睛，让其可见，时间轴上的“第 2 帧”显示的内容就是“10 元红包”。

（3）继续单击“复制所选帧”按钮，如图 9—14（2）所示，点击“50 元红包”图层前的眼睛，让其可见，时间轴上的“第 3 帧”显示的内容就是“50 元红包”。

（4）再单击“复制所选帧”按钮，如图 9—14（3）所示，点击“仅在 12.12”图层前的眼睛，让其可见。逐个调整“时间轴”上的“帧延迟时间” 0秒 0.5 1秒 1.5，选择“运行”按钮▶，查看动画效果。

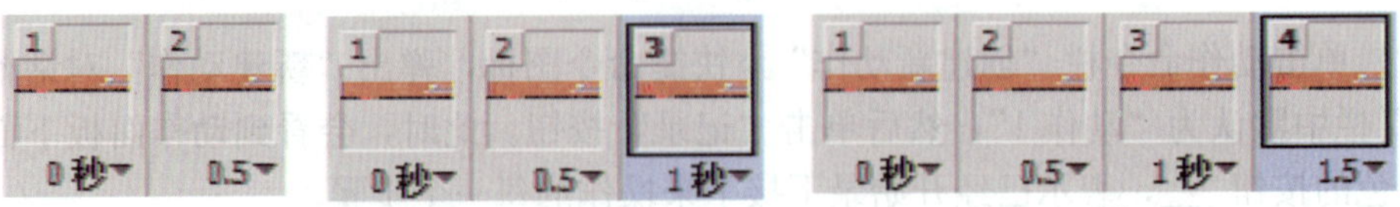

（1） （2） （3）

图 9—14

（5）单击“文件”＞“存储为 Web 所用格式”（或者按“Ctrl＋Alt＋Shift＋S”），在弹出的对话框中设置“预设”为“GIF”，“颜色”为“256”，如图 9—15（1）所示，注意右下角的“循环”选项为“永远”，如图 9—15（2）所示。点击“存储”，“仅限图像”。至此 GIF 动画的制作完成。效果见“素材 \ 模块九素材 \ 双 12 首页导航动画”。

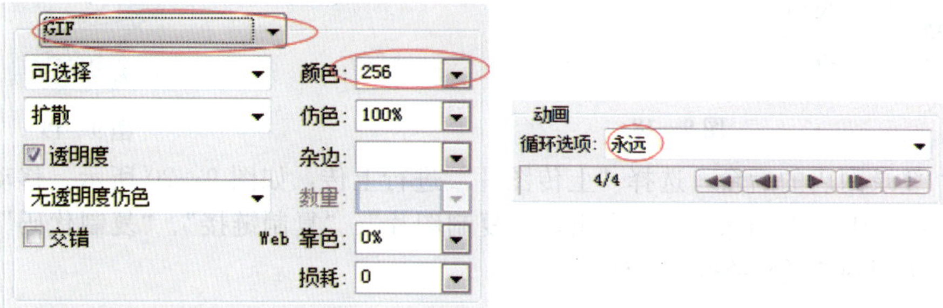

（1）　　　　　　　　（2）

图 9—15

五、利用“切片工具”链接图片

图片完成设计后，需要进行切片后上传至网店后台的“图片空间”，才能在网上商店进行展现。

（1）打开“素材 \ 模块九素材 \ 首页分类”，如图 9—16 所示，选择工具栏中的“切片工具”，切割成图 9—17。

图 9—16

图 9—17

（2）单击“文件”＞“存储为 Web 所用格式”，“存储”命令，在打开的文件夹中单击“格式”下拉框，选择“HTML 和图像”，如图 9—18 所示，单击“保存”按钮，则会生成“images”文件夹和“首页分类”两个文件，如图 9—19 所示。

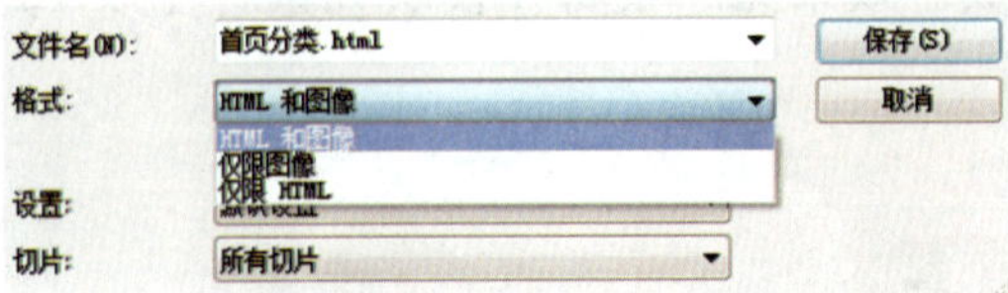

图 9—18

图 9—19

（3）登录网店的后台，选择“上传图片”进行上传，如图 9—20 所示。移动鼠标至“首页分类 _ 01 _ 01. jpg”上，会出现“复制图片”、“复制链接”、“复制代码”三个图标，选择中间的“复制链接”图标。

图 9—20

图 9—21

（4）打开 Dreamweaver 软件，打开“第 2 步”生成的“首页分类 . html”文件，单击其中的一片，将“源文件”的内容替换为“第三步”的“复制链接”的内容。

如图 9—22 所示，按照同样的方法替换另外三块图片的“复制链接”的内容，按“Ctrl+S”保存。网页效果如图 9—23 所示。

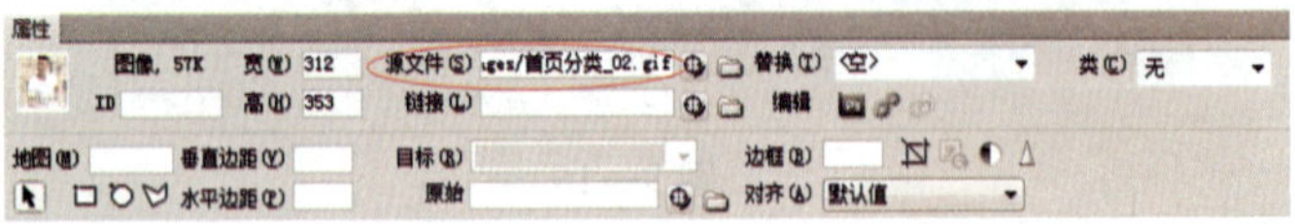

图 9—22

图 9—23

模块十　Photoshop 知识的综合应用
——电商美工综合实战

电商美工最常实战的内容包含首页设计和详情页设计。

一、首页设计

（一）首页的作用

首页设计十分关键。首页的作用主要有：

(1) 塑造店铺形象：最大限度提升店铺的形象，有利于店铺品牌的形成。

(2) 展现主推产品：主推产品更容易促进点击跳转。

(3) 分类导航：挽回带有目的性的顾客继续在店内寻找。

（二）首页的内容

如图 10—1 所示，首页内容一般有：店招制作、首焦/Banner 制作、产品分类区块设计、客服区块设计、产品展示区块设计、首页其他区块布局设计、页面底部设计。

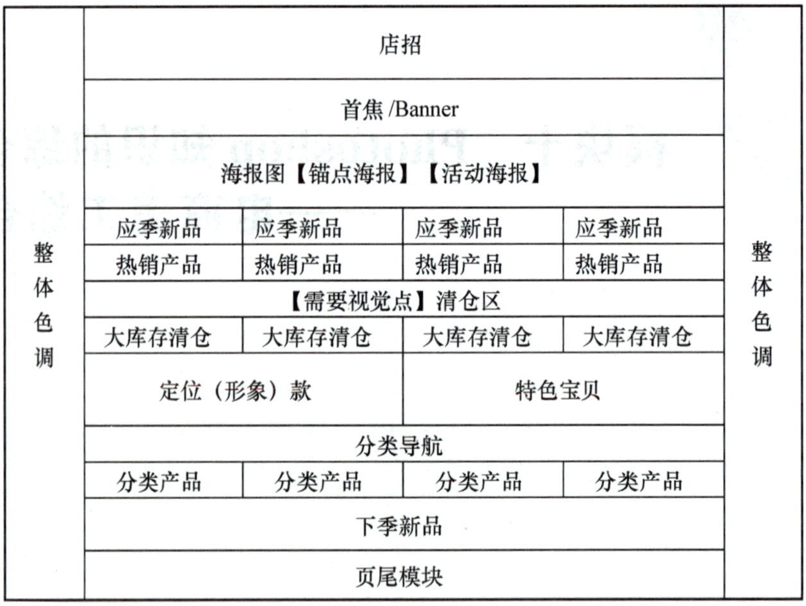

图 10—1

（三）首页效果图

以一家水杯用品公司为例，其首页效果图如图 10—2 所示。

二、详情页设计

（一）详情页相关的数据

宝贝详情页是营造良好客户体验，把客户浏览转化为客户消费的前沿阵地。通过对宝贝详情页相关数据的定性研究，深入了解客户的需求，是制作高转化率的宝贝详情页的前提，相关数据如图 10—3 所示。

1. 客单价

客单价是指每位客户购物的平均价格，其值是由“支付宝成交金额/成交用户数”进行计算。

图 10—2

图 10—3

2. 自然流量

自然流量是淘宝搜索的自然排名，它可以分为三大部分：第一个是自然搜索的流量，第二个是淘宝活动的流量，第三个是回头客的流量。这三个流量中价值最高的就是回头客的流量，其次是淘宝活动的流量，价值最低却往往也是流量最大的，是自然搜索流量。

3. 宝贝详情页转化率

宝贝详情页的转化率对于店铺运营的调整和改变具有很强的指导作用，其值由产生购买行为的客户人数/所有到达店铺的访客人数进行计算。

4. 停留时间

停留时间是指客户在页面的浏览时间。

由此可见，宝贝详情页制作得越好，带来的自然流量、停留时间、客单价以及转化率就会越高。

（二）详情页的作用

1. 提高转化率

提高转化率的方法有很多，例如促销活动、客户服务，而宝贝详情页中商品的展示和设计，能够让客户加深商品的印象，让客户因为页面的设计和商品的特性主动记住，继而收藏或者购买。

2. 促进自然流量

优秀的宝贝详情页描述有层次、有逻辑，让顾客看得懂，也看得顺心，店铺的自然流量自然就会提升。

3. 带动关联销售

店铺在参加活动的同时，宝贝详情页中配合策划关联销售进行导流、分流，可以提高客单价和转化率，充分利用流量资源，有效降低推广成本。

（三）详情页分解过程

Kimi 吸管保温杯是一款由上海泊溪儿童用品有限公司研发的新产品，其中一款杯身印有四叶草图案，有粉、绿、黄、蓝四种颜色，杯子的特点是防喷防溅、感应保温、独特创新排气系统以及带手柄，产品展示如图 10—4 所示。

图 10—4

1. 买家诉求

宝贝详情页的页首如图 10—5 所示，由于该产品的 Logo——Kimi 已经确定为蓝、粉色调，同时结合该款商品本身就是水杯，所以整个宝贝详情页确定以蓝色作为主色调，整体呈现清新风格。图 10—6 通过设置疑问，罗列常见的同类用品其他品牌的客户体验，突出 Kimi 吸管保温杯的独特性：全球首款、防喷防溅、感温变色，以此来探究买家的诉求。页面中添加的水滴形状与产品属性相呼应。

图 10—5

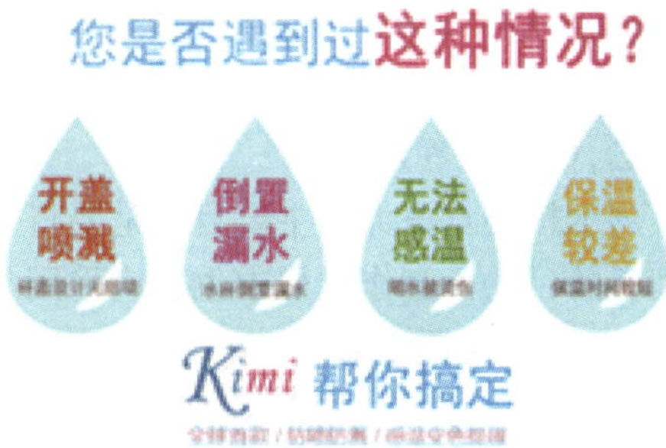

图 10—6

2. 卖点提炼

提炼 Kimi 吸管保温杯 FAB 特性，其属性、作用与好处分别是：

(1) 属性 (Feature)：排气系统、感温变色。

(2) 作用 (Advantage)：防止喷溅、防止烫伤。

(3) 好处 (Benefit)：产品安全、使用放心。

为了说明 Kimi 吸管保温杯具备防喷防溅、感温变色的独特性，在详情页的展现过程中通过产品生产工艺的内部结构图，说明 Kimi 吸管保温杯的技术原理，意欲让用户安心接受该款产品。效果如图 10—7 所示。

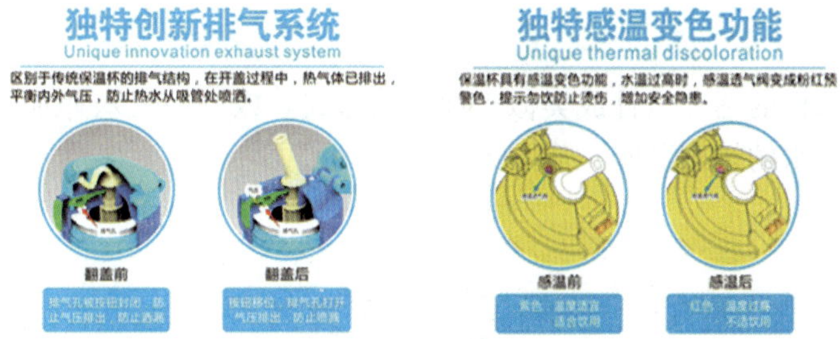

图 10—7

3. 基本信息

基本信息分为两部分进行，如图 10—8 所示。一部分是产品参数，将“商品名称、容量、颜色、包装尺寸、生产标准、产地、重量和材质”进行罗列，商品的高度、宽度等量化指标用数字直观表明。另一部分是产品结构，分解 Kimi 吸管保温杯的“吸嘴、无弹簧按钮、杯体、感温透气阀、杯盖、手柄”各个结构，立体化展现基本信息，视觉效果更加直观。

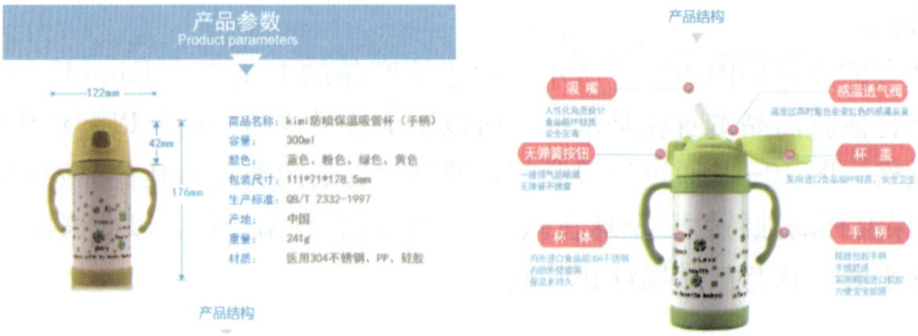

图 10—8

4. 核心竞争力

展示核心竞争力的主要目的是要将“卖点提炼”中的内容逐步放大，达到进一步吸引消费者的目的。制作过程中也相应采用“微距”拍摄效果形成的商品细节图（如图 10—9 所示），提高视觉效果。

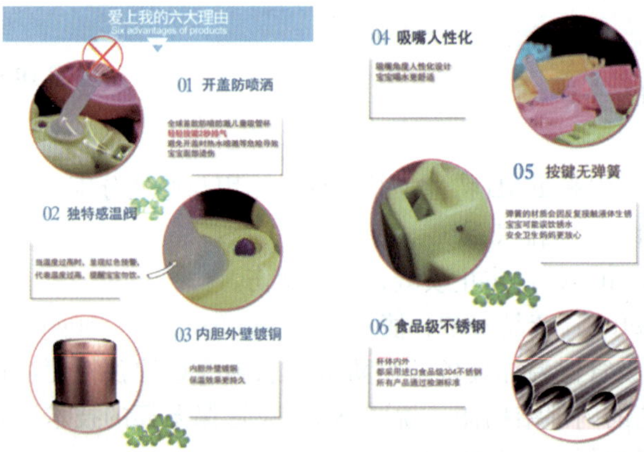

图 10—9

5. 情感营销

将模特展示水杯的图片设计成类似于钟表的形式，以“一天八杯水的健康”博得消费者在生活中要多喝水的情感共鸣。如图 10—10 所示。

图 10—10

6. 细节展示

消费者在浏览宝贝详情页的过程中，逐渐由感性过渡到理性，需要强化商品的独特性，因此，图 10—11 进一步放大了“核心竞争力”中的内容。

图 10—11

7. 商品差异

通过差异化的比较更加凸显 Kimi 吸管保温杯的独特点。如图 10—12 所示。

8. 实景展示

户外的实景展示与杯身的“四叶草”相结合，从视觉上增强商品的体验度。如图 10—13 所示。

图 10—12

图 10—13

9. 购物须知、物流与资质

在某些类型的宝贝详情页中添加购物须知模块，能够在有效提醒消费者的同时，减轻客户服务工作人员的负担。物流和资质的说明，更是消费者点击率进行转化的有力保障。如图 10—14 所示。

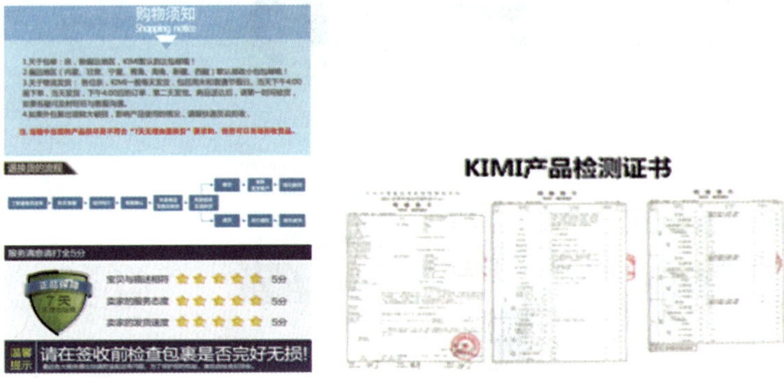

图 10—14

参考文献

1. 王楠. 电商精英宝典系列：网店美工宝典（第二版）. 北京：电子工业出版社，2015.

2. 杨智坤，严晨. 网店视觉营销秘笈——网店美工实战手册. 北京：机械工业出版社，2015.

3. 创锐设计. 淘宝天猫网店设计从入门到精通. 北京：人民邮电出版社，2015.

4. Adobe公司著. Adobe Photoshop CS6 中文版经典教程. 张海燕译. 北京：人民邮电出版社，2014.

5. 亿瑞设计. Photoshop CS6 从入门到精通（实例版）. 北京：清华大学出版社，2013.

6. 狸雅人. Photoshop 智能手机 APP 界面设计. 北京：人民邮电出版社，2013.

7. 李金明，李金荣. 中文版 Photoshop CS6 完全自学教程. 北京：人民邮电出版社，2012.

8. 张丕军，杨顺花，朱希贵. 新编中文版 Photoshop CS6 标准教程. 北京：海洋出版社，2012.